■ 湖北省民族宗教委员会2012年民族文化重点项目"少数民族非物质文化遗产保护——以恩施州文化传承人健康状况为中心的考察"主要研究成果（项目编号：HBMW2012005）。

■ 恩施州2014年社会科学重点项目"土家族非物质文化遗产的高校教育传承模式研究——基于恩施非遗传承人健康状况的调查"的主要研究成果。

■ 湖北省高校人文社科重点研究基地南方少数民族研究中心，国家民委人文社科重点研究基地武陵山少数民族经济社会发展研究基地，武陵山民族文化与旅游产业发展湖北省协同创新中心研究成果。

文化多样性与地方治理丛书·总主编 戴小明

土家族非物质文化遗产的学校教育传承模式研究

郑 娅 池永文 著

中国社会科学出版社

图书在版编目（CIP）数据

土家族非物质文化遗产的学校教育传承模式研究／郑娅，池永文著 . —北京：
中国社会科学出版社，2015.5
ISBN 978 - 7 - 5161 - 6037 - 4

Ⅰ.①土…　Ⅱ.①郑…②池…　Ⅲ.①高等学校—土家族—民族文化—文化
遗产—保护—教学研究—中国　Ⅳ.①K287.3

中国版本图书馆 CIP 数据核字（2015）第 086770 号

出 版 人	赵剑英
责任编辑	孔继萍
责任校对	董晓月
责任印制	何　艳

出　　版	中国社会科学出版社
社　　址	北京鼓楼西大街甲 158 号
邮　　编	100720
网　　址	http：//www.csspw.cn
发 行 部	010 - 84083685
门 市 部	010 - 84029450
经　　销	新华书店及其他书店

印刷装订	北京市兴怀印刷厂
版　　次	2015 年 5 月第 1 版
印　　次	2015 年 5 月第 1 次印刷

开　　本	710×1000　1/16
印　　张	13.5
插　　页	2
字　　数	233 千字
定　　价	48.00 元

凡购买中国社会科学出版社图书，如有质量问题请与本社营销中心联系调换
电话:010 - 84083683

湖北省高等学校创新能力提升计划资助项目
教育部哲学社会科学研究重大课题攻关项目
湖北省高层次人才工程专项资金资助项目

总　序

　　湖北民族学院地处鄂、渝、湘、黔四省（市）毗邻的武陵山片区腹地——恩施土家族苗族自治州，长期以来，学校始终牢记"面向少数民族和民族地区，为少数民族、民族地区和国家战略服务"的办学宗旨，坚持"立足湖北、面向西部、服务基层、辐射全国"的办学定位。近年来，依托民族地区、武陵山区，哲学社会科学专业建设、学科发展充分发挥省级科研平台湖北省人文社会科学重点研究基地——南方少数民族研究中心的团队凝聚和辐射功能，以"大民族学"的视阈来开展科学研究、构建优势学科体系、凝练特色学科方向，保持和加强在"一州"（恩施自治州）、"一区"（武陵山片区）、"一族"（土家族）研究领域的独特优势，努力在民族文化保护与传承、生物多样性与生态安全、区域经济发展与环境保护、鄂西生态旅游圈建设，以及民族区域治理等领域产生具有重大影响的理论成果，占领学术研究的高地。

　　在湖北省高等学校创新能力提升计划（简称"2011 计划"）的支持下，呈现在广大读者面前的这套《文化多样性与地方治理丛书》，是一个大型的跨学科协同研究项目，涉及文化学、历史学、民族学、政治学、法学、经济学、管理学等学科领域。该项目的目的不仅在于展示湖北民族学院及"2011 计划"协同单位学者相关研究的最新成果，更在于激励具有创新精神的年轻学者脱颖而出。丛书的研究内容既有对地方治理政策框架的宏观讨论，也有对民族地方具体政策法规的微观分析，还有对社会文化变迁的细致考察，从丛书的选题和研究内容来看，它们本身就带有文化多样性的特点。丛书的作者都是接受过系统专业学习和学术训练的博士，既有已经在学界崭露头角的中青年专家，也有初出茅庐的青年才俊，虽然有的著作可能还略显稚嫩，但都显示出了每一位研究者良好的创新能力和较为扎实的基本功底。

一方山水养育一方人，有什么样的风土，就有什么样的人文；有什么样的文化，就有什么样的地方风貌。地方政府是国家政治制度的重要组成部分，不了解前者，就不可能了解后者。每一个国家只有一个中央政府，却有多个地方政府。地方政府与民众的日常生活更为息息相关，与多样性的地理和社会生态环境的联系更为密切。地方政府的重要性，不仅源于与它有关的政治和政治家们，源于在地方这一级所提供的服务的数量，而且还源于它在增进民主和个人自由方面所做的哲理和道德上的贡献。① 现代治理是德治与法治的结合、道德治理与法律治理的统一，更是文化认同、文化共识之上的规则之治、宪政之治。多民族的统一中国疆域辽阔，地域差别，民族不同，文化多样，历史和现实昭示我们：政府施政不能脱离民族的文化传统，相应的人文环境，只有尊重传统性，包容多样性，关注民族性，才能因地制宜，实现有效治理，达致善治。我国正处在社会转型期，我们期待《文化多样性与地方治理丛书》的出版，能对推动地方治理，特别是民族区域治理能力和水平的提升有所裨益。

值此《文化多样性与地方治理丛书》付梓之际，我们谨向所有对组编工作给予关注、支持和帮助的相关专家，特别是中国社会科学出版社及其编辑者所付出的努力致以衷心的感谢！

戴小明

2013 年 10 月 8 日

---

① 参见［以］柴姆·卡西姆《民主制中的以色列地方权力》，余斌、王荣花译，北京大学出版社 2005 年版，第 1、3 页。

目　录

第一章 绪论

第一节 研究源起

一 "恩施地区非遗传承人健康调查"公益活动带来的思考

"益暖中华"谷歌杯公益活动是以创意改善社会、公益温暖中国为主旨的，以大学生为主体的，通过对大学生的创意进行评审、优化、资助并最终由大学生以社会实践形式实施的大型活动，该活动倡导大学生关注公益、关注社会，促进社会公益事业发展，在全国各高校引起了强烈反响。

2011 年夏，由谷歌（Google）发起，涉及教育、贫困、环境、残障、医疗卫生、妇女儿童、文化、社会道德等众多公益领域的"益暖中华"谷歌杯第五届中国大学生公益创意大赛活动拉开帷幕。此次活动共收到来自全国 1278 所高校超过 24500 个创意，其中在复赛中排名靠前的 200 所高校分享了 1000 个名额的谷歌"校园之星"奖学金，进入决赛的 48 支大学生团队分别获得了谷歌提供的 2 万—8 万元不等的项目资金支持。此次创意大赛活动的实施再次为大学生提供了一个展现自己、实现自我价值的平台，提升了大学生的社会责任感，同时该活动也使"公益"这个在民间看似遥远的名词得到了更多普通百姓的认可，为和谐社会的构建贡献了力量，收到了理想的效果。

第五届"益暖中华"公益创意大赛活动同样在湖北民族学院校园内引起了积极响应，该院医学院师生积极参与，组建了由临床医学、影像医学、护理学、中医学等各相关专业的 22 名学生构成的"恩施地区非遗传承人健康调查"团队，参加了此次公益创意大赛的角逐。经过重重筛选，该团队的创意脱颖而出、进入决赛，并最终获得 4 万元的活动资金支持。经过 3 个多月的精心准备，2011 年 7 月 13 日至 8 月 12 日暑假期间，"恩施地区非遗传承人健康调查"团队开展了长达 1 个月的田野调查，在恩施土家族苗族自治州所属 8 个县市对 203 名非物质文化遗产传承人的健康状况、生活方式、非遗文化传承保护状况做了比较全面的调查。该团队通过走访非物质文化遗产传承人、发放健康手册、制作并如实填写健康状况调查表、为传承人做简单和基本的体格检查及有针对性地发放普通保健药品等措施比较详细地了解了传承人的健康和生活现状，为传承人发放了价值 2 万多元的基本保健药品，在对非物质文化遗产传承人进行健康调查的同时，还了解到恩施地区许多独具土家族族特色的非物质文化遗产面临的处境及传承发展的困局。该团队的活动影响不仅为团队本身最终赢得了"谷歌杯校园优秀推广社团"荣誉称号，而且该团队反馈的关于非物质文化遗产传承人的健康信息引起了当地政府、社会舆论的重视，更引起了笔者对恩施地区非物质文化遗产传承的深入思考。

恩施地区地处武陵山区，是湘、鄂、渝、黔四省交界地段，是湖北省唯一的土家族苗族自治州，自古以来就是少数民族集聚的地区，有着丰富、独特的非物质文化遗产，而且在相当长的历史时期内是由非遗传承人以口口相传、口传心授的方式延续和保存下来的。然而，在当下，由于全球化、市场化、商品化经济的冲击，恩施地区人民的思想意识、价值观念正在发生着巨大的变化，随着岁月的流逝，人们对非物质文化遗产渐渐淡忘，伴随老一辈非物质文化遗产传承人渐渐离世，又没有年青一代来挑起重担，非物质文化遗产传承人已出现青黄不接的严重局面，一些依靠非物质文化遗产传承人得以传承的民族文化和民族手艺正随着老一辈传承人的离世而渐渐消失，传统的师徒传承和家族传承模式也面临着巨大的挑战。而且限于经济社会发展水平的相对落后以及社会和政府对非物质文化遗产传承工作的重视不够，恩施地区非物质文化遗产在保护和传承过程中不断走入困境，非物质文化遗产的传承面临着萎缩甚至消亡的局面。面对这种情况，如果没有国家和社会的大力支持，如果不寻找新的有效的传承路径，不仅老一辈传承人的生活水平和健康状况得不到保障，非物质文化遗产的传承更得不到保障，恩施地区非物质文化遗产"人亡艺绝"的残酷现实成为摆在恩施地区非物质文化遗产传承工作面前的一个严峻挑战。

二 党的十八大精神为非物质文化遗产传承提供新思路

非物质文化遗产的传承工作是 21 世纪以来文化领域的一个热点。在经济全球化的推动下，物质生活的趋同性未能带给人类社会永久的和谐共存，各种社会、宗教、文化问题依然困扰着人们，于是各国便开始关注本土文化的多样性和独特性。

我国正式开始非物质文化遗产保护与传承工作是在 2001 年。这一年，中国艺术研究院召开抢救和保护中国人类口头和非物质文化遗产座谈会，同年，我国的昆曲被联合国教科文组织列入第一批"人类口头和非物质文化遗产代表作"名录；第二年，中央美术学院非物质文化遗产研究中心成立，我国非物质文化遗产保护与传承工作正式启动。从此以后，学术界对非物质文化遗产的研究逐渐多了起来，主要集中在对非物质文化遗产概念的辨析、特点的考究及如何传承保护等方面。"十一五"期间，在党中央、国务院的高度重视下，在各级党委、政府的大力支持下，通过文化部门的不断努力和社会人士的广泛参与，我国非物质文化遗产保护工作取得了显著进展，正在逐步完善符合我国基本国情的非物质文化遗产保护制度，非物质文化遗产传承工作将成为新时代文化发展中不可或缺的重要工作之一。同时，对非物质文化遗产的相关系列研究也逐渐深入，非物质文化遗产传承工作正在得到越来越多的社会人士、学界人士的关注。

2012 年 11 月 8 日，中国共产党第十八次全国代表大会在北京胜利召开。党的十八大是在全面建设小康社会关键时期和深化改革开放、加快转变经济发展方式攻坚时期召开的一次十分重要的大会，对鼓舞和动员全党全国各族人民继续全面建设小康社会、加快推进社会主义现代化、开创中国特色社会主义事业新局面具有重大而深远的意义。十八大对我国精神文明建设作出了新的论证和规划指导，大会报告《坚定不移沿着中国特色社会主义道路前进 为全面建成小康社会而奋斗——在中国共产党十八次代表大会上的讲话》专篇论述了如何扎实推进社会主义文化强国建设。在报告中，胡锦涛指出："文化是民族的血脉，是人民的精神家园。全面建成小康社会，实现中华民族伟大复兴，必须推动社会主义文化大发展大繁荣，兴起社会主义文化建设新高潮，提高国家文化软实力，发挥文化引领风尚、教育人民、服务社会、推动发展的作用。强调要丰富人民精神文化生活，建设优秀传统文化传承体系，弘扬中华优秀传统文化；要增强文化整体实力和竞争力，营造有利于高素质文化人才大量涌现、健康成长的良好环境，造就一批名家大师和民族文化代表人物，表彰有杰出贡献的文化工作者。表示一定要坚持社会主义先进文化前进方向，树立高度的文化自觉和文化自信，向着建设社会主义文化强国宏伟目标阔步前进。"①

作为人类文明的瑰宝，非物质文化遗产是一个民族发展进程的永久记忆，而非物质文化遗产传承人则是这一民族精神家园的守护者。党的十八大报告作为国家制定蓝图、引领未来的纲领性文件，带来了非物质文化遗产传承的春天，大大鼓舞了非物质文化遗产传承人的工作热情，提升了非物质文化遗产传承人传承保护非物质文化遗产的信心。在迎接党的十八大之际，我国颁布了"十二五"规划纲要。② 纲要规划文化建设要"传承创新，推动文化大发展大繁荣，要提高全民族文化素质、推进文化创新、繁荣发展文化事业和文化产业"③。"十二五"规划的实施标志着我国的非物质文化遗产保护工作将由起步阶段的基础性工作转到深入进行科学保护的发展阶段。十八大的召开进一步为我国非物质文化遗产传承指明了方向，大大推动了我国非物质文化遗产科学保护与传承的发展步伐，成为今后一段时期内我国非物质文化遗产保护与传承工作的方向性指导。

基于以上认识，笔者对土家族非物质文化遗产传承的现状既感到担忧又充满信心，尽管恩施土家族非物质文化遗产传承现状岌岌可危，但在国家和社会的重视和支持下，探寻并实施非物质文化遗产传承的新的有效途径是必须思考也是完全可行的。笔者为此撰写本书，主要就土家族非物质文化遗产高校教育传承模式做一探讨，以一家拙见引起非物质文化遗产传承研究者们的关注、分析与思考。

第二节　研究内容

本书是笔者主持的湖北省民族宗教委员会民族文化重点项目"少数民族非物质文化遗产保护——以恩施州文化传承人健康状况为中心的考察"以及恩施州社会科学重点项目"土家族非物质文化遗产的高校教育传承模式研究——基于恩施非遗传承人健康状况的调查"的主要研究成

① 胡锦涛：《坚定不移沿着中国特色社会主义道路前进 为全面建成小康社会而奋斗——在中国共产党第十八次全国代表大会上的讲话》，人民出版社 2012 年版。

② "十二五"规划纲要全称是《中华人民共和国国民经济和社会发展第十二个五年规划纲要》，于 2010 年 10 月 18 日颁布，它的时间段是 2011—2015 年。

③ 《中华人民共和国国民经济和社会发展第十二个五年规划纲要》单行本，人民出版社 2011 年版。

果，是基于恩施地区土家族非物质文化遗产传承人的现实健康状况而引发的理论探讨，并进一步从教育人类学的角度开展非物质文化遗产传承人培养路径探寻的理论研究。

本书研究的基本内容有实践认识、理论分析、非物质文化遗产传承人培养路径探讨、研究展望、土家族非物质文化遗产传承人纪实五个部分，研究的核心是探寻有效的非物质文化遗产传承人的培养模式和培养路径。

一 实践认识

本书的研究从具体的社会实践项目出发，针对实践项目中调查得出的恩施地区土家族非物质文化遗产传承人的现实健康状况，开展对如何认识这些宝贵的非物质文化遗产、如何传承这些非物质文化遗产以及如何从教育的角度培养非物质文化遗产传承人等具体问题的探索与研究。

二 理论分析

在实践项目的认识基础上，理论研究主要从非物质文化遗产基本理论与非物质文化遗产传承本体论两条主线并行，并从教育人类学的角度寻求二者的结合点，为非物质文化遗产传承人的培养建立理论基础。非物质文化遗产的科学认识与本体论分析，是高校教育传承的理论基础，也是高校校园文化活动成为非物质文化遗产传承人培养有效手段的重要依据。

三 非物质文化遗产传承人培养路径研究

在实践与理论认识的基础上，进一步探寻具有普遍意义的非物质文化遗产传承人培养的理论与方法。本书通过对各种教育传承模式的回顾比较，得出高校教育传承是目前非物质文化遗产传承的主要传承模式这一结论。并以恩施地方高等院校——湖北民族学院为案例，探索土家族非物质文化遗产的高校教育传承路径，重点论述了非物质文化遗产传承人培养是非物质文化遗产教育的中心环节；校园文化活动是培养非物质文化遗产传承人的有效手段，并探索了如何优化校园文化活动、培养非物质文化遗产传承人的具体路径。这也是本书最重要的创新点，对恩施地方高校教育的实践有直接指导意义，同样也对其他民族地区地方高校的非物质文化遗产传承具有一定的借鉴作用和参考价值。

本书共分七章，分别为绪论、非物质文化遗产基本理论和研究综述、恩施土家族非物质文化遗产主要内容及传承现状、恩施土家族非物质文化遗产的学校教育传承模式选择、以湖北民族学院为案例的恩施土家族非物质文化遗产高校教育传承路径探索、恩施土家族非物质文化遗产传承人纪实、总结与展望。本书把调查团队关于非物质文化遗产传承人的大量实地访谈资料，以纪实文学的形式独立成章地呈现出来，主要是借此通俗的表达让更多的人认识并记住恩施地区的这些非物质文化遗产"活化石"；此外，在附录部分，收录了调查团队采访的所有非物质文化遗产传承人名单。

第三节　研究目的和意义

一　探索非物质文化遗产传承人培养的有效路径

非物质文化遗产是伴随着民族的发展逐渐凝结而成的民族记忆，记录了一个民族的发展历程，蕴含了一个民族的民族精神，是民族灵魂的寄托。但非物质文化遗产在现代化条件下却正在被人们遗忘，它们正面临着濒危、消退甚至消失的危险，它们一旦消失便永不能再生。本书从高校教育的角度对非物质文化遗产传承人的培养进行了系统研究，这将有助于积极探索非物质文化遗产延续与传承的新路径，有助于使非物质文化遗产青春永驻。

二　促进文化多样性，增强民族凝聚力

非物质文化遗产是少数民族地区具有特色和优势的文化，它们的保存能够增强少数民族地区的凝聚力，能够促进少数民族文化的多样性发展。高校教育传承可以为非物质文化遗产的保存贡献巨大力量，通过高校教育传承能够提升非物质文化遗产的社会影响力、增进民众的民族认同感和责任心、培养民众的民族自信心和民族精神，能够使保护和传承非物质文化遗产成为民众自觉的行动，从而实现民族文化的可持续发展和文化共享。

三　推动高校教育改革，提升大学生人文素质

非物质文化遗产传承教育引入高等教育教学体系是高等教育改革的标志性事件之一。高校教育对非物质文化遗产传承机制的变更和传承方案的设想必将丰富原有的高校教育内容，将涉及教育学科间的渗透，这正适应

了 21 世纪高校教育体制改革的浪潮，必将推动高校教育体系的完善步伐，特别是非物质文化遗产中蕴含丰富的人文教育资源，可以提升大学生人文知识和人文精神，促进大学生人文素质的提高，将有利于培养综合型、高素质人才，促进人的全面自由发展。

四 推动文化旅游，促进恩施地区经济发展

当今世界，文化已经深深融入经济之中，几乎所有的经济活动和物质产品都包含着文化因素和文化内涵，文化已经成为当代社会生产力发展的原发性因素和经济增长的基本推动力量。没有文化做支撑，生产力就不可能获得质的提升和大的跨越。非物质文化遗产的产业化发展道路特别是文化旅游得到了全社会公认，为守护人类的精神乐土奠定了基础。我国在"十二五"期间正式提出要把文化旅游产业培育成国民经济的战略性支柱产业和使人民更加满意的现代服务业。恩施州委、州政府抢抓"十二五"规划发展的新机遇，将恩施土家族非物质文化遗产作为恩施生态发展之旅游文化产业发展的重要组成部分，并适时提出了生态立州、产业兴州和开放活州的"三州战略"。面对土家族非物质文化遗产大放异彩的良好机遇和挑战，高校教育传承将为如何开展非物质文化遗产教育、如何培养非物质文化遗产传承人作出理论指导和可行性建议，为推动文化旅游产业健康长远发展、促进恩施地区经济发展，为中国传统民族文化的传播和发扬作出应有的贡献。

第二章　非物质文化遗产基本理论与研究综述

恩施地区土家族非物质文化遗产是中国传统民族文化的瑰宝。本章基于对非物质文化遗产概论、非物质文化遗产传承本体论的阐述，通过非物质文化遗产教育人类学的分析及相关研究综述，为土家族非物质文化遗产这一文化类型得到科学的传承提供理论支撑和指导。

第一节　非物质文化遗产研究概论

一　非物质文化遗产概论

（一）非物质文化遗产的内涵

1. 非物质文化遗产概念的缘起与发展

非物质文化遗产正式被国际标准法律确定是在 2003 年 10 月 17 日，联合国教科文组织第 32 届大会在巴黎通过《保护非物质文化遗产公约》，这标志着非物质文化遗产正式进入国际社会的视野。而关于非物质文化遗产的传承与保护自古便有，只是以不同的形式存在。以法律形式和国家意志对非物质文化遗产进行保护可以追溯到 1950 年日本以法律形式颁布的规定无形文化遗产范畴及保护制度的《文化财保护法》，联合国教科文组织关于非物质文化遗产的保护行动正是在继承"无形文化财"的基础上发展起来的。1972 年，联合国教科文组织第 17 届大会通过的《保护世界文化和自然遗产公约》提出了"世界遗产"的概念；1982 年联合国教科文组织所属的世界遗产委员会首次用"民族文化"来表述非物质文化遗产，还在其委员会内特别设立"非物质遗产"部门，专门管理非物质文化遗产保护工作；1998 年联合国教科文组织公布"人类口头和非物质遗产代表作条例"，正式提出"非物质文化遗产"概念；2000 年，联合国教科文组织第一次召开口头和非物质文化遗产代表作评委会议，正式发起设立"代表作名录",并制定"申报条例指南";2003 年随着《保护非物质文化遗产公约》(以下简称《公约》)的通过,"非物质文化遗产"这一名称得以在国际上被正式确定。

据联合国教科文组织《公约》给出的定义,非物质文化遗产(intangible cultural heritage)是指被各群体、团体、有时为个人所视为其文化遗产的各种实践、表演、表现形式、知识体系和技能及其有关的工具、实物、工艺品和文化场所。定义前一部分指出非物质文化遗产是被不同社会群体所认同的"知识体系、技能、表演、实践及表现形式",非物质文化遗产是以人们的口传相授得以传承的,以表演、知识、实践、技能为存在方式,其本身是无形的,它所体现的民族认同感却是非物质文化遗产的首要意义所在。定义后一部分则强调了"及其有关的工具、实物、工艺品和文化场所",这是非物质文化遗产得以保存的物质载体,其本身并不是非物质文化遗产,但对它们的保护事实上已成为非物质文化遗产保护的重要环节。可以说人类对非物质文化遗产的认识经历了从传统和民间文化、人类活财富、人类口头和非物质遗产到非物质文化遗产的发展过程。

我国对非物质文化遗产的认识也经历了一个由民族文化、民族民间文化到非物质文化遗产的演变历程。非物质文化遗产是 intangible cultural heritage 的英文意译,在我国常被称为民间文化或民族民间文化。2004 年 4 月 8 日《文化部、财政部关于实施中国民族民间文化保护工程的通知》附件《中国民族民间文化保护工程实施方案》中,对"民间文化"(民族民间文化)的含义是这样解释的:"我国是一个历史悠久的文明古国,56 个民族在长期的历史发展进程中,不仅创造了大量的有形文化遗产,也创造了丰富的无形文化遗产,包括各种神话、史诗、音乐、舞蹈、戏曲、曲艺、皮影、剪纸、雕刻、刺绣、印染等艺术和技艺及各种礼仪、节日、体育活动等。中华民族血脉之所以绵延至今从未间断,与民族民间文化的承续传载息息相关。"2004 年 8 月 28 日人大常委会签署联合国教科文组织《保护非物质文化遗产公约》,我国成为该《公约》的第六个成员国,这在某种程度上宣告了我国认同国际上关于非物质文化遗产的内涵。

2005 年 3 月 26 日,国务院办公厅颁发了《关于加强我国非物质文化遗产保护工作的意见》,在这个政府文件中,我国政府第一次采用了"非物质文化遗产"这一术语,在其附件《中华人民共和国国家级非物质文化遗产代表作申报评定暂定办法》中对非物质文化遗产做了定义，指出非物质文化遗产是各族人民世代相承的、与群众生活密切相关的各种传统文化表现形式和文化空间，包含了民俗活动、表演艺术、传统知识和技能及相关的器具、实物、手工艺制品等。2005 年 12 月，为建立我国"文化遗产日"，国务院下达的《关于加强文化遗产保护工作的通知》（国发 42号），对"非物质文化遗产"再次做了具体的表述："非物质文化遗产是指各种以非物质形态存在的与群众生活密切相关、世代相承的传统文化表现形式，包括口头传统、传统表演艺术、民俗活动和礼仪与节庆、有关自然界和宇宙的民间传统知识和实践、传统手工艺技能等，以及与上述传统文化表现形式相关的文化空间。"关于"非物质文化遗产"的这一表述，基本上是移植和认同了联合国教科文组织《公约》关于非物质文化遗产的定义。

2006 年 2 月 8 日，国务院下发了《关于加强文化遗产保护的通知》，宣布每年 6 月的第二个星期六为我国的"文化遗产日"，这是我国政治制度史和文化演变史上一个有重大意义和深远影响的决定，这个决定的出台，既是充分认知非物质文化遗产在国家统一、民族团结中的重要角色以及文化传承本身的时代要求，又是在全球化和现代化形势下文化发展遭遇困境的应对措施，不仅规定了各级政府部门在保护我国文化遗产方面的职责和任务，而且号召全体公民提高"文化自觉"，以可能的方式珍惜和保护祖先传承给我们的文化遗产，使我们灿烂的中华文化传之后代，永世流芳。2011 年 2 月全国人民代表大会通过的《中华人民共和国非物质文化遗产保护法》做了更加详细具体的描述，指出非物质文化遗产包括传统口头文学以及作为其载体的语言，传统美术、书法、音乐、舞蹈、戏剧、曲艺和杂技，传统技艺、医药和历法，传统礼仪、节庆等民俗，传统体育和游艺，其他非物质文化遗产。这一定义更加细致地规定了非物质文化遗产的范畴。

2. 非物质文化遗产的定义

我国既是历史悠久、幅员辽阔的多民族国家，又经历了漫长的封建社会，必须严格区分"文化瑰宝"和"传统糟粕"，不能因为民族差距、民族歧视而造成非物质文化遗产的遗落，同样封建社会遗留的残根败絮也必须从非物质文化遗产中剔除，在《中华人民共和国国家级非物质文化遗产代表作申报评定暂行办法》中，明文规定了我国非物质文化遗产代表作的六条标准：

（1）具有展现中华民族文化创造力的杰出价值；

（2）扎根于相关社区的文化传统，世代相传，具有鲜明的地方特色；

（3）具有促进中华民族文化认同、增强社会凝聚力、增进民族团结和社会稳定的作用，是文化交流的重要纽带；

（4）出色地运用传统工艺和技能，体现出高超的水平；

（5）具有见证中华民族活的文化传统的独特价值；

（6）对维系中华民族的文化传承具有重要意义，同时因社会变革或缺乏保护措施而面临消失的危险。①

这六项标准强调了非物质文化遗产的民族特色性、历史传承性，增进文化认同、增强社会凝聚力、加强交流的纽带作用，而对非物质文化遗产是否有物质形态没有刻意突出，成为对非物质文化遗产保护工作理性的指导。

从联合国教科文组织和我国政府给出的关于非物质文化遗产的定义，可以理解，非物质文化遗产虽大多以可感知的物质为载体，但与物质文化遗产有着本质的区别，物质文化遗产包括历史文物、历史建筑、人类文化遗址等，这是人类文明留下的历史印记，是还原当时历史时期原貌的佐证，以供今人瞻仰怀旧，是静态的文化景观。而非物质文化遗产的根本内涵强调的是精神特质，它包含着一个民族的智慧、心理诉求和价值观念，是民族文化的灵魂，是一个独特的精神世界，而且随着历史的变迁不断地吸收着新的文化基因和文化元素、不断地创新发展着，是动态的文明，非物质文化遗产的精神特质是非物质文化遗产多样性存在的根本依据。

（二）非物质文化遗产的特点

从我国对非物质文化遗产的认识过程来看，作为人类优秀的文化遗产，非物质文化遗产的特点不仅体现在形式的特异性上，更体现其质的规定性，它的特点深刻反映了它所承载的文化意义，正确认识非物质文化遗产的特点，是科学传承非物质文化遗产的前提。纵观众多专家学者对非物质文化遗产特点的探究，可总结为传承性、地域性、无形性、活态性等几个特点。

---

① 《中华人民共和国国家级非物质文化遗产代表作申报评定暂行办法》，国务院办公厅国办发〔2005〕18 号，2005 年 3 月 27 日。

1. 传承性

非物质文化遗产是一个民族从先祖便开始或经历一定历史时期的积淀后一代一代流传下来的民族特有文化，由一群特殊的传承人通过口传心授、文字记录、表演演绎等各种形式不断地继承和发展，虽然漫长的历史洗礼使其外在形式发生着或大或小的变化，却能经历风雨而永葆其精神实质。非物质文化遗产与物质文化遗产在传承上既有共性又有区别，其共性就表现在他们有相似的传承价值和传承载体，非物质文化遗产和物质文化遗产都凝结了一个地域群众、一个民族共同的心理认同和情感，表现了一个民族、一个国家的创造力、凝聚力，这是任何其他事物无法复制的，这便是它的传承价值；而他们又有相同的传承载体——传承人，二者都离不开人或人化物。

但非物质文化遗产的传承虽以人为载体，但它是活态的，它传承的内容是通过传承人的表演、口述、观念积淀表现出来的，是抽象的精神内容，这是不同于物质文化遗产的。而且非物质文化遗产的传承还有脆弱的一面。非物质文化遗产内涵抽象，以传承人的存在为前提，需要专业人员进行专门的学习和培训以后才能把非物质文化遗产传承下去，因此人的文化底蕴、精神内涵、技能技艺水平对于非物质文化遗产的传承十分重要，正如宋俊华在《非物质文化遗产特征刍议》一文中所言：“非物质文化遗产的传承者往往是其创造者……创新是非物质文化遗产的生命。”① 这既说明传承人在非遗文化传承中的重要地位，也一语道破非物质文化遗产需要在实践中不断发展、传承的事实，这与静态的物质文化遗产是极为不同的，这也是非物质文化遗产“非”的核心内涵所在。在民间，非物质文化遗产传承人的传承活动限于传统观念的束缚多有局限性，他们只愿将自己的精湛技艺传授给与自己有血缘关系或最亲近的人，这种情况下，一旦有限的下一代传承人停止了传承活动或这种非物质文化遗产传承人离世，就意味着一种非物质文化遗产的消亡。

2. 地域性

非物质文化遗产是在一定的地域环境下逐渐形成的，具有明显的民族地域性，具有其生存发展的土壤，同样也反映了该地域人们的生活习惯、

---

① 宋俊华：《非物质文化遗产特征刍议》，《江西社会科学》2006 年第 1 期。

民族性格、宗教文化信仰等内容。① 各地区各民族都有符合该地区和民族特点的非物质文化遗产。与其他物质文化遗产所不同的是，非物质文化遗产的地域性还表现在同一民族在不同时期的形态也有所不同，同一种非物质文化遗产在不同地域也有不同的表现和发展。以戏曲的发展演变为例，经过长期的酝酿，我国戏曲在 12 世纪发生蜕变，由宋杂剧发展成为成熟的戏剧形态，却因为南北风俗习惯的差异，分化成了南戏和北杂剧两种。到元代，元杂剧的分类更是因地域不同而各有特色，有一宫调一曲子的小令，有一宫调数曲子的套曲，还有由散曲、科、白组成的杂剧。历史上，由于移民和传承人的迁徙导致了非物质文化遗产在不同地域得到传播、发展，在不同的地域也就有了不同的特色，或者由于地域文化的不同、传承人个人的喜乐好恶也会使不同地域有相应不同的非物质文化遗产特色。

3. 无形性

日本政府于 1950 年颁布《文化财保护法》，将文化财分为有形文化财、无形文化财、民俗文化财、纪念物和传统建造物群五类，其中无形文化财就包含戏曲、音乐、传统工艺技术，民俗文化财包含民间信仰、传统节庆等，这对非物质文化遗产概念的形成产生了一定影响，概念中的"非物质"便是对其无形性特征的强调和概括。无形性一方面指它与物质文化遗产不同，没有物质文化遗产的稳定性强；另一方面强调非物质文化遗产的精神内涵，而并非指非物质文化遗产一定没有必要的物质载体。

"非物质"与哲学里的物质是有区别的。非物质文化遗产反映了抽象的文化内涵，以表演、传唱、技艺技能等形式表现其存在的意义，它存在于人们的精神、意识之中，虽无法用肢体感觉，却是客观存在的。至于有形和无形是以人的感知能力为划分标准的，当人们能用感官感觉到物质的存在时它便是有形的；而无法用感官感知时则是无形的。马克思说，物质是不依赖于人的意识的客观存在。非物质文化遗产虽具有无形性，却是客观存在的事实，因而也是属于物质的范畴。

非物质文化遗产是人类集体创造力、认同力、凝聚力的集中体现，是人类活动的集中反映，是珍贵的人类文化遗产。非物质文化遗产是通过人类实践来传承的，人类的实践活动又包括生活生产实践、精神活动的实践

① 韩基灿：《浅议非物质文化遗产的价值、特点及其意义》，《延边大学学报（社会科学版）》2007 年第 4 期。

和处理人际关系的实践活动。① 在长期的实践活动过程中，民族精神的凝聚、民族认同的积淀、民族心理素质的形成便构成了非物质文化遗产无形性的内容。

4. 活态性

非物质文化遗产作为民族（社群）民间文化，它的存在必须依靠传承主体（社群民众）的广泛实际参与，具体体现为特定时空下一种立体复合的能动活动。如果离开了这种立体复合的能动活动，其本能的生命力将无法展现。从发展的角度来看，一切存在的非物质文化遗产，都需要在与自然、现实、历史等的互动中不断地发生变异和创新，不断地形成特定的文化价值、生存形态以及文化品格。非物质文化遗产重视人的价值，重视活的、动态的、精神的因素，重视技术技能的高超、精湛和独创性，重视人的创作力，以及通过非物质文化遗产所反映出来的该民族的情感及表达方式、传统文化根源、智慧、思维方式等，这些都是反映非物质文化遗产的世界观、价值观、审美观等意义和价值的因素。非物质文化遗产虽然有物质的因素、物质的载体，但其价值并非主要通过物质形态体现出来，它属于人类行为活动的范畴，因而造就了非物质文化遗产的活态性特点。

非物质文化遗产的活态性，还体现在非物质文化遗产在传承、传播过程中的变异、创新。这种变异、创新的内在动力是由非物质文化遗产的性质决定的，是内在、必然的，通过不同传承者、享用者参与创造，而展示出他们超个体智慧、能力的创造性；外在原因则是当非物质文化遗产进入异时、异域、异族时，不变异、不创新就无法传承和流传，是为发展需要而必需的变异、创新。可见，活态性是非物质文化遗产的本然形态和生命线，也是非物质文化遗产的重要特征之一。

（三）非物质文化遗产的分类

1. 按级别分类

非物质文化遗产可以分为世界级、国家级、省级、县市级等类别。根据联合国教科文组织对非物质文化遗产的定义和申报标准，世界级是指已经申报成功或者符合世界级申报标准正在申报的非物质文化遗产；国家级是指已经申报成功或符合国家级申报标准，具有特殊价值和代表性的非物

---

① 宋俊华：《非物质文化遗产特征刍议》，《江西社会科学》2006 年第 1 期。

质文化遗产；随着国家非物质文化遗产普查、保护、申报工作的不断深入，各省、各县市也制定了相应的申报标准，入选不同级别的非物质文化遗产，以开展对非物质文化遗产的保护与传承。

2. 按表现形式分类

依据国务院 2006 年 6 月 2 日列入《第一批国家级非物质文化遗产名录》的首批国家级非物质文化遗产的标准，我国对非物质文化遗产按表现形式可以分为 10 大类 518 项，如表 2—1 所示。

表 2—1　　　　　　　　非物质文化遗产的表现形式分类

序号	门类	项目
1	民间文学	主要包括传说、歌谣、少数民族史诗、民间故事等
2	民间音乐	主要包括民歌、山歌、号子、弹奏、吹打艺术等
3	民间舞蹈	主要包括少数民族舞蹈、民间龙狮舞等
4	戏剧	主要包括少数民族戏剧、民间戏剧、五大声腔戏剧等
5	曲艺	主要包括评说、大鼓、少数民族曲艺等
6	美术	主要包括年画、剪纸、雕塑、刺绣等
7	杂技	主要包括竞技、武术、太极拳和民间杂技等
8	手工艺	主要包括陶瓷、蜡染、文房四宝、酿酒、首饰加工等
9	传统医药	主要包括针灸、中药等
10	民俗	主要包括传统节日节庆、婚俗、祭祀、礼仪和少数民族民俗等

（四）非物质文化遗产的价值及功能

遗产是有价值的，而且是有层次的，首先是作为基础的本征价值，其次是由本征价值衍生而来的功利性价值。[①] 非物质文化遗产也是遗产的重要组成部分，它同样具有非物质文化遗产本身的价值和它对个人、社会、民族发展的功利性价值两个方面，前者是随着它的产生就与生俱来的，包括了它的历史传承价值、美学价值等。而后者是人类在发展过程中逐渐挖掘出来的，包括了它对人的发展、经济发展、社会和谐、民族复兴的积极意义，也被称为遗产功能。

---

① 徐嵩龄：《第三国策：论中国文化与自然遗产保护》，科学出版社 2005 年版，第 5 页。转引自谭志松《土家族非物质文化的教育保护与传承研究》，民族出版社 2011 年版。

1. 非物质文化遗产的本征价值

（1）历史传承价值

非物质文化遗产价值体系的核心价值和价值准则是历史传承价值。非物质文化遗产是该民族集体生活的写照，凝聚了一个民族的精神品质和文化基因，其中的民间传统文化更是"能弥补正史典籍的不足，有助于人们更真实、更全面、更接近本原地认识自己已逝的历史及文化"①。

（2）美学价值

美学价值是非物质文化遗产浑然天成的本原价值所在。非物质文化遗产多是演艺类、技艺类遗产，这些演艺技艺独一无二地反映了一个民族最真实的生活、工作、学习的原貌，反映了一个民族不同发展时期的思想、文化、情感、风俗、艺术、宗教等内容，具有一定的美学欣赏和科学研究价值。通过这些非物质文化遗产，可以对人们的生活情趣、演艺技艺、思想情感有所了解，同时这些文化遗产真实再现了本民族先人的生存发展状态，从而唤起人们内心的真善美，触动人们的心灵。

（3）科学认识价值

非物质文化遗产是人类历史发展的产物，反映了不同历史时期的人类生产力发展状况、科学技术发展程度，是人类创造能力和认识水平的原生态的保存和反映，这对于研究人类学、民俗学具有一定的科学认识价值。

2. 非物质文化遗产的功能

（1）非物质文化遗产塑造人生

清华大学邹广文教授在《当代文化哲学》中说："人类创造了文化，文化反过来塑造着人。"② 非物质文化遗产是人类优秀的文化财富，凝聚了一个民族的精神力量和价值取向，对人的精神价值观念的塑造作用是巨大的。首先，非物质文化遗产丰富了人们的精神生活，非物质文化遗产是产生和传承于群体和集体之中的，不断创新发展的非遗文化丰富了人们的精神世界；其次，非物质文化遗产可以增强人们的精神力量，鼓舞人不断进步、完成艰巨复杂的工作；再次，非物质文化遗产可以促进人的全面发展，非物质文化遗产把社会和人的发展凝结起来，使人在传承非物质文化

---

①　谭志松：《土家族非物质文化的教育保护与传承研究》，民族出版社 2011 年版，第 34 页。

②　邹广文：《当代文化哲学》，人民出版社 2007 年版，第 158 页。

遗产的过程中实现思想道德素质、科学文化素质及身体健康素质等各方面的全面发展。

（2）非物质文化遗产促进经济发展

非物质文化遗产的经济价值基于其深厚的文化内涵，它对人类社会经济发展最直接、最现实的意义便在于其经济价值的开发。从经济学的角度分析，商品本身的价值决定了它的价格，非物质文化遗产拥有丰富的文化底蕴，使人们心灵得到净化，也可以满足人们无限的猎奇和索源心理，其价值是毋庸置疑的。根据效用论的理论，边际效用会随着商品的雷同和劣质性程度而不断降低，因此非物质文化遗产的独特性会直接影响其经济开发价值。供求关系是影响价格最重要的因素之一，非物质文化遗产的唯一性、不可再生性决定了供不应求的供给关系。非物质文化遗产作为一个民族珍贵的历史遗存，已成为文化的"活化石"，成为一个民族区别于其他民族的特有标志，其独特性自不必说。非物质文化遗产所蕴含的民族认同感和民族性格是其他民族所无法复制的。非物质文化遗产的经济开发价值拥有巨大的潜力。

（3）非物质文化遗产促进和谐社会的构建

非物质文化遗产是一个民族共同的生活习惯、思维方式、价值观念、宗教信仰、心理结构等的集中体现，能够为规范一定社会群体的社会行为提供心理自我约束，同时产生民族共识、增强民族凝聚力、推进社会和谐。另外，我国非物质文化遗产是几千年来积淀的优秀传统文化，包含了追求真善美的民族性格和丰富的伦理道德资源，在当今多元化的社会，这对于引导人们的价值取向、塑造健康人格是十分必要的。这种对非物质文化遗产的传承实际上也是进行思想理论和道德教育的过程，必将有力地推动构建和谐社会的进程。①

（4）非物质文化遗产促进民族复兴事业

在历史的流变中，中华民族逐渐形成了以爱国主义为核心的民族精神和以改革创新为核心的时代精神，党的十八大报告指出，文化是民族的血脉、是人民的精神家园，全面建成小康社会，实现中华民族伟大复兴，必须推动社会主义文化大发展大繁荣。非物质文化遗产体现了我国各民族在

----

① 张世均：《我国少数民族非物质文化遗产的价值》，《西南民族大学学报（人文社科版）》2007年第7期。

长期的社会生产生活中积淀下来的民族精神，浓缩了人们的理想信念，又多是以民间人们喜闻乐见的文化形式存在的，大力发展和繁荣非物质文化遗产对于培养中华民族的民族自信心、鼓舞中华民族伟大复兴具有积极的促进作用。

二 非物质文化遗产传承人界定

非物质文化遗产传承人在非物质文化遗产保护和传承中的重要性已经形成共识，正如刘魁立先生所说："从根本意义上说，非物质文化遗产的保护，首先应该是对创造、享有和传承该文化遗产的人的保护。同时，对这一遗产的切实有效的保护，也特别依赖于创造、享有和传承这一遗产的群体。促进和保护文化的多样性发展，才是我们努力追求的目标。"[1] 目前，对于传承人概念的界定，学界尚未形成统一的看法，学者们从不同的角度对非物质文化遗产传承人概念进行了探讨，都具有一定的合理性。

20 世纪 90 年代出版的《中外民俗学词典》曾对"传承人"有过定义，即指"通过常民的生活经验而具有丰富的传承知识的人。是否具备传者资格，既不论其年龄，亦不看其有无学问"[2]。著名民族学家祁庆富先生在全面梳理"传承和传承人"的学术史后，将传承人定义为："在有重要价值的非物质文化遗产传承中，代表某项遗产深厚的民族民间文化传统，掌握杰出的技术、技艺、技能，为社区、群体、族群所公认的有影响力的人物。"[3] 著名民俗学家刘锡诚认为在非物质文化遗产传承人的认定中，至少需要解决两个问题：一个是认定的标准，一个是认定的权限。这是开展传承人认定工作的前提。[4]

目前，关于非物质文化遗产传承人的概念最准确的界定，还需参考、依据国家有关的法律法规。文化部 2008 年颁行的《国家级非物质文化遗产项目代表性传承人认定与管理暂行办法》规定"国家级代表性传承人是经国务院文化行政部门认定的，承担国家级非物质文化遗产名录项目传承保护责任，具有公认的代表性、权威性和影响力的传承人"。2011 年 2 月

---

① 刘魁立：《论全球化背景下的中国非物质文化遗产保护》，《河南社会科学》2007 年第 1 期。

② 张紫晨：《中外民俗学词典》，浙江人民出版社 1991 年版，第 225 页。

③ 祁庆富：《论非物质文化遗产保护中的传承及传承人》，《西北民族研究》2006 年第 3 期。

④ 刘锡诚：《传承人与传承人论》，《河南教育学院学报（哲学社会科学版）》2006 年第 5 期。

通过的《中华人民共和国非物质文化遗产法》规定传承人应掌握并承续某项国家级非物质文化遗产，在一定区域或领域内被公认为具有代表性和影响力，积极开展传承活动、培养后继人才等三个积极条件，尽管没有明确定义非物质文化遗产传承人，但是规定了成为传承人的条件，对于这三个条件，应该是要求同时具备，才能成为某项非物质文化遗产传承人。

三 非物质文化遗产传承的意义

世界范围内非物质文化遗产传承研究热潮的产生有着深厚的社会经济背景，随着经济全球化的逐渐深入扩展，世界已成为地球村，各国各民族在现代文明的冲击下生活方式逐渐趋同。各国为了寻求本民族的文化认同感，在世界民族文化中占有一席之地，需要进行本民族的文化传承与保护，同时非物质文化遗产传承与开发利用所带来的巨大绿色经济效益也是各国共同追寻的目标。

近年来一些经济发达的国家利用其在经济、科技、军事力量上的优势将本民族的文化扩散到经济发展中国家的民族和地区，这种文化渗透造成了对发展中国家、民族和地区本民族文化的破坏和压制，甚至面临着迅速衰落和消失的险境，面对这种情况，本民族非物质文化遗产的传承对于保持民族独立性意义重大。

第二节 非物质文化遗产传承的本体论

尽管自2001年我国昆曲被列为首批世界人类口头与非物质遗产代表作以来，我国官方和民间对中华民族所固有的丰富多彩的民族文化的关注、挖掘、抢救和保护不断加强，而且经过十余年的实践，也形成了以国家、省、市、县四级"非物质文化遗产名录"为核心的保护体系，然而在各级非物质文化遗产传承保护的过程中却不约而同地出现了因非物质文化遗产传承人稀缺而陷入人亡艺绝境地的情形。对于非物质文化遗产传承而言，与此相关的政府官员、传承人、研究者、开发商等，究竟哪一个是传承与保护的主体，应该采用哪样的方式更好地传承与保护，这是非物质文化遗产得以传承最亟待解决的问题。笔者认为，要使我们民族优秀的非物质文化遗产得到有效的传承，并在新的时代发扬光大，必须在了解非物质文化遗产及其特点、价值的基础上，厘清非物质文化遗产的传承本体、非物质文化遗产传承方式，才能以科学的、发展的眼光来传承非物质文化遗产。

本体论是关于存在的理论。本体论（Ontology）一词首先是由 17 世纪的德国经院学者郭克兰纽（Goclenius, 1547—1628）提出使用的，属于西方哲学范畴。本体论的研究经历了传统本体论、现代西方存在论、马克思哲学本体论发展的阶段。自 19 世纪末至 20 世纪初以来，中国人也开始了解和掌握西方哲学，近些年来，本体论这一概念被不断赋予新的含义并被引入各个领域，发挥着越来越重要的作用，对于非物质文化遗产传承的研究也不例外。

一　本体论研究概论

（一）历史上首次对本体定义

对"本体"的研究，在希腊哲学史上有其渊源。大致推断是从米利都学派开始，希腊早期哲学家就致力于探索组成万物的最基本元素——"本原"（希腊文 arche，旧译为"始基"）。对此"本原"的研究即成为本体论的先声，而且逐步逼近于对"being"的探讨；之后的古希腊圣哲巴门尼德深刻地提出，"是以外便无非是，存在之为存在者必一，这就不会有不存在者存在"。巴门尼德认为存在永存不变，他对"being"（是，存在）的探讨，确立了这个不变的"唯一"的始基地位，建立了本体论研究的基本方向，"存在"就成了几千年哲学家孜孜以求的"根据"、"本体"和"本原"。各派哲学家力图把世界的存在归结为某种物质的、精神的实体或某个抽象原则。

（二）传统哲学本体论的探索

无论是柏拉图的最高理念"洞喻说"、亚里士多德的第一原因"存在之为存在"，还是沃尔夫的"独立的本体论"、黑格尔的"绝对精神"等，都是对传统哲学本体论的探索。他们的致思方式都是"实体中心主义"，即通过对变动不居的现象世界背后的本体世界的诉求，以思辨的方式建立一套支配世界历史的绝对真理的封闭体系，因而，理论界形成的共识是，传统本体论是知性化的实体本体论，它以某种超验的、外在于人的、人无法判定其合法性的抽象本体来解释和说明人类的一切问题。然而缺乏合法性和合理性的实体本体既不能说明现存现象，又不能解决实际问题，势必走向先验论、独断论，因此受到了现代西方哲学的拒斥和批判。①

（三）现代西方哲学对本体论的发展

现代西方哲学的主题是：回归物我相融的生活世界，关注人的现实存在。现代西方哲学对"存在"进行了深刻的反思，尽管分歧很多，但是一个共同看法就是："存在"不是"本质"、不是实体，存在就是人的存在。其"本体论"实质上是"人的存在论"或"人的存在本体论"。如海德格尔以人为本位的"基础存在论"，首先把存在理解为人的存在，把人理解为存在借以展现的场所和情境。人是通往存在的光明大道。海德格尔说，只有"从存在本身方面来规定人的本质"②；如萨特着力论述了存在主义的价值主题是存在先于本质。萨特说："人世间至少有种存在物可以证明是'存在先于本质'，这一种存在物在可受任何概念规定以前就已存在；而这一种存在物，就是人。"③ 由此可知，存在主义价值主题所真正要表达的是人的存在先于人的本质。人的存在就是自我选择，在自我选择中，人不断获得本质，成其所是，从而实现人生的价值。一句话，从思辨王国走向生活世界是 20 世纪反传统哲学家们理论研究的共同特征。

二 马克思哲学实现的本体论变革及新方向

马克思哲学是对整个传统哲学的终结。它不再以抽象的"物质"、"精神"、"自我意识"等作为哲学研究的对象，马克思认为存在首先就是人的存在，那么，如何理解人的存在呢？在马克思看来，"人们的存在就是他们的现实生活过程"④。人的存在就是社会生活、社会存在，就是人的感性实践活动。马克思哲学突破传统本体论对"存在"理性、逻辑的理解，把对宇宙万物之存在的探究转变为对人之存在问题的探求，从人的生存和实践方面来寻求本体论的发展，就是关于人的生命活动的"实践本体论"，从而实现了本体论哲学范式的根本变革，成为现代哲学的新路径。在马克思看来，人的存在就是人的生命活动，它是一种有意识的自由

---

① 干成俊：《马克思哲学本体论及其当代意义》，安徽人民出版社 2006 年版，第 3—6 页。

② ［德］海德格尔：《关于人道主义的书信》，孙周兴选编《海德格尔选集》上卷，三联书店 1996 年版，第 389 页。

③ 中国社会科学院哲学研究所西方哲学史组编：《存在主义哲学》，商务印书馆 1963 年版，第 336 页。

④ 《马克思恩格斯选集》第 1 卷，人民出版社 1995 年版，第 72 页。

自觉的创造活动，是有理性、有意志、有目的的活动，这也就是人的生存实践活动。面向现实的人的生活实践，从人的生活实践出发，这就是马克思哲学本体论的出发点和新方向。

马克思哲学把存在理解为人的存在、理解为人的生存实践活动。生产实践就是人的生存活动，人们改造物质世界、创造对象世界的活动就是生存活动，它受物质世界和自身条件的制约，它是充满人的意志和智慧的、能动的活动。因此，马克思哲学历史观认为历史在本质上不过是人的活动的不断展开及其结果，是实践本体展开的过程。在马克思看来，人类的历史和自然的历史都是人类实践创造的，一切历史都是人类实践史。马克思说，历史不外是人通过人的劳动而诞生的过程，是自然界对人说来的生成过程，"创造这一切、拥有这一切并为这一切而斗争的，不是历史，而正是人，现实的、活生生的人。历史并不是把人当做达到自己目的的工具来利用的某种特殊的人格。历史不过是追求着自己目的的人的活动而已"①。

三　本体论在非物质文化遗产传承中的应用

哲学领域中的本体论是关于存在及其本质的学说，它所揭示的是世界存在的始基、基本等，它用来解释世界、提供世界图景。正是这种本体论哲学含义的精髓与研究者们在获得、表述、运用、传承非物质文化遗产知识等方面都提出的一个共同的问题，即对如何传承非物质文化遗产这一命题给予一致的理解，有异曲同工之处，因而将本体论研究纳入了非物质文化遗产传承这一新的研究领域，同时也赋予了新的内涵。在非物质文化遗产传承领域中，本体论最为广泛的定义就是界定什么是非物质文化遗产传承主体，这也是非物质文化遗产传承首要研究的问题。

非物质文化遗产历史上都是以传承人为主体进行传承的。但随着遗产濒危程度的加剧和各国政府的出手相救，当前，对于非物质文化遗产的传承，无论是学界还是社会各界都有了新的认识与理解，普遍认为至少有两个主体深刻地决定和影响着非物质文化遗产的传承，那就是非物质文化遗产的传承主体和保护主体。其中，非物质文化遗产传承人就是所谓的传承主体，任何一项非物质文化遗产诸如民间歌舞艺术、民间文学、民间技艺、传统民俗等的传承，无一例外都是通过传承人这一主体来传承的；而

---

① 《马克思恩格斯选集》第 2 卷，人民出版社 1997 年版，第 118—119 页。

当前的社会各界包括各级政府、商界、新闻媒体界以及学界都是所谓的非物质文化遗产保护主体，它们虽然居于传承圈之外，与传承本身无关，但它们作为不可或缺的外部力量有力地推动着非物质文化遗产的传承。伴随着非物质文化遗产相关研究的深入，尽管研究者们各自的研究视角和立场不同，但关于非物质文化遗产传承本体论的认识相对是比较一致的。就非物质文化遗产传承本身而言，研究者们普遍认为，非物质文化遗产传承的唯一主体就是传承人自身。作为一种精神文化，非物质文化遗产要体现自身的存在，就必须通过传承人的表现而存在，因此，传承人就是非物质文化遗产的本体，非物质文化遗产传承人主体论，其核心理念即强调传承人是非物质文化遗产传承的本体。

本体论作为研究世界存在之本源的学说规定了非物质文化遗产传承本体论的任务就是要探索什么是非物质文化遗产作为一种存在的本源。当我们从本体论的角度探讨非物质文化传承人的主体性问题时，我们首先要强调的是传承人作为一个人的本体意义和价值。"人是人类社会和人自身存在、发展的本源、根据和目的"①，人的本体论是研究人的存在问题，探求存在的最普遍、最高的本质，是什么构成人的存在、表现人的存在以及促进人的存在，人的本体论以自然本体为基础，但人只有在同自然作用结成的人类赖以生存的社会物质实践活动中才能表现自己的存在，因而人的本体论强调人的存在价值，人的本体论就是探讨人要获得做人的价值和社会价值。

传承人作为一个人的本体意义和价值，就在于他们应当是人类社会和人自身存在、发展的本源、根据和目的，毫无疑问，无论是对于非物质文化遗产的实践活动而言，还是对非物质文化遗产的传承而言，非物质文化遗产的传承人都是传承的目的和本源，即他们是非物质文化遗产传承的主体，而非附属。

而基于本体论的非物质文化遗产传承主体论，意在强调传承人以及传承人的传习活动是作为一种基本构成和存在方式而呈现于非物质文化遗产的传承中，非物质文化遗产的传承因传承人的学习和成长而存在与发展；促进传承人的成长与发展是非物质文化遗产传承的出发点和终极目标，传

---

① 黄崴：《试论作为本体的、价值的实践的主体性》，《河南师范大学学报（哲学社会科学版）》1997年第2期。

承人的主体地位与价值诉求是非物质文化遗产传承予以关注与彰显的重中之重。这种基于本体论的非物质文化遗产传承主体论，确立了传承人在非物质文化遗产传承中的核心地位，而也正是因为基于非物质文化遗产传承本体论的认识，传承人如何成长与传承非物质文化遗产成为笔者下文讨论的重要问题。

第三节　非物质文化遗产传承的教育人类学分析

教育人类学就是应用人类学的概念、原理和方法来研究教育。中国的教育人类学是基于以英美为代表的文化教育人类学和以德语系为代表的哲学教育人类学的有机结合，是现代教育的主要基础学科。

文化教育人类学以少数民族的教育研究为主，以文化研究为基础，其关于教育人类学的各种理论基本建立在"教育是文化的传承与习得，学校教育只是教育的一种特殊形式"[1]，认为"教育是一种文化传递过程；人生活于文化之中，人的发展是接受文化传递、适应文化变迁的过程；文化变迁与教育变迁是一致的"[2]。哲学教育人类学重在研究人的本质，它从哲学人类学的角度，"研究人与教育在功能、发展、实现之间的互动关系，人如何通过教育把第一（自然）本性和第二（社会）本性相协调并顺利地发展起来"[3]。我国学者庄孔韶认为："熔两种研究特色于一炉的中国教育人类学有其必然存在与发展的基础，那就是中国有悠久的历史、多彩的地方与民族文化，以及理性与经验材料的丰饶土壤。"[4] 因此，中国的教育人类学应研究如何立足于本民族文化，在寻求文化传承和变迁中获取个体的和谐发展。非物质文化作为文化的重要组成部分，在教育人类学看来，非物质文化遗产的传承不仅是文化基因繁衍承传的过程，更是教育的过程，是受教育者在非物质文化遗产的教育过程中获取个体的和谐发展的过程。

---

① 哈经雄、滕星：《民族教育学通论》，教育科学出版社 2001 年版，第 33 页。
② 冯增俊：《教育人类学》，江苏教育出版社 1991 年版，第 7 页。
③ 同上书，第 14 页。
④ 庄孔韶：《教育人类学》，黑龙江教育出版社 1989 年版，第 8 页。

一　教育与人的本质

教育人类学认为，人的本质是多维的，主要具有社会性、生物性、思维与语言能力、发展、自我肯定、探究创造、追求意义、自由八个方面的本质。人是具有可塑性的，人的可塑性是教育的基础，教育在人的发展中承担两大独特的功能：一是使人建立一套实现巨大需要的社会规范；二是通过内部塑造，发展一种特定的认知结构，即根据社会需求和人的发展的实际，参照自身的需求——价值目标来赋值择优，建立一套最佳的价值定向体系，形成一种最优的行为动力定型。① 人的本质的最高体现就是人性，而教育塑造人性作为天职，以唤起、培养、传播、促进人性为根本，要具有人性特征，要以人为出发点，充分发掘人的内在潜能，促进人的最大发展；要予以人最大的尊重，对人的尊重是教育人的前提，尊重人才能培养人、发掘人的最大潜能，反之就压抑人的发展。②

考察人性的塑造，就会产生教育与人的本体研究的问题。人的本体论是研究人的存在问题，教育本体论是研究教育存在的最一般特性。人要获得教育，才有做人的价值和社会价值，才有存在的意义；教育要通过人才能体现自身的存在，受教育的人的价值越高，教育的存在就体现得越充分，因此，人的本体就成为教育存在的支点。教育人类学就是研究在人存在意义上的教育表现和教育如何促进人的实现。要实现对人性的理想塑造，教育就必须借助如下支点：以人类实践活动为最根本的支点，以此为基础来探讨教育对人类有目的、有意识地改造自然活动的作用；以人获得人类自由为支点；以赋予人的本体创造性为支点；以培养人作为主体改造世界的能力为支点；以激发培养人的本体意识为支点；以培养人的真善美为支点。这样才能实现以人的全面的体现为核心的教育存在。③

就非物质文化遗产传承而言，一般认为主要有个体传承和群体传承两种方式。如口头文学、表演艺术、手工技艺、民间知识类的民俗文化等大多是由个体传承人进行传承；而民间节日、婚庆礼仪等民俗活动，主要属于民众集体拥有、遵循、共享，也需要民众的群体传承方能世代保留下

---

① 冯增俊：《教育人类学》，江苏教育出版社 1991 年版，第 63—70 页。
② 同上书，第 82—83 页。
③ 同上书，第 87—91 页。

来。事实上，对于个体传承人在非物质文化遗产传承中的重要作用，当代学界早已形成共识。如传承人是"非物质文化遗产的重要承载者和传递者，他们以超人的才智、灵性，贮存、掌握、承载着非物质文化遗产相关类别的文化传统和精湛的技艺，他们既是非物质文化遗产的活的宝库，又是非物质文化遗产代代相传的'接力赛'中处在当代起跑点上的'执棒者'和代表人物"①；如"非物质文化遗产作为活态文化，其精粹是与该项目代表性的传承人联结在一起的"②。从上述表述中可以得知，社会各界已清醒地认识到传承人是非物质文化遗产得以传承的"守护神"，如果传承人离世，相关的原生态非物质文化遗产也就会面临灭绝的险境，传承非物质文化遗产的关键是传承人，传承人的申报、审核、认定、保护则是社会必须深入思考并实施的重要环节。基于此，知名学者、教授祁庆富先生将非物质文化遗产传承人定义为"非物质文化遗产传承人是在有重要价值的非物质文化遗产传承过程中，代表某项遗产深厚的民族民间文化传统，掌握杰出的技术技艺技能，为社区群体族群所公认的有影响力的人物，传承人受相关法律保护"③。这一概念不仅强调传承人所掌握的技艺技能，同时还强调传承人传承技艺技能给社区、族群带来的影响，而且又关照到传承人的法律地位问题，此概念是目前学界关于非物质文化遗产传承人的比较全面的界定。

　　通过解读非物质文化遗产传承人的概念可知，传承人需具备很强的能力才能真正地传承非物质文化遗产，如具备具体非物质文化遗产事象及与其相结合的基本技艺、技术能力；如基于对具体非物质文化遗产事象充分认识和理解基础上的传承能力；如对非物质文化遗产事象适应时代发展需求的创新和设计能力，等等，而这些能力的培养离不开教育。教育可以培养传承人自身的发展，教育可以对传承人进行适应性塑造，教育可以对传承人的再生产能力进行培养与提高，教育可以通过对传承人的全面培养来达到传承非物质文化遗产的效果。为此，国务院办公厅在颁布《关于加强我国非物质文化遗产保护工作的意见》时着重提出："对列入各级名录

---

① 刘锡诚：《传承与传承人论》，《河北教育学院学报（哲学社会科学版）》2006 年第 5 期。
② 王文章：《非物质文化遗产保护步入规范里程》，《人民日报》2005 年 6 月 12 日。
③ 祁庆富：《论非物质文化遗产保护中的传承及传承人》，《西北民族研究》2006 年第 3 期。

的非物质文化遗产代表作，可采取命名、授予称号、表彰奖励、资助扶持等方式，鼓励代表作传承人（团体）进行传习活动。通过社会教育和学校教育使非物质文化遗产代表作的传承后继有人。"

二　文化价值与教育

教育人类学认为，教育是文化的一部分，又是一个特殊的高级文化体，没有教育的作用，任何文化都不会产生，教育作为文化的生命机制，以其特有的方式作用于文化，成为文化发展不可或缺的因素和部分，但文化的价值又决定了教育，文化的性质、水平决定和制约着教育对于人类各项文化活动的参与和作用。所谓文化价值是指一种文化具有何种功效，它对文化成员具有控制作用和影响力，是用于衡量成员行为思想的价值标准和准则，是文化的核心部分，是一个民族和国家凝聚力所在，一切教育的根本目的就是保持文化价值，按文化价值培养下一代，使该文化世代运行下去。因此，文化价值规定了教育的目的、方向、内容等。文化价值的任何变化都会直接影响教育的发展和受教育的动机。而教育是按照文化价值培养文化成员的最佳途径。①

文化遗产是自然演进与人类发展过程中历史积淀的精华，一个国家或民族的文化遗产是该国家或民族在历史文化发展、变迁中传承给后世不断享用的文化财富，而非物质文化遗产作为经过人们世世代代认可的传统文化中的精髓，它们构成民族文化的核心部分，是一个民族价值观的反映，是民族情感的寄托，是民族精神和民族性格的体现。联合国教科文组织发展纲领指出："记忆对创造力来说是极端重要的，对个人和各民族都极为重要。各民族在他们的遗产中发现了自然和文化，有形的和无形的遗产，而这些正是寻找他们自身和灵感的源泉的钥匙。"由此可知，人可以在丰富的非物质文化遗产中获得灵感、汲取营养、完善自我。进行非物质文化遗产教育是一种理性、必然的选择，通过非物质文化遗产教育，既可保护非物质文化遗产，又可传承非物质文化遗产，还可实现人的自身发展。

三　教育的文化功能

教育人类学对教育的文化功能做了独到的研究，认为教育有四大文化

---

① 冯增俊：《教育人类学》，江苏教育出版社 1991 年版，第 166—167 页。

功能。一是文化生成积淀功能。积淀指教育对文化成员中的发明发现的认可、保存，也指对外域文化的吸收、纳入的过程，教育积淀文化的功能通过传递来实现。二是教育具有文化传递的功能，文化之所以成为文化，关键是它具有被传递性，即通过教育传递，人们才能了解其中意义、观念、技术，才表现出群体性，才能作为文化而存在，才能对人类产生影响。教育者对文化的阐释，受教育者对文化的理解，即传递效果决定着文化积淀保存的效果。三是教育具有文化选择功能，教育对文化的选择，包括对文化的挑选、糅合、加工整理、清理排劣等制作过程，教育选择文化的功能随着人类发展由原始的统一进行到现代的多元复合，在促进文化发展中完善自身，教育对文化的选择，主要受教育的文化价值的影响。四是教育的文化创造功能，主要体现在两个方面，除教育本身对文化更新的作用外，更重要的是指教育通过对文化的沉淀、传播和优化，促进文化的更新、创造、发明和发现；教育主要通过培养大量有创造力的人才、倡导现代文化观念，开辟产生创造性人才的条件、实现教育国际化、开放化这三种方式来表现创造文化功能的；教育的文化创造功能是教育的最根本的本质功能。①

教育人类学认为，"所有的文化都是通过学习获得的，而不是通过生物遗传得来的"②，教育的文化功能决定了非物质文化遗产教育必然是非物质文化习得、适应、传递等传承活动的基础和前提。

四 非物质文化遗产传承、教育、传承人之间的有机结合

人类的一切教育活动都是建立在某种特定的文化基础之上的，文化是教育的内容，教育是传承文化的载体，它作为一种不可或缺的重要手段和方式来实现文化的传承。党的十七大、十八大报告明确强调对各民族文化、文物、非物质文化遗产的重视、挖掘和保护。事实上，传承实现着对非物质文化遗产的保护，而非物质文化遗产传承又离不开教育的作用。

传承一词首先运用于民俗学研究，意指"民间知识特别是口承民俗

---

① 冯增俊:《教育人类学》，江苏教育出版社 1991 年版，第 191—195 页。
② 同上书，第 200 页。

文化的传授和继承"①。随着对传承概念理解的深入，而今学者普遍将文化传承理解为"文化在民族共同体内的社会成员中作接力棒似的纵向交接的过程。这个过程因受生存环境和文化背景的制约而具有强制性和模式化要求，最终形成文化的传承机制，使民族文化在历史发展中具有稳定性、完整性、延续性等特征"②。如此，非物质文化遗产的传承同样具有强制性和模式化要求，要实现非物质文化遗产的传承必须诉诸教育。

如前文所述，传承人其实是非物质文化遗产的本体，是非物质文化遗产传承的唯一主体，非物质文化遗产作为一种精神文化必须通过传承人的表现来体现自身的存在，而传承人的文化自觉意识、传承自豪感、传承积极性、传承中的学习和成长动力等的培养正是教育的职责所在。本体论是关于存在的理论。教育本体论是研究教育存在的最一般特性，教育要体现自身的存在，就要通过人来实现，受教育者的价值越高，教育的存在就表现得越充分，因而教育的存在必须以人的本体为支点。教育的本体就是一定要遵循自然规律，进行对人的本体的塑造和促进人的本体表现，更重要的是把握人本体的总体生成，"教育绝非单纯的文化传递，教育之为教育，正是在于它是一种人格心灵的'唤醒'，这是教育的核心所在"③。在教育的视野中有了真正完整的人，这是真正的教育本体论。

教育人类学认为，教育是文化传递的过程，文化的传递必须通过教育才能实现，非物质文化遗产作为文化的重要组成部分，非物质文化遗产传承同样离不开教育；而且传承人是非物质文化遗产传承的本体，而教育就是对人的本体的塑造和促进人的本体表现，把握人本体的总体生成。教育人类学使非物质文化遗产传承、教育、传承人三者有机地结合，成为本书写作的理论基础，三者之间的内在联系决定了教育与土家族非物质文化遗产传承及传承人的培养不可分割，而且教育是其中最重要的环节。从教育人类学的角度分析教育与非物质文化遗产的关系，寻求非物质文化遗产最有效的传承模式，实现了教育、非物质文化遗产传承、人的发展三者在理论上的统一。

---

① 祁庆富：《论非物质文化遗产保护中的传承及传承人》，《西北民族研究》2006 年第 3 期。

② 赵世林：《云南少数民族文化传承论纲》，云南民族出版社 2002 年版，第 17 页。

③ 邹进：《斯普朗格文化教育学思想概览》，转引自冯增俊《教育人类学》，江苏教育出版社 2001 年版。

第四节　非物质文化遗产传承研究综述

　　非物质文化遗产传承是 21 世纪初在全球范围内逐渐兴起并不断深入的文化研究热点。随着经济全球化进程的不断推进，世界已成为地球村，各国各民族在现代文明的冲击下，生活方式逐渐趋同。各国为了寻求本民族的文化认同感，在世界民族文化中占有一席之地，需要进行本民族的文化传承与保护，同时非物质文化遗产带来的巨大绿色经济效益也是各国共同追寻的目标。正如魏崇周教授在《2001—2010：当代非物质文化遗产热点问题研究综述》中提到的 "21 世纪初 '非物质文化遗产保护' 和 '文化创意产业' 两种思潮登陆中国" 一样，伴随着中国经济的增长、综合国力和国际影响力的提升，这一思潮和研究的兴起也为中国文化复兴和经济发展方式的转变提供了契机。非物质文化遗产传承是本书研究的宗旨，本节将分别从国际、国内两个方面对近年来非物质文化遗产传承的研究情况进行简要综述，并对我国关于非物质文化遗产教育传承的研究做重点考察。

　　一　国际非物质文化遗产传承研究综述

　　基于笔者的视野，考察关于国外非物质文化遗产的研究，少有直接以 "非物质文化遗产传承" 为主题或关键词的相关文献，而是主要集中在非物质文化遗产的概念界定、价值探讨、保护和管理措施等方面，即便如此，仍然对我国非物质文化遗产传承的研究提供了一定的指导和借鉴。

（一）对非物质文化遗产概念界定的研究

　　Janet Blake （2000）从国际遗产法的发展历程、文化遗产与文化财的区分、文化遗产的本质以及文化遗产、文化意识与文化权利等四个方面分析文化遗产的定义，为非物质文化遗产保护体系的操作提供了一个历史性、渐变性与关系性的立体型概念体系。[①] 随着遗产保护运动的深化与认知程度的提升，非物质文化遗产概念与保护体系逐步得以修正与完善。Lourdes Arizpe （2004）在《非物质文化遗产：多样性与一致性》一文中

---

　　① Janet Blake, *On Defining the Cultural Heritage*：*The International and Comparative Law Quarterly*, Vol. 49, 2000, pp. 61 – 85.

评论了影响非物质文化遗产保护设置标准的几个因素，审视非物质文化遗产概念的演化。D. F. Ruggles、H. Silverman（2009）合编论文集《无形遗产的具体内涵》，通过对非物质文化遗产概念体系的历时性梳理、共时性探讨，为理解、剖析与实践非物质文化遗产保护提供了历史性、现实性、反思性的理论视点，对当前国外非物质文化遗产研究的新趋向做了较为系统的分析。

（二）对非物质文化遗产价值的研究

Kenji Yoshida（2004）认为，非物质文化遗产必须依附一定的载体，并主要就博物馆馆藏非物质文化遗产的潜在价值和重要性，以及增强大众的保护意识等方面做了详细阐述。[1] Vandiver. Pamela（2005）以具体案例做分析，阐述手工艺类非物质文化遗产的艺术价值，提出恢复失传的手工艺、再现其艺术和文化魅力等措施来促进遗产保护。[2] Barbara Kirshenblatt-Gimblett（2004）认为遗产是文化生产的一个模式，她从联合国教科文组织倡导的有形遗产、自然遗产到非物质遗产保护诉求与理念的变化立场以及《名录》系统化阐释出发，深化了对遗产作为文化生产模式的理解，她这个模式会给予濒危的、过时的文化展示自我的第二次生命，这不仅是基于人既是文化遗产保护客体也是保护主体的思考，同时也是由文化变化内在属性的实在性所决定的。[3] Alexis Celeste Bunten（2008）则以阿拉斯加一个美国本土的文化旅游企业为个案，探讨了旅游从业人员如何以所谓"商品化伪装"的构建来化解文化商品化的威胁，为遗产产业发展提供了一个地方"自觉商品化"的鲜活案例[4]，使参与遗产工业被认为是本地文化再生产的有力催化剂，学者们将自身文化转化为异质性商品予以消费的过程描绘成"共享文化"。

（三）对非物质文化遗产保护的相关研究

Harriet Deacon（2004）认为遗产保护不分物质文化遗产和非物质文

---

[1]　Kenji Yoshida, *The Museum and the Intangible Cultural Heritage. Museum International*, 2004, 56（5）: 8 - 10.

[2]　Vandiver. Pamcla, *Craft knowledge as an intangible cultural property. Materials Research Society Symposium Proceedings*, 2005, 852（7）: 331 - 352.

[3]　Barbara Kirshenblatt-Gimblett, *Intangible Heritage as Metacultural Production Museum International*, Vol. 56, 2004, pp. 52 - 65.

[4]　Alexis Celeste Bunten, *Sharing culture or selling out: developing the commodified persona in theheritage industry*, *American ethnologist*, Vol. 35, 2008, pp. 380 - 395.

化遗产，只要是文化遗产就应该一视同仁，并且需要制定相应的保护管理规划，要求人们去严格遵守。① Rex Nettleford（2004）则分析了非物质文化遗产在迁移和传承中所造成的流失、衰亡现象，并从传承和创新的视角分析迁移会促进非物质文化遗产传承，提出要落实好加强保护的观点。② 近些年来，国外学者对于非物质文化遗产的国际人权保护、土著传统知识的法律保护给予了重点关注。《保护非物质文化遗产公约》是非物质文化遗产国际法律保护的重要文件。Toshiyuki Kono、Julia Cornett（2007）基于《保护非物质文化遗产公约》的研究，认为非物质文化遗产国际人权保护是国际法律文件的基本要求，非物质文化遗产国际人权保护也是非物质文化遗产保护实践的需要。③ Jessica Myers Moran（2008）认为习惯法是对土著传统知识最合适的保护。他指出，美国运用习惯法保护土著传统知识经历了迂回曲折的过程，今天在运用习惯法保护土著传统知识的实践方面取得了不断发展。④ 此外，C. Londres（2005）在《非物质文化遗产的登记：巴西的经验》一文中通过对巴西非物质文化遗产的保护情况以及韩日在此方面的保护现状等的介绍，为我国现有的非物质文化遗产保护总结积累了经验。而韩国国家博物馆总指导 Hongnam Kim（2007）则在《我的有形与无形遗产保护历程》一文中从参与有形遗产与无形遗产保护的个人历程以及角色转换这一独特视角，侧面地反映了整个遗产保护理念的转变以及韩国遗产保护经验。

二 国内非物质文化遗产传承研究综述

2011 年是我国非物质文化遗产保护工作具有突破性意义的一年，这一年，《中华人民共和国非物质文化遗产法》正式颁布实施，这在国家立法保护方面具有里程碑式的价值，我国非物质文化遗产保护工作也由起步

① Harriet Deacon, *Intangible heritage in Conservation Management Planning. International Journal of Heritage Studies*, 2004（5）：68－70.

② Rex Nettleford, *Migration Transmission and Maintenance of the Intangible Heritage*, *Museum International*, Vol. 56, 2004, p. 78－83.

③ Toshiyuki Kono；Julia Cornett, *An Analysis of the 2003 Convention and the Requirement of Compatibility With Human Rights*, London：*Institute of Art and Law Ltd*, 2007：144.

④ Jessica Myers Moran, *Legal Means for Protection the Intangible Cultural Heritage of Indigrnnous People in a Post-ColonialWorld*, *The Holy Cross Journal of Law and Public Police*, Vol. 2008, XII：90.

阶段的基础性收集整理转移到如何科学规划传承保护方面。学术界对于非物质文化遗产传承的保护研究已逐渐侧重于非物质文化遗产的传承方式、非物质文化遗产的产业化发展、非物质文化遗产的传承人保护、非物质文化遗产的法律保护等领域。

（一）非物质文化遗产传承方式研究

非物质文化遗产的传承方式是随着对非物质文化遗产的保护深入而引起重点关注的研究领域，回顾对非物质文化遗产保护与开发利用的历史，大体包括了家庭传承、师徒传承、学校教育传承及近年来兴起的网络影视传承等主要方式。

著名学者刘锡诚教授（2011）反复强调，师徒和家庭传承是以口传心授为主要形式的传承方式。非物质文化遗产是口承的文化，也就是说，它的基本传承方式是口传心授，通过口传心授的方式在一定范围的群体（族群、社区、聚落）中得到传播和传承，绵延不绝，世代相传。一件口头文学也好，一个民间舞蹈也好，一种手工技艺也好，一种民间知识（如传统医药）也好，凡是属于非物质文化遗产范围的各种文化类别和事象，无不是通过民众的口口相传而被传播（横向的、共时的）和传承（纵向的、历时的）的。[①]

教育传承主要是指学校教育传承，这是学术领域进行研究较早的传承方式。申茂平（2009）在《非物质文化的教育传承及其实现途径》一文中认为，教育传承主要包括其教育作用和其自身作为教育领域两重含义。除了使教育传承成为非遗文化保护的重要途径之外，还强调非遗的文化审美价值对个体、学校和社会的教育意义，对于构建和谐社会的重要作用。本文主要是指前者，以高等院校为主体、以学校教育为主线，对非物质文化进行传承传播。其实早在1918年，北京大学就曾面向社会征集歌谣，这可以说是我国高校对非物质文化遗产保护做的最初努力，而今，对高校教育传承非物质文化遗产提出了更高的要求。然而考察《中国普通高等学校本科专业设置大全》（2009年版）仍然没有民俗学、民间文学、非物质文化保护学等相关专业，这说明非物质文化遗产保护还没有真正地、有效地纳入高校教育的规划之中，高校教育传承非物质文化遗产有待于进一

---

① 刘锡诚：《论"非遗"传承人的保护方式》，《河南教育学院学报（哲学社会科学版）》2011年第1期。

步加强。正如华中师范大学徐金龙（2009）指出，高校应利用自身在人才培养、信息传播和科研创新方面的优势，运用现代科技手段勇敢担负起时代所赋予的历史使命，做好保护非物质文化遗产的排头兵。① 近些年来，关于教育传承模式的研究也成为学术界非物质文化遗产保护研究的热点问题，其中，吕书额（2012）以廊坊市为例，从廊坊市非物质文化遗产的保护现状及存在的问题、地方高校参与保护非物质文化遗产的必要性及可行性、高校参与非物质文化遗产保护的思路三个方面对如何做好高校教育传承进行了深入分析，为当地非物质文化遗传的高校保护模式提供了参考。② 谭宏和王天祥（2006）分析了地方高校的四重任务，并提出应坚持用一体化与批判性的学术思考方法来分析非物质文化遗产的传承与保护工作，这对于落实十八大精神、大力弘扬中华文化、调整和帮助国产文化输出有积极的指导意义。③ 此外，赵明奇（2009）的《地方高校与非物质文化遗产传承——徐州高校"非遗"特色教育探讨》，张泰城和何建良（2012）《非物质文化遗产融入高校教育的路径研究》，漆凌云、周超（2013）的《试论高校非物质文化遗产教育的原则》等论文也为如何开展高校教育传承提供了许多有价值的借鉴。

　　网络影视传承是近年来才逐渐兴起的一种利用网络技术实现非物质文化遗产客观存在的新型传承方式。网络影视传承在兴起之初就表现了它的很多优点，以纪录片、影视片的形式记录即将消失的非物质文化遗产，更接近非物质文化遗产的原生形态，并且具有长期客观存在性，如饶乐和黄沁（2011）从非物质文化遗产的摄影推广对非物质文化遗产传承的作用入手，结合江西非物质文化遗产的传承方式及运用摄影推广的可行性，具体探讨了摄影推广传承的别具一格的方法。④ 然而，由于市场化的驱使，人们在利用网络影视技术进行非物质文化遗产传承传播的过程中，片面追

---

① 徐金龙：《大学生非物质文化遗产教育的现状及对策》，《赣南师范学院学报》2009 年第 1 期。

② 吕书额：《构建非物质文化遗产保护与地方高校改革实践互动平台研究——以廊坊市为例》，《职业时空》2012 年第 12 期。

③ 谭宏、王天祥：《地方性高等院校与边区非物质文化遗产——以渝黔川边区为例》，《重庆文理学院学报（社会科学版）》2006 年第 2 期。

④ 饶乐、黄沁：《江西非物质文化遗产传承方式探析——以摄影推广为例》，《大众文艺》2011 年第 23 期。

求视觉上的冲击力和一过性的满足感而逐渐扭曲了非物质文化遗产传承的初衷，也偏离了非物质文化遗产自身的发展方向，陈一平、张丽丹（2009）毫不避讳地指出，影视只是保护非物质文化遗产的手段之一，而绝不能代替活态即传承人和非物质文化遗产自身的保护，非物质文化遗产保护需要政府的重视和民众保护意识的提高。① 为此，《国家级非物质文化遗产代表作申报评定暂行办法》第七条严肃指出：尤其要防止对非物质文化遗产的误解、歪曲或滥用。

（二）非物质文化遗产的产业化发展研究

2005 年 8 月，《国务院办公厅关于加强我国非物质文化遗产保护工作的意见》（国发〔2005〕18 号）出炉，对非物质文化遗产的保护工作方针和工作原则做了保护为主、抢救第一、合理利用、传承发展的明确指示。要正确处理保护和利用的关系，坚持非物质文化遗产保护的真实性和整体性，在有效保护的前提下合理利用，防止对非物质文化遗产的误解、歪曲或滥用。保护工作应以政府为主导，动员社会力量，形成合力，长远规划，分步实施，以求实效。

很多学者认为利用是在保护的基础之上，只有使非物质文化遗产本身找到活态的存在点，并基于一定的社会受众，唤起群众的民族寻根意识，才能扎根于现代社会，做到不误解、不滥用。也有学者提出非物质文化遗产的价值绝非仅限于旅游经济，而是表现在个人、社会和国家的各个层面上。如刘锡诚（2005）指出非物质文化遗产即民族文化之根，它在弘扬中华文化、提升民族凝聚力上将发挥生生不息、源源不断的动力作用。② 此外，中央民族大学雷秋玉（2013）在《文化认同与非物质文化遗产的公法保护》、徐燕娟（2013）在《如春教育，让每一个儿童生命自由舒展——如春教育文化的理性思考和实践追求》、马宁（2012）在《守住西藏文化版图的"边缘"一角》中均提及非物质文化遗产对于民族认同的重要意义。只有在这样的文化意义下，非物质文化遗产的旅游开发价值才会自然受到重视。

学术界关于如何科学规划利用非物质文化遗产为现代经济社会发展服

---

① 陈一平、张丽丹：《影视资源与非物质文化遗产的保护和传承——以杭州地区为例的审视及构想》，《浙江传媒学院学报》2009 年第 4 期。

② 刘锡诚：《非物质文化遗产的文化性质问题》，《西北民族研究》2005 年第 1 期。

务的论文也是层出不穷，已成为 21 世纪一个新的文化研究热点。把非物质文化遗产作为重要的文化旅游资源，并把它推向市场，以产业化的形式促进其吸收现代元素，既保护和丰富了非物质文化遗产，又带动了当地经济的发展。王学思（2013）就如何运用市场经济法则推进非物质文化遗产传承做了详细介绍，认为非物质文化遗产可以通过市场化运作，提升市场竞争力，推进文化产品品牌化、市场化，从而实现非物质文化遗产项目单位的社会效益和经济效益的双赢。[①] 杨艳丽（2011）更是以绥化市为例，就如何把旅游文化与非遗文化遗产保护传承相融合进行了深入分析，并对其可行性、必要性做了概述，还为绥化市如何规划发展提出了把制作地旅游、旅游纪念品开发、节庆旅游、非物质文化遗产动态旅游四个方面相结合的发展模式，这为其他地区非遗文化的保护传承提供了可贵的理论根据和实践经验。[②] 此外，青岛大学毕研娜（2012）的《非物质文化遗产虚拟旅游产品开发研究》、舒三峡（2012）的《如何打造非遗文化品牌》等论文也有值得借鉴和可取的建设性成果和见解。

（三）传承人保护研究

《国家级非物质文化遗产项目代表性传承人认定与管理暂行办法》出台实施后，国家通过成立专门机构，制定不同门类、具体可行的评审标准最终在 2007 年 6 月公布了包括民间文学、杂技竞技、民间美术、传统手工技艺和传统医药等五大类共 226 名传承人，一年后又公布了第二批国家级项目传承人 777 名，到目前为止，国家已公布了四批国家级项目传承人，国家级非遗文化项目代表传承人的认定工作也基本上是与国家级非物质文化遗产的申报和评审工作同步进行的。国家对传承人的认定保护行为是对非物质文化遗产的保护和传承工作者的极大鼓舞，激起了国内非物质文化遗产及传承人的保护和研究热潮。

孙正国（2009）基于对总体性保护在传承人保护过程中存在普遍性法则保护方案、没有具体有效手段等不足的认识，提出了类型化保护的观念，坚持辩证唯物主义的方法论，根据传承人生存状况具体分析，提出了

---

① 王学思：《以市场化运作促非遗活态传承》，《中国文化报》2013 年 4 月 8 日。
② 杨艳丽：《旅游业与非遗文化产业融合研究——以寒地黑土核心区绥化市为例》，《安徽农业科技》2011 年第 3 期。

个性化的保护方案。① 萧放（2008）认为非物质文化遗产的属性决定了传承人的认定原则，单一属性的非物质文化遗产传承人应该从个体的历史传承与社会声望两个向度考虑；综合型的非物质文化遗产传承人要从文化整体中切分重要文化环节，确定关键传承人。对认定为非遗传承人的对象不仅要有经济、社会上的生活保障，还需要精神关怀；同时传承人也应该自觉承担传承文明的责任与义务。② 余继平（2012）则从传承人本体出发，从现代心理学、经济学的角度，分析了如何保护传承人和提高传承人素养。③ 以上三篇论文分别从传承人分类保护新方案、传承人认定方式、传承人本体研究等方面了传承人的保护策略，也体现了当今学术界研究传承人保护的不同侧重点和方向。此外，文永辉（2013）的《少数民族"非遗"传承人保护存在问题及制度完善——基于对贵州的田野调查》，陈静梅、文永辉（2012）的《论少数民族非物质文化遗产传承人的分类保护——基于贵州的田野调查》，施为民（2013）的《民族地区非物质文化遗产传承人电视纪录片的创作与传播》，马立婧（2013）的《培养高校非物质文化遗产传承人的探究——山东省非遗民间音乐例析》，范巧珍（2012）的《广西音乐非物质文化遗产文化传承人培养探析》等文章，围绕传承人保护分别从各个不同的侧面的了较为深入的分析。

（四）非物质文化遗产法律保护研究

非物质文化遗产作为古老中华民族的生命记忆与活态文明，是一个民族的智慧和精神，在保护非物质文化遗产的过程中，由于缺少理论的探索和创新，人们往往只注重了精神层面的文化遗产保护，而忽视了非物质文化遗产法律层面上的保护，而作为保护非物质文化遗产最具权威性和稳定性的有力武器，法律保护应是保证非物质文化遗产传承的重要方式。

白庚胜（2006）对非物质文化遗产的法律保护路径做了详细阐述，认为实现非物质文化遗产的法律保护，必须以系统地制定有关非物质文化遗产的法律并使之与相关法律相互呼应、形成体系作为前提，走高水平的

---

① 孙正国：《论非物质文化遗产传承人的类型化保护》，《求索》2009 年第 10 期。

② 萧放：《关于非物质文化遗产传承人的认定与保护方式的思考》，《文化遗产》2008 年第 1 期。

③ 余继平：《基于传承人本体视角的非物质文化遗产活态传承初探——以武陵民族地区为例》，《四川戏剧》2012 年第 6 期。

国际化立法之路，走中国特色的立法之路，走与政策相辅相成的立法之路。① 无独有偶，随着人们对法律保护非物质文化遗产认识的不断加深，对于具体如何开展法律保护，不少专家学者有了不同的意见和想法。熊英（2009）系统地讲解了如何通过法律的手段保护非物质文化遗产，结合国外对非物质文化遗产保护措施的分析，重点就保护我国非物质文化遗产法律保护模式的主要观点进行了缜密分析，并在分析中提出知识产权法保护模式，这对于构建我国非物质文化遗产保护的相关法律提出了宝贵建议。② 李林启（2010）在简要分析我国非物质文化遗产特征的基础上，系统地提出了非物质文化遗产法律保护的基本原则，针对不同非物质文化遗产制定相应的法律保护条例，全文中描述的行之有效的具体建议拓宽了人们制定非物质文化遗产法律保护的视野。③ 这些路径的提出，让立法工作者们对未来法律保护下的非物质文化遗产有了更新的认识，未来相关法律制度只是水到渠成之事，随着时间的酝酿，相信在不久的将来，会出台一部法律专门来保护非物质文化遗产。

我国在非物质文化遗产法律保护方面，现已基本形成体系。1982 年以来，《文物保护法》、《文物保护法实施条例》、《文物保护工程管理办法》等三十余项部门规章和规范性文件相继颁布，这足以说明国家对非物质文化遗产的高度重视，但是上述规定也只是涉及对非物质文化遗产的保护规定，我国对非物质文化遗产的重视和保护程度还有很大的发展空间，有待进一步的思考与研究。

三　基于教育学视角的研究综述

教育是人类文化传承的主要途径与手段，从教育的视角探讨非物质文化遗产的传承问题，是保护非物质文化遗产的必要途径，也是研究如何保护非物质文化遗产的必然要求。如今，通过学校教育传承非物质文化遗产已成为广大教育工作者的共识，教育界的学者们基于教育学的视角对如何传承好非物质文化遗产的问题进行了不断深入的探讨。下面主要从学校教

① 白庚胜：《非物质文化遗产法律保护论我国非物质文化遗产的现状》，《中国民族》2006年第 5 期。

② 熊英：《论我国非物质文化遗产法律保护体系的构建》，《重庆工商大学学报（社会科学版）》2010 年第 6 期。

③ 李林启：《我国非物质文化遗产法律保护体系的构建》，《特区经济》2010 年第 1 期。

育的角度扼要介绍有关我国非物质文化遗产教育传承的相关研究概况。

（一）教育学研究传承非物质文化遗产的内涵

申茂平（2009）认为非物质文化遗产教育传承有两个方面的内涵，一是指"用非物质文化遗产优秀的传统技艺、科学知识、伦理道德资源进行体育文化教育、思想道德教育和社会教育"；另一方面是指"使教育传承成为非物质文化遗产传承的重要途径，成为学校教育的重要组成部分"①。特木尔巴根（2008）系统地研究了民族教育对于保护非物质文化遗产的作用和意义，认为教育传承非物质文化遗产应该是学校教育的重要内容，他详细介绍了具体的教育学研究方法：一方面，利用丰富的少数民族非物质文化遗产内容，将其融入校园文化建设中，积极开展民俗活动，成为保存和传承少数民族非物质文化遗产的有效方式方法；另一方面将自觉保护少数民族文化遗产教育渗透到德育教育中，达到学校教育的目标。②

朱强（2007）提出了如何利用艺术高校保持本民族文化的独立性和传统文化适应现代社会的发展并焕发出新的生机与活力的具体设想。他指出，非物质文化遗产作为传统文化的重要组成部分，在高校艺术教育中既要保护又要创新，并与当代社会紧密联系，才能使其具有现实存在意义。③谭志松（2011）专门就土家族非物质文化保护与传承中的民族教育路径做了全面剖析，主要围绕保护和培养土家族非物质文化传承人、探索土家族非物质文化传承的学校教育模式、拓展土家族非物质文化传承的社区教育空间、挖掘和利用土家族非物质文化作品的文献资源等方面展开，认真探讨了土家族非物质文化保护与传承的教育路径方法。另外，他还重点论述了地方高校在土家族非物质文化保护和传承中的作用，结合湖北民族学院等高校在土家族非物质文化保护与传承中发挥作用的现状调查与分析，进而研究地方高校在土家族非物质文化传承中发挥作用的对策。④

---

① 申茂平：《非物质文化的教育传承及其实现途径》，《教育文化论坛》2009年第1期。

② 特木尔巴根：《民族教育在保护少数民族非物质文化遗产中的作用——以北京邮电大学民族教育学院为例》，《内蒙古师范大学学报（教育科学版）》2008年第7期。

③ 朱强：《高校艺术教育对于非物质文化遗产的继承与创新》，《艺术教育》2007年第10期。

④ 谭志松：《土家族非物质文化的教育保护与传承研究》，民族出版社2011年版，第145—206页。

此外，王释云等（2010）的《浅谈非物质文化遗产中蕴含的教育价值》、李蓉（2010）的《在思政课中渗透非物质文化遗产教育》、张春梅（2009）的《论非物质文化遗产保护的教育策略》、徐艺乙（2009）的《论非物质文化遗产的传承与高等教育的使命》等多篇论文对非物质文化遗产教育传承的内涵都有一些不同程度的论述。

（二）教育学研究传承非物质文化遗产的发展

"2001 年 5 月，联合国教科文组织宣布第一批'人类口头和非物质文化遗产代表作'19 项代表作获得通过，中国昆曲入选，这表明非物质文化遗产保护由会议讨论进入文化实践。"① 由此可见，非物质文化遗产的保护走过了起初的理论探讨阶段、收集保护阶段，而步入了传承实践的阶段。随着人们对教育传承的不断认识与研究，教育传承理论也随之日臻完善，各地高校高度重视教育传承在非物质文化遗产中的地位，并正在努力尝试将非物质文化遗产纳入课堂教学和校园活动中，不得不说这是对非物质文化遗产传承的又一大突破。

王树斌等（2011）的《非物质文化遗产的教育传承研究》、乔晓光（2007）的《非物质文化遗产与大学教育》、张丽萍（2012）的《少数民族地区高校教育传承非物质文化遗产分析》等研究论文在研究教育传承的方式方法中，明确了课堂教学内容和校园文化活动的重要意义。各高校设置的各种非物质文化遗产教育选修课和校园文化活动是进行非物质文化遗产教育的重要手段和环节，它能够使学生系统地了解相关知识、掌握一门独立的民族文化技能，所以许多专家学者鼓励大力开发和构建非物质文化遗产教育课程，提出要将各民族非物质文化遗产内容加以选择和整理，将非物质文化遗产内容注入学校教学内容和校园文化活动中去，并配以多媒体现代化教育技术，使学生在娱乐中学到深厚的民族传统文化，掌握一门独特的民族文化技能。陈鑫、艾拉提（2009）介绍了新疆艺术学院为继承优秀传统文化创办木卡姆专业培养新一代木卡姆专业传承人的成功经验，为我国高校进行非物质文化遗产教育探索出了一条道路。② 此外，胡

① 余悦：《非物质文化遗产研究的十年回顾与理性思考》，《江西社会科学》2010 年第 9 期。

② 陈鑫、艾拉提：《从创办木卡姆班看新疆高校非物质文化遗产教育传承》，《新疆画报》2009 年第 8 期。

凯（2012）的《音乐类非物质文化遗产教育传承的支点——校本课程》、孙凡（2007）的《教育传承：关于开设〈中国口头和非物质文化遗产代表作〉课程的建议》、王玉青（2012）的《非物质文化遗产的高等教育研究》、卢芝艳（2010）的《大理周城白族扎染工艺的教育传承机制探究》等文章也分别介绍了教育传承的实践个案和作者对进一步优化传承方案的思考，这都为推动非物质文化遗产的教育传承提供了理论指导。

总的来说，教育传承的意识已经进入人心，接下来就要看实行力度和实行效果了，各高校在传承非物质文化遗产中的作用日益重要，这就需要越来越多的专家学者们融入其中，一方面加大对非物质文化教育传承保护的力度；另一方面积极探索新的教育传承模式，不断满足和适应各种非物质文化遗产保护，使丰富多彩的非物质文化遗产能够在教育的保护下，不断传承并发扬。正如普丽春（2010）在《云南少数民族非物质文化遗产传承模式构想》一文中提出的"弘扬传统教育、引入学校教育、构建多种形式的教育"等观点，这恰恰为如何建立系统传承非物质文化遗产的教育模式提供了新思路。

综观国内的研究成果，可以看出非物质文化遗产的收集、整理工作已初见成效，非物质文化遗产的传承已逐渐得到社会和国家的重视。当前学术界从非物质文化遗产的传承方式、非物质文化遗产的产业化发展、非物质文化遗产的传承人保护、非物质文化遗产的法律保护，特别是基于学校教育的非物质文化遗产传承等领域进行了不同程度的研究与创新，肯定了当今社会非物质文化遗产传承的重要性，肯定了学校教育传承模式对于非物质文化遗产传承的重要作用，为笔者的非物质文化遗产传承研究提供了借鉴与指导。但也应当看到不足之处，就学校教育传承而言，总体上流于抽象性、普遍性、共性的研究，而相对缺乏具体性、针对性、个性的研究；重视非物质文化遗产传承相关理论上的研讨，而缺乏对非物质文化遗产传承人主体性的观照及非物质文化遗产传承具体路径上的探讨。基于此，本书在田野调查的基础上，通过对非物质文化遗产传承人的现实健康状况的考察，以非物质文化遗产传承人培养为主要研究内容，系统性地探讨高校教育传承的传承模式和路径，并重点探索高校校园文化活动培养非物质文化遗产传承人的手段和路径，借以弥补此方面的不足。

第三章　恩施土家族非物质文化遗产
主要内容及传承现状

　　土家族聚居的湘、鄂、渝、黔毗邻地带被称为土家族"文化沉淀带"、"历史文化冰箱"和"文化聚宝盆"，拥有丰厚的土家族非物质文化遗产，但在多元文化的冲击之下，土家族非物质文化遗产的传承现状不容乐观，作为非物质文化遗产传承主体的传承人面临着人去艺绝的境地。本章基于传承人健康状况的调查，以传承人健康状况为中心展开思考，提出教育培养新生传承人的建议。

第一节　恩施土家族非物质文化遗产主要内容

　　在漫长的历史发展过程中，勤劳、勇敢的土家人创造了辉煌灿烂的土家族非物质文化，极大地丰富了中华民族文化的内容。

一　土家族简介

　　土家族是我国西南地区一个古老而又年轻的民族，它独特的民族风情文化让它成为华夏 56 个民族中一颗璀璨的明珠。土家族人民主要分布在湘、鄂、渝、黔毗邻的武陵山区，主要包括湖北恩施土家族苗族自治州所辖的恩施、巴东、宣恩、利川、来凤、鹤峰、建始、咸丰等 8 个县市，宜昌所辖的五峰土家族自治县和长阳土家族自治县，湖南湘西土家族苗族自治州所辖的保靖、古丈、永顺、龙山 4 个县，张家界市所辖的桑植县，重庆市所辖的彭水苗族土家族自治县、石柱土家族自治县、黔江区、秀山土家族自治县、酉阳土家族苗族自治县。根据 2010 年第六次全国人口普查统计，土家族人口数为 8353912 人，占全国少数民族人口的 7.34%，仅次于壮、回、满、维吾尔、苗、彝族，排名第七。

关于土家族的族源，历来众说纷纭，有人说土家族源自乌蛮，有人说源于古代羌人，有人提出土家人是禀君之后，也有人说是巴人之后。我国著名的民族学家、社会学家、人类学家潘光旦教授从历史发展、建制沿革、宗教信仰、风俗习惯、考古发现、文学作品等六个方面论证了土家族是"巴人后裔"的观点，这与众多学者所做的民间调查、种种文献资料、历史文物不谋而合，巴人后裔说逐渐得到学界认同。由此可知，土家族族源可以上溯到先秦时期，土家族经历了原始社会、封建奴隶社会，在漫长的历史时期，土家族与中原王朝发生着碰撞、摩擦，与不同历史时期迁入的各族人民交融、磨合，1956 年 10 月，国家民委认证、确立土家族为单一少数民族，从此成为中国 55 个少数民族大家庭之一。

恩施土家族苗族自治州前身为恩施专区，1983 年设鄂西土家族苗族自治州，1993 年 4 月改为现名，是我国最年轻的自治州。恩施土家族人主要生活在武陵山区清江流域，称自己为"毕兹卡"，意思为本地人，汉语为"土家"。恩施土家族人民在长期的生活生产过程中创造的灿烂民族文化，而今都成为珍贵的人类文化遗产，影响着一代又一代的土家人。

二 土家族非物质文化遗产概况

我国政府从 2006 年开始先后公布了包括土家族非物质文化遗产和传承人在内的三批国家级非物质文化遗产项目名录、两批国家级非物质文化遗产扩展项目名录、四批国家级非物质文化遗产项目代表性传承人名录；此外，各省（区、市）人民政府也先后公布了省级非物质文化遗产名录（包括传承人名录），大部分市县也建立了本级非物质文化遗产名录，从而基本建立了国家、省、市、县四级非物质文化遗产代表性项目名录的体系。据不完全统计，进入国家级名录的土家族非物质文化遗产有 26 项，分属 9 类不同的表现形式。具体分类项目详见表 3—1。

表3—1   国家级土家族非物质文化遗产名录表

分类	项目	项目属地
民间音乐	石柱土家啰儿调	重庆市石柱土家族自治县
	土家族打溜子	湖南省湘西土家族苗族自治州
	土家族摆手舞	湖南省湘西土家族苗族自治州
	土家族撒叶儿嗬	湖北省长阳土家族自治县
	湘西土家族毛古斯舞	湖南省湘西土家族苗族自治州
	宜昌薅草锣鼓	湖北省五峰土家族自治县
	土家族打溜子	湖北省五峰土家族自治县
	土家族摆手舞	湖北省来凤县
	酉水船工号子	湖南省保靖县
	土家族咚咚喹	湖南省龙山县
	秀山民歌	重庆市秀山土家族苗族自治县
	酉阳民歌	重庆市酉阳土家族苗族自治县
	南曲	湖北省五峰土家族自治县
民俗	土家族织锦技艺	湖南省湘西土家族苗族自治州
	土家年	湖南省永顺县
民间文学	土家族梯玛歌	湖南省龙山县
	土家族哭嫁歌	湖南省永顺县、古丈县
	酉阳古歌	重庆市酉阳土家族苗族自治县
民间故事	都镇湾故事	湖北省长阳土家族自治县
	盘瓠传说	湖南省泸溪县
传统音乐	利川灯戏	湖北省利川市
传统技艺	土家族吊脚楼营造技艺	湖北省咸丰县、湖南省永顺县
曲艺	三棒鼓	湖北省宣恩县
传统舞蹈	高台狮舞	重庆市彭水县苗族土家族自治县
传统戏剧	梅山傩戏	湖南省冷水江市
	张家界阳戏	湖南省张家界市永定区

资料来源：中华人民共和国政府网（http://www.gov.cn）。

土家族的非物质文化遗产极为丰富，进入21世纪，在全球掀起"非遗文化"热的浪潮下，土家族所属的湘、鄂、黔、渝等地区各级政府十分重视非物质文化遗产的挖掘、整理、保护和传承工作。2002年7月贵州省颁布《贵州省民族民间文化保护条例》，2005 年 7 月湖北省恩施州颁布《恩施土家族苗族自治州民族文化遗产保护条例》，同年 9 月湖南省颁布《湖南省人民政府办公厅关于加强非物质文化遗产保护工作的意见》，同年 10 月，重庆市颁布《重庆市人民政府办公厅关于加强我市非物质文化遗产保护工作的实施意见》，2006 年 2 月湖北宜昌长阳县颁布《长阳土家族自治县民族民间传统文化保护条例》，同年 3 月湖南湘西土家族苗族自治州颁布《湘西土家族苗族自治州民间文化遗产保护条例》。与此同时，这些地区还相继分批公布了各省、市、州、县级非物质文化遗产名录和代表性传承人名录，其中包含的土家族非物质文化遗产项目和传承人更是众多，这充分体现了土家族非物质文化遗产传承工作的实践性和实效性。土家族地区一系列条例的颁布实施为非物质文化遗产的传承提供了强有力的保障，引起了深刻的社会反响，推动了土家族非物质文化遗产的传承与保护。

三　恩施土家族非物质文化遗产内容述要

恩施地区土家族的非物质文化遗产内容丰富，2006—2013 年，恩施州人民政府相继公布了四批州级非物质文化遗产名录和三批州级非物质文化遗产扩展名录。据统计，包括入围国家级非物质文化遗产名录和湖北省非物质文化遗产名录在内的全州活态传承的非物质文化遗产共计 11 类 121 项，其中民间音乐 22 项，民间舞蹈 20 项，传统戏剧 7 项，曲艺 10 项，传统体育，游艺与竞技 12 项，民间手工技艺 20 项，民俗 8 项，民间知识 1 项，民间文学 10 项，民间美术 4 项，传统医药 7 项。在公布的恩施土家族非物质文化遗产中，表演艺术类所占比例最大；但事实上，恩施地区土家族非物质文化遗产的内容远不止于此，还有更多的非物质文化遗产有待社会的关注，等待非物质文化遗产传承工作者的挖掘。本书参考国务院《国家级非物质文化遗产名录》的分类方法对入选恩施州土家族非物质文化遗产名录的非物质文化遗产进行简要概述，并选择其中新确定或较为经典的几项进行扼要介绍。

（一）民间文学

民间文学是劳动人民口头传唱、口头流传并经过一定加工整理的文学形式，恩施土家族民间文学包括民间故事、民间传说、民间歌谣和诗歌，它们在恩施土家族地区广泛分布。其中著名的寇准故事、长江三峡传说和佘氏婆婆的故事广泛流传于巴东县境内，七姊妹山的传说主要流传于宣恩县，夷水歌谣和田好汉传说分布在利川和来凤境内，它们都已纳入州级非物质文化遗产名录。

寇准故事。巴东寇准的故事讲述了寇准任巴东知县三年期间的故事，任职期间寇准为官正直、体察民情、处处为民分忧，将中原先进农耕技术传授到当地，大大推动了当地农业的发展，使巴东在一年内便大为改观，土家人食有余、卧能安，寇准得到巴东人民的爱戴，被他们亲切地称为"寇巴东"。寇准离任时，土家人民送给他一把雨伞，并以伞为道具载歌载舞，这就是如今万民伞和恩施州土家人以伞为道具欢庆丰收的由来。寇准的故事传颂至今，寄托了土家人民对美好生活的希冀，体现了土家人淳朴善良的民族性格，这对于延续土家人的民族特色和民族心理诉求是具有教育意义的。

长江三峡传说。长江三峡指瞿塘峡、巫峡和西陵峡，这里地势险要、群山连绵、秀丽无比。生活在这里的巴东土家人勤劳质朴，却限于当时生产力水平而无法科学解释这些奇特的自然山川景观，人们便用自己的智慧，凭借想象和联想的办法创作了许多美丽的神话传说，流传至今。这些神话被赋予了当地土家人的思想，在不同的区域流传说法也不尽相同。其中三峡巫峡十二峰的传说尤为著名，巫峡十二峰的传说讲述了瑶姬和她的11个姐妹排除万难、百折不挠地帮助大禹治水，为百姓耕耘播雨、驱赶邪魔，造福人间的故事。这些传说从一个侧面反映了土家人对当时社会制度的不满和抗争，也表现了土家人浪漫的生活气息。

（二）民间音乐

据国际民间音乐协会的定义，民间音乐是经口传过程发展起来的大众音乐，又称为民间歌谣、民俗音乐、民间短篇诗歌。恩施地区的民间音乐种类繁多、曲调各异，或活泼欢跃、或柔和悦耳，其中尤其是音乐乐器具有土家特色，木叶、唢呐、打击乐器"打溜子"、咚咚喹都是独具土家风味的。根据传统习惯的差异，恩施土家族的民间音乐大体可以分为山歌、劳动号子、风俗歌、锣鼓和儿歌五类。据地域差异，丝弦锣鼓、喜花鼓、龙平高腔山歌、建始南乡锣鼓主要分布于建始县境内，高腔山歌、灯歌龙船调、柏阳坝山民歌、凉务牟氏山民歌则在利川市普遍流行，土家叙事情歌、打安庆等主要散布于来凤境内，薅草锣鼓主要分布于宣恩，峡江号子主要流行于巴东神龙溪流域，围鼓、鹤峰田歌主要在鹤峰县内，花锣鼓主要分布在恩施市境内，哭嫁歌、土家山歌、石工号子则在全州都有流行。

哭嫁歌。在结婚喜庆之日，土家姑娘以哭的方式表达对骨肉亲情的依恋不舍，在出嫁的前一天晚上，出嫁女和周围街坊年龄相仿的 10 个姐妹围着火坑一起哭，称为"陪十姐妹"，这便是哭嫁歌。哭嫁歌内容丰富多彩，可因对象不同而分为哭父母、哭哥嫂、哭姐妹、哭媒人、哭祖宗、哭陪客等，也可因哭嫁主题不同而分为对父母长辈养育之恩的感激、对包办婚姻的控诉、对哥嫂姐妹的不舍、对过往青春的怀念、对未来新生活的迷茫，等等。哭嫁歌具有极高的艺术价值，不仅有自己独特的唱腔唱法，长短句错落有致，其歌词也独具魅力，或仿古而成、或即兴而作，都有相当的文学价值，在土家文学史上占有重要地位。哭嫁歌不仅在形式上颇有造诣，在思想上也毫不逊色，具有一定的历史价值，土家哭嫁历史久远，是土家婚俗变迁的真实写照，详细记录了土家人婚姻制度的流变情况，再现了真实的土家婚俗史；同时土家族哭嫁反映了土家女性社会地位的变迁史，反映了她们心理的变化，在一定程度上也可以作为考证土家族语言、风俗、宗教信仰的证据之一。

> 天上星多月不明，爹爹为我苦费心，
> 爹的恩情说不尽，提起话头言难尽。
> 一怕我们受饥饿，二怕我们生疾病，
> 三怕穿戴比人丑，披星戴月费苦心，
> 四怕我们无文化，送进学堂把书念，
> 把你女儿养成人，花钱费米恩情深。
> 一尺五寸把女盘，只差拿来口中衔；
> 艰苦岁月费时日，挨冻受饿费心肠！
> 女儿错为菜子命，枉自父母费苦心；
> 我今离别父母去，内心难过泪淋淋！
> 为女不得孝双亲，难把父母到终身；
> 水里点灯灯不明，空来世间枉为人。

此首哭嫁歌歌词中流露出的对父母的感恩之心和自己以后不能常常孝敬双亲的无奈之情跃然纸上。哭嫁歌极高的历史文化价值确定了它在当今社会的重要意义，它已成为当今高校艺术教育的重要内容。此外，它是研究土家族民族性格、民族文化史的重要参考资料，它反映了一个民族的民族心理，是反映一个民族生活变迁的重要史料，具有重要的民俗学、人类学价值。相信随着研究的深入，哭嫁歌将在民俗研究史上扮演越来越重要的角色。

（三）民间舞蹈

民间舞蹈源自劳动人民的生产生活，是由群众自创自演、具有明显民族或地域特色的群众性舞蹈活动。民间舞蹈按功能可主要分为祭祀性和娱乐性两大类。土家族擅长舞蹈，恩施土家族舞蹈的素材源于生活，动作随意性强，有一定的节奏、韵律，舞蹈是土家人表达感情、传达信息的方式，通过土家舞蹈可以体会到他们内心不同的情感和民族的文化底蕴。随着社会的变迁，土家民间舞蹈和其他民间舞蹈也同样发生着变化。花鼓子和撒叶儿嗬在巴东县境内广泛流行，传承和发展的现状也令人鼓舞，尤其是巴东县野三关镇还建立了撒叶儿嗬的培训基地，专门进行撒叶儿嗬的教育传承活动。土家摆手舞、土家地龙灯、靠灯舞及麻舞则主要流行于来凤县境内，土家八宝铜铃舞、宣恩耍耍、滚龙莲厢、猴儿鼓是宣恩县比较盛行的民间舞蹈。此外，咸丰的地盘子，建始的闹灵歌、武丧，利川的肉连响，鹤峰的花鼓灯，建始、巴东的鼓儿车，宣恩、咸丰的龙舞，恩施市内的板凳龙，耍龙灯都极具地域特色。

（四）民间美术

民间美术是人民群众创造的，在日常生活中应用、流行的美术，更多的时候是人民生活的必要内容和形式，恩施州较有特色的民间美术技艺主要有宣恩县境内的土家绣花鞋（垫）和米画、咸丰县的何氏根雕等。土家绣花鞋（垫）是土家农村妇女对生活抒情表意的一种体现，其图案精美多样、内容丰富多彩，是反映土家人民生产生活的一种手工艺术制品，长期以来甚至至今仍然是土家人民生产生活的一部分，精美的土家绣花蕴含着浓郁的土家文化价值和一定的经济价值，今天更是成为人们喜闻乐见的艺术作品，成为值得收藏、馈赠他人的送礼佳品。

（五）传统戏剧

我国传统戏剧包括戏曲和话剧。恩施地区传统的戏剧主要有木偶戏、花灯戏、傩戏等，就地域来说，鹤峰境内主要分布着柳子戏、傩愿戏，木偶戏和灯戏主要分布在恩施市，此外巴东堂戏、来凤南剧都各具特色。

南剧。主要流行于恩施州的来凤、咸丰两个县，是湖北省四大地方剧种之一，南剧在当地有着深厚的群众基础，广泛传播，对周边湘、黔、渝等地区的地方戏剧发展也产生着潜移默化的作用。南剧具有明显的地域性，它处于巴楚两大文化的交融区，吸收了巴楚两大文化的内涵并结合当地土家人民的风俗习惯，经过二百多年的酝酿逐渐形成。南剧取材内容广泛，从神话故事到水浒传奇，从三国列传到杨家将的故事集成，此外，南剧乐器丰富，唱词以方言为主，通俗易懂，因而南剧容易被社会各阶层所接受。在这个过程中南剧发挥着教化人们扬善弃恶、引导人们树立正确世界观的教育作用。

（六）曲艺

曲艺是中华民族各种说唱艺术的统称，它是由民间口头文学和歌唱艺术经过长期发展演变形成的一种独特的艺术形式。恩施扬琴、利川小曲是恩施土家族非物质文化遗产中最具代表性的曲艺。此外，三棒鼓（花鼓）、宣恩道情、干龙船、金钱板、侗乡鼓曲广泛流行于宣恩地区，恩施市内的三才板，鹤峰、巴东的满堂音各具特色，都是恩施曲艺的代表作。

恩施扬琴。又名恩施丝弦，演唱者多以高雅自居，以琴会友，互相切磋技艺，恩施扬琴唱词高雅、音乐优美，深受群众喜爱。历史上他们对继承者要求较高，近年来由于没有专业系统的学习继承者，老艺人的先后离世及其他一些现实原因，扬琴的传承人越来越少了。

满堂音。又称湖北曲艺艺术孤品，因其吹、打、弹、唱同时发音而得名。明代，皮影戏与鹤峰傩戏、柳子戏相互交融，又吸收了民歌的丰富因素，逐渐演变成别开生面、独具特色的满堂音。近年来，鹤峰"满堂音"剧团走街串巷，为当地百姓进行职业会演，满堂音已成为当地居民喜闻乐见的艺术表演形式。

（七）杂技与竞技

杂技与竞技是具有悠久历史的文化遗产，在古代受封建思想影响而被人们认为是"下九流"的社会把戏，因此杂技与技艺不被人看中。近现代以来，杂技与技艺得到长足的发展和传承，技术越来越精湛，影响越来越深远。恩施地区主要有抢花炮、打陀螺、竹马、狮舞、板凳拳等杂技和技艺，它们广泛分布于恩施各县市。

抢花炮。被称为中国式的"橄榄球"，经考证有数百年的发展历史，是一项具有浓郁民族特色的民间传统体育活动。最初，在这项活动中，是主持人将事先由青细竹篾或藤条编织成的红炮圈放在铁炮的筒口上，点上火药放炮，红炮圈被射上高空中而后降落，此时各村寨的选手便开始争先抢夺，到手以后，将其送到庙里的裁判台上就算获胜。抢花炮具有激烈的竞争性、对抗性、娱乐性和独特的民族风格，随着时代的发展与不断地演绎，如今抢花炮已成为恩施各级学校的体育运动与体育游戏，更成为民族体育运动会上的一道亮丽风景。

（八）传统医药

恩施地处武陵山区，崇山峻岭，民族药资源极为丰富。土家人自古以来在丛林山川间打猎、农耕，易受毒蛇猛兽咬伤和跌打损伤，他们在长期的社会实践中积累了丰富的临床治疗经验，同时受中医学理论的影响，形成了独具土家特色的诊法治则及"三元"理论、精气血理论体系。土家医在临床上把刮痧、外敷、放血、拔罐等特色外治疗法与收涩、补益、赶病等外治疗法结合起来，以"七十二莲"、"七十二参"、"三十六血"、"三十六蜈蚣"等特色土家民族药在临床上广泛应用，取得了很好的效果，一直为土家人民所信赖，它们是恩施土家人民的宝贵财富，是祖国医学的重要组成部分，也是恩施土家族非物质文化遗产的重要内容。此外，恩施州人民政府2011年公布的第三批非物质文化遗产名录中，咸丰县的中医诊法（严氏眼科）、巴东县的正骨疗法（田氏正骨疗法）、宣恩县的中医传统制剂方法（复方一口红制作技艺、肖氏接骨膏制作技艺）也名列其中。

湖北民族学院中医药学院开设土家族医药学概论课程，由资深的土家医生进行授课，组织学生深入实地（恩施福宝山等）采药识药，成为该校医学教育的一大特色。这种高校教育的传承对土家医药的延续和发展无疑起到了极大的推动作用。

（九）传统手工技艺

传统手工技艺是指以手工劳动进行制作的具有独特艺术风格的工艺美术技艺，有别于以大工业机械化方式批量生产的工艺技术。恩施地区土家儿女心灵手巧，传统技艺十分丰富。建始花坪桃片糕制作技艺、桑麻造纸技术主要流行于建始县境内；傩面具制作工艺、皮纸制作技艺分布于恩施市境内；漆筷制作技艺、土家织锦技艺主要流行于来凤县境内；纸扎雕塑、伍家台贡茶制作、竹麻造纸技艺主要流传于宣恩县境内；此外利川的柏杨豆干制作技艺、巴东的五香豆干制作、咸丰的油茶汤制作、干栏吊脚楼技艺也是远近闻名的富含地域民族色彩的非物质文化遗产。这些传统手工技艺拥有鲜明的民族特色和浓郁的地方风情，是土家民族和地域的象征，同时渗透于土家人的生活之中，有较高的艺术价值和使用价值，在文化产业化发展的形势下进一步展露生机，促进了恩施地区的经济发展。

（十）民俗知识

民俗是世代相传的民间习俗，民俗源于人们的生产生活，又在无形之中规范着人们的行为、影响着人们的思想。恩施民俗极为丰富，其中不乏口口相传的精品，如恩施社节、恩施坛傩在恩施民间有着一定影响，来凤牛王节、利川王母城庙会，建始陪十兄弟、十姊妹，巴东千禧民历都是在土家族地区广泛流传的民间民俗。

恩施女儿会。被誉为东方的情人节或土家情人节，是恩施土家族具有代表性的区域性民族传统节日之一，是一种独特而新奇的节俗文化。一般在每年农历的七月初七至十二日举行，这些天是月半节，是赶集的日子，土家儿女以歌为媒、自主择偶，是土家族青年追求自由婚姻的恋爱方式，最初流行于恩施石灰窑、大山顶一带，如今已发展成全州性的民族节日，通过喜庆繁华而又朴素典雅的"女儿会"，能让人感受到远古巴人真、善、美的脉搏与灵魂，看到土家人追求幸福、积极向上的民族精神，成为恩施对外宣传的一张文化名片，促进了恩施地区文化和经济的发展。

第二节　恩施土家族非物质文化遗产传承现状

恩施土家族人在长期的生产生活实践中创造的土家族非物质文化遗产，既是土家族社会历史发展的见证，也是反映土家人精神的文化资源，传承这些非物质文化遗产是题中应有之义，非物质文化遗产传承人作为传承非物质文化的直接践行者，在这个过程中任重而道远，然而目前恩施地区非物质文化遗产传承人的现状出现了很大的问题。本节基于传承人的健康状况展开对恩施土家族非物质文化遗产传承现状的分析。

一　以健康状况为中心的传承人现状

2011 年 7—8 月，湖北民族学院"恩施土家族非遗传承人健康调查"团队兵分四路，历时近两个月，根据恩施自治州主管恩施地区非物质文化遗产工作的州文体局提供的非物质文化遗产传承人名单，对恩族自治州恩施市、利川市、建始县、来凤县、宣恩县、巴东县、鹤峰县、咸丰县等 8

个县市的非物质文化遗产传承人进行了一次全面走访和调查。此次调查以土家族非物质文化遗产传承人的健康状况为中心，同时对传承人所涉项目具体内容、传承人学历状况等方面做详细了解。此次共调查 203 名土家族非物质文化遗产传承人，其中既包括已经先后列入非物质文化遗产项目代表性传承人国家级名录、湖北省名录、恩施自治州名录的传承人，也包括已列入各县市名录，或还没有列入名录，但在当地有很大影响的民间艺人，具体人数详见表 3—2。

表 3—2　　　　　　　　土家族非物质文化遗产传承人级别统计

级别	国家级	省级	州级	县市级	县级以下
人数	3	40	74	66	20

主要调查结果如下。

（一）传承人的健康状况

人类对健康的认识经过了漫长的过程，总体来讲，经历了无病即健康到综合健康观的认识过程，并逐步深化，而今已经形成了比较完整、全面的健康观。1948 年世界卫生组织提出：健康是指身体、心理和社会适应能力的完好状态，而不仅仅是没有疾病和虚弱。这一认识简练、全面地概括了 20 世纪以后人们对健康的理性思考，具有里程碑式的意义，是现今世界各国认可度最高、最权威的概念。

本次调查围绕 203 名土家族非物质文化遗产传承人的健康现状展开，专门制定了健康表格数据，列出 40 种常见病、获取健康知识渠道、是否定期检查等相关内容，以此了解、记录了每一位传承人的健康状况，并做了针对性的访谈，还欣赏了各位传承人的现场表演，同时为每一位传承人发放了相关药品。

调查得知，恩施土家族非物质文化遗产丰富，一代又一代的传承人为非物质文化遗产传承作出了巨大贡献。但是非物质文化遗产传承工程浩大，单靠传承人自身的力量独木难支，尚需要全社会的关注和支持。然而在非物质文化遗产保护之初，由于广大非物质文化遗产保护工作者专业理论修养的缺乏和保护理念的缺位，忽视了传承人对于非物质文化遗产保护的重要作用及对传承人本身的保护，使很多对原汁原味非物质文化遗产比较熟悉的传承人没有得到充分保护，健康状况出现了系列问题，以至于给土家族非物质文化遗产传承也带来了巨大的隐患。

1. 传承人身体每况愈下，健康状况不容乐观

由于非物质文化遗产在相当长的一段时间里没有得到国家和社会的足够关注，任凭其自身发展、消亡，这使恩施土家族非物质文化遗产的传承工作积劳成疾，遗留下许多问题。就传承人而言，传承人一方面担负着传承非物质文化遗产的重任，一方面还要肩负起养家糊口的重担，在市场经济的强烈冲击下，传承非物质文化遗产不仅不能满足他们的生存需要，甚至被人们所不解与嘲讽，一些热爱民间文化、民俗手艺的传承人迫于此，又面对生活现实的压力不得不转行跨业，放弃传承人的责任；而许多没有放弃的传承人因承受着传承非物质文化遗产的历史责任和日益繁重的生活压力而严重损害了身体，他们的身体每况愈下，健康状况不容乐观，又限于经济水平的制约及医疗设施的不完备，传承人患病以后因常常得不到及时有效的救治以致迁延不愈的情况时常发生。例如鹤峰南戏传承人牟炳菊，她在继承南剧传统程式和表演技巧的基础上大胆创新，将南剧三路声腔主调和杂腔小调融合，形成了独具唱腔特色的南戏唱法；她还呼吁组建了鹤峰县第一个群众文艺团体，多年来无偿坚持为艺术团编排戏剧、歌舞节目，为团员们传授相关知识。牟炳菊老师为南戏的传承作出了突出贡献，而长期以来由于工作和生活的重负，使牟老师不仅患有青光眼、高血压，而且腰痛和糖尿病的倾向也日益增加。

笔者在对恩施地区203名传承人进行田野调查时发现，其中31.61%的传承人经常感到疲乏无力、咳嗽咳痰，6.77%的传承人经常感到食欲不振、头痛、头晕和站立不稳，4.80%的传承人经常感到吞咽困难，13.53%的传承人患有慢性支气管炎和慢性肠道疾病，此外肺心病、胸痛、哮喘等呼吸系统疾病，便秘、腹泻、腹痛腹胀、排尿困难等循环系统疾病，失眠、重症肌无力等神经系统疾病也在传承人身上不同程度地表现出现。这一严峻的事实警示土家族非物质文化遗产传承人的健康状况亟待改善，而且需要医疗手段介入干预。

2. 传承人心理压力较大，社会关怀力度不够

非物质文化遗产理应得到国家和社会的保护，非物质文化遗产传承人也应当得到社会的认可和尊重，这一观点在《中华人民共和国非物质文化遗产法》（以下简称《遗产法》）出台以后逐渐为学术界和社会大众所接受，十八大以后更是深入人心。然而，由于《遗产法》只给出了传承

人的三个条件，学术界至今也没有一个较为权威的定义来描述传承人的范畴，使传承人的界定工作没有清晰的尺度，导致很多民间艺人没有得到认可与尊重，同时，已被列入各级名录的传承人得到的社会关怀力度也不够。

随着国家对非物质文化保护工作的重视，一系列优惠支持政策的出台，使被确认并列入非物质文化遗产名录的传承人得到了国家的支持帮扶，经济状况得到一定程度的改善，但传承人获得的补贴相对不多。笔者调查得知，国家级非物质文化遗产项目传承人每人每年获国家补助8000元；而省级非物质文化遗产项目传承人每人每年获省补助仅有1000元；因恩施州本地财力较紧，市县级非物质文化遗产项目传承人还存在补贴不能及时兑现的现象，传承人开展相关的传承活动更是困难。（在本书形成之际，国家、政府已相继提高了补贴标准。）而对于一批还没有被列入各级名录的传承人，他们只能依靠自己的力量和原始的师徒传承方式或家庭传承方式来延续他们所热爱的非物质文化遗产，在当前市场经济的环境下，他们内心承受着巨大的精神压力，既要传承非物质文化遗产，又要肩负起养家糊口的责任，这种精神压力使他们的心情抑郁、心理脆弱。

邓玉书和邓泽清父子是恩施市红土乡大河沟村民，也是红土乡傩戏传承人，如今他们面临着严峻的挑战，承受着巨大的心理压力。父亲邓玉书的身体随着时光的流逝开始衰竭，2006年还到恩施州中心医院就医治疗。邓泽清因为奔波于繁重的农业劳动和不定时走县串乡的演出，已经觉得力不从心。政府在傩戏的传承中是起到了倡导和引导作用，但资金投入不到位，为此，邓泽清不可能把傩戏当成一种事业，而置一家老小的生计于不顾，他自己爱好傩戏，与其说是为了把傩戏发扬光大，不如说是为了孝顺才继承父亲的傩戏事业的，种种无奈不言而喻。恩施土家族非物质文化遗产传承人中与邓玉书父子情况相近者比比皆是，这严重制约了土家族非物质文化遗产的传承和发展。何松庭是宣恩高亢山民歌的传承人，与邓玉书父子的担忧有所不同，他担心的是，在现代文明的冲击下，这种古老纯正的葬礼仪式正在被商业化、娱乐化丧礼所取代，眼见嘹亮的夜歌正在慢慢消失，而自己年事已高、力不从心，生怕这项非物质文化遗产在他这一代就此消亡。

由此可见，提高非物质文化遗产传承人的经济地位十分必要，关注他们对于传承非物质文化遗产的心理状态更不可忽视。由于政府、民间组织没有准确定位自身在保护过程中的地位和作用，导致对非物质文化遗产保护措施不尽合理，或保护力度把握不当，给非物质文化遗产带来了保护性破坏。一些非物质文化遗产因此而失去了本真，这让传承人对非物质文化遗产的前途深感忧虑，他们只能呼吁社会和政府要科学合理地保护非物质文化遗产的原有特色。

3. 传承人老龄化严重，社会适应能力较弱

恩施地区经济落后，非物质文化遗产的产业化开发之路刚刚起步或还未起步，其经济效益还没有得到充分的挖掘，加之人们对非物质文化遗产的价值认识还不到位，虽然有很多传承人对民俗民间文化手艺十分热爱，但在市场化条件下迫于生存生活的压力，单靠传承非物质文化遗产不能满足生活的需求，年轻人渐渐不愿去学习或不得已放弃传承非物质文化遗产的责任；与此同时，恩施地区大多数传承人地处偏远山区，城市化的进程带动了大量农民工进城，山区农村只留下老人孩子，农村劳动力出现了"空巢现象"，在影响农村经济发展速度的同时，也影响了非物质文化遗产传承人的正常更替，只留下年事已高或体弱多病的无力从事其他行业的人继续肩负非物质文化遗产传承责任，这使传承人老龄化趋势不可避免，且日趋严重。传承人年龄统计详见表3—3。

表3—3　　　　　　　土家族非物质文化遗产传承人年龄统计

年龄段	20—30 岁	30—40 岁	40—50 岁	50—60 岁	60—70 岁	70—80 岁	80—90 岁	90 岁以上
人数	2	12	43	36	59	35	13	3
比例	0.9	5.8	21.2	17.6	28.9	17.2	6.4	1.4

根据土家族非物质文化遗产传承人年龄的数据分析，可以看出，土家族非物质文化遗产传承人大多数年龄偏大，60—70 岁年龄段人数最多，而 30 岁之下的传承人只有 2 人，30—40 岁的传承人也只有 12 人。可见，土家族非物质文化遗产在青年群体中并没有得到有效的发展与继承，而且这些高龄传承人体弱多病，身体状况不容乐观。在 203 名传承人中，90 岁以上的 3 人，80 岁以上的 13 人，70 岁以上的传承人 35 人，60 岁以上的传承人占总传承人的 54.20%，传承人老龄化已成为不争的事实。

传承人老龄化所带来的一个重要问题便是传承人的社会适应能力不及

年轻人，由于生理上的原因，他们在思维意识、反应能力及主观能动性上不可避免地不及年轻人，很难再独立承担传承非物质文化遗产的重任。同时，大多数传承人居住在偏远的农村山区，信息闭塞、交通落后，面对快节奏的生活方式和日新月异的国际国内形势，很多人已经落伍，对于土家族非物质文化遗产的发展和传承工作的价值已不复存在，面对即将消失的非物质文化遗产，他们表现出极大无奈和力不从心。如周树庭将打霸王鞭和莲花落融合为一，是滚龙连厢的创始人，现年 92 岁的周老疾病缠身，基本的生活都已无法自理，而其弟子得其真传者甚少且年龄也已偏大，不能单独承担起传承重担。正如周老自己所说："连厢弟子 600 余人，得滚龙连厢真传的徒弟却寥寥无几。最得意的弟子就侯安星一人，但侯安星也已年近七十。"①

周树庭（左一）接受"恩施地区非遗传承人健康调查"调查团队采访

（二）传承人所涉项目类型及学历状况

在此次调查中，我们一并统计了 203 名非物质文化遗产传承人所涉 9 类项目，其中传统戏剧所涉 6 个项目有 17 名传承人，传统技艺所涉 11 个项目有 22 名传承人，民间音乐所涉及 20 个项目有 53 名传承人，民间舞蹈所涉 19 个项目有 38 名传承人，曲艺所涉 10 个项目有 16 名传承人，民间文学 1 人，民间美术 1 人，杂技与竞技 2 人，民俗 3 人。通过这些数据

---

① 苑利：《非物质文化遗产传承人保护之忧》，《探索与争鸣》2007 年第 7 期。

周树庭示范滚龙连厢动作（蒋扬艳摄）

分析，加之实地调查反馈，尽管有一定经济效益以及与生活、生产和节令有关的非物质文化遗产项目，其传承人相对集中或较多；而纯粹的传统戏曲、民间文学、民间美术等项目传承人稀缺。但总体显示出各类非物质文化遗产项目传承人都十分缺乏，而且大多数已呈老龄化趋势，新一代传承接班人严重不足；另外除极少数传承人学历在大专及以上外，传承人的学历层次普遍偏低，大多为小学、初中学历。由此可见，对现有各类非物质文化遗产传承人的保护非常重要，但对新一代传承人的培养更是迫在眉睫。传承人学历状况统计详见表3—4。

表3—4　　　　　　　　土家族非遗传承人学历状况统计

学历	大专及以上	高中	初中	小学	小学以下
人数	10	48	80	40	25

（三）对传承人的管理状况

通过调查得知，现有土家族非物质文化遗产传承人基本上都处于一种自发的状态，局限于小团体、小族群中，有组织的管理非常缺失，传承人的发展战略也不明确，再生能力严重不足。如何整合联络各要素、联结处于分散中的传承人，是目前传承人管理中面临的亟待解决的问题，但由于土家族非物质文化遗产仍然处于保护的阶段，长期以来没有制定明确的发展战略，因此就没有相应的传承人数量上的规划，导致传承人再生产能力不足，很多非物质文化遗产面临着无人传承的困境。

二 基于传承人健康状况的传承困境分析

综上调查数据，笔者认为当前恩施地区非物质文化遗产传承人的健康现状是十分严峻的，如果不及时采取措施、寻找有效的传承模式，许多珍贵的非物质文化遗产都将随着传承人的离世而沉寂在历史的档案里。有鉴于此，有必要进一步分析传承人目前健康现状可能或正在带来的后果，在此基础上考察恩施地区非物质文化遗产传承所面临的困境。

（一）传承人健康没有得到充分保障，无力担负传承重担

恩施地处武陵山区，山峦起伏，在湿热的亚热带气候下动植物资源极为丰富，自古以来土家族苗族人民便在这里生产生活，陶渊明的世外桃源之处便指此地，也正因为如此，恩施地区多年以来由于交通不便、信息闭塞，经济发展速度缓慢，人民生活水平较低。据国家统计局恩施州调查队的统计资料显示，2012 年恩施州农村人均纯收入 4571.46 元，比 2011 年增加 632.92 元，增长 16.07%，但仍远低于 7917 元的全国平均水平。[①]而恩施地区的土家族非物质文化遗产更是多集中分布于一些老、少、边、穷等比较偏远的农村山区，相应地，非物质文化遗产传承人也聚居于此，而限于当地落后的经济发展水平，传承人的生存状况和生活水平都亟待提高。

与此同时，由于缺少足够的经济支撑，可以说，长期以来恩施地区医疗卫生事业相对落后。据卫生部 2011 年中国卫生事业发展统计公报公布的统计数据显示，截至 2011 年年底，全国有 2637 个县（市、区）实施了新型农村合作医疗，参合人数达 8.32 亿，参合率为 97.5%，三级医疗服务体系不断完善，全国 2003 个县（县级市）共有县级医院 10337 所，3.33 万个乡镇设有 3.7 万个乡镇卫生院，床位 102.6 万张，卫生人员116.6 万人，应该说农村医疗有了很大的改善。但由于区域社会经济发展的差距，导致了医疗卫生资源分布极度不均，而且高学历、高职称的高级卫生人才因经济待遇等问题也存在流向大中城市的趋势，至 2009 年，全国卫生人员达 784.4 万人，而我国占 70% 的农村人口仅拥有乡村卫生医

---

① 刘洋：《我州农民去年人均纯收入增幅居全省首位》，《恩施日报》2013 年 2 月 22 日。

生和卫生员 125.1 万人，仅占全国总卫生人员的 15.95%。① 恩施地处武陵山区，经济发展水平落后，属于典型的偏远山区，因而医务人员、床位数、医疗设施等软硬件条件还远远不足，许多重要的非物质文化传承人因得不到及时的医疗卫生救助而濒临消亡。

另外，医疗保障体系是保障非物质文化遗产传承人健康不可或缺的组成部分，但是，这一政策还未完全惠及恩施地区，目前传承人并没有享受健全的医疗保障制度，而且医院的市场化改革使农民增收的速度赶不上医疗费用的增长速度，农民看病难、看病贵的问题依然没有从根本上解决，同时大多数传承人受小病久拖、大病就医无用传统观念的影响，不愿就医，很多传承人等到去正规医疗机构就医时病情常常已很严重，导致很多传承人的健康状况岌岌可危，甚至可能会因为身体某方面的疾病而出现生命的终结，由此带来非物质文化遗产传承方面的巨大风险，传承人的健康都得不到很好的保障，何谈非物质文化遗产的传承。

（二）传承人文化水平偏低，文化价值意识薄弱，无力承担传承责任

恩施地区经济发展水平偏低，人们的受教育程度远不及东部发达地区，在 203 名受访的传承人中，高中以上学历者只占 4.83%，而小学和小学以下者比重达到 32.37%，其中 96.47% 以上都是居住在农村的农民，3.53% 居住在县城的传承人也大多是个体户。长期以来，恩施土家族非物质文化遗产传承都是以传承人家族式或师徒式的传承方式进行的，这是他们生活的一部分，是土家族人民自觉的行为。调查显示，很多非物质文化遗产传承人对自身所拥有的传统技艺及其所包含的文化价值并没有清楚、清晰的认识，他们没有充分意识到自己所掌握的技艺是国家和民族的优秀文化，是国家和民族的精神财富。其次，他们对于自身的权利与义务也不甚清楚，不能运用法律武器来依法保护自己的传承权、署名权、改编权、表演者权和获得国家帮助权，也没有充分认识到自己肩负着传承、合理利用及其他保护非物质文化遗产的责任，因此，在市场经济的冲击下，当他们为了生计外出务工，就很容易放弃自身对非物质文化遗产的传承责任。

建始高坪镇石雕、根雕大师李文林技术精湛，他的许多代表作如

① 乙军、周业庭、马小波：《我国卫生资源配置的地区性差异分析》，《中国医药导报》2012 年第 7 期。

"二龙戏珠"、"双龙抱柱"等栩栩如生，具有较高的艺术价值。从小喜爱石雕的他对自己的作品自然爱不释手、当作珍宝，但长期以来，他没有意识到自己的手艺不仅是他自己的特长，更是国家和民族的财富，石雕和根雕技艺只是他的一个副业，并没有得到较好的传承。在他被誉为"民间艺术大师"以后，他才有所思考，正如他自己所说：这既是对自己技艺的肯定，也是一种鞭策，我会创作更多的好作品，使自己无愧于这个称号，还要把收藏的石笋再配以亭台楼榭、花草树木，然后装上喷泉，制作成精美的作品，让这些作品走向全国各地。另外，由于传承人自身文化素质的限制，他们无力进行非物质文化遗产的再生产和系统性的传承保护工作，对传承人再生产简单的理解就是非物质文化遗产传承接班人问题，有无传承接班人直接关系到非物质文化遗产能否顺利传承，在非物质文化遗产传承中关系重大。

（三）传承人老龄化严重，传承面临"人去艺绝"的危境

调查显示，土家族非物质文化遗产传承人青黄不接，现有传承人老龄化趋势日趋严重，而年青一代由于经济待遇、思想意识、兴趣爱好等各种原因大多又不愿学习非物质文化遗产，这就必然会导致传承人的断层和空缺。而且恩施地区限于经济发展水平的制约，地方政府还没有充分认识到非物质文化遗产传承保护工作的重要意义，或者还没有充足的精力进行非物质文化遗产的传承保护建设，对非物质文化遗产传承人也没有有效的管理和保护措施；加之恩施的档案馆、博物馆、文化馆等这些保护非物质文化遗产的场所基础设施不够完善，以及早期的非物质文化遗产档案材料、录音、录像带已经开始发黄霉变或已经报废，还有一些单位因为经费缺乏或观念淡薄而导致的一批表演艺术、演唱艺术、传统工艺技术的抢救计划落空等因素；这就必然会导致一些稀有的非物质文化遗产如民族民间手艺、表演艺术、民间语言等随着岁月的流逝、随着老艺人的离世而走向消亡，传承人和非物质文化遗产面临着前所未有的挑战。

第三节　恩施土家族非物质文化遗产传承现状的思考

恩施土家族非物质文化遗产传承面临着人去艺绝的困境。现有的传承人大多已是非物质文化遗产的"活化石"，新生的传承力量又陷入后继乏人的尴尬境地，土家族非物质文化遗产传承之路令人担忧，抢救工作迫在眉睫。基于对恩施土家族非物质文化遗产传承现状的调查与分析，笔者认为，应采取如下对策。

一　政府主导，采取积极措施保护现有传承人

（一）要不断加强与完善对现有传承人的认定保护

传承人是非物质文化遗产技艺的承载者，所谓"技在人身，技随人走，人亡技亡"，因而，传承人是非物质文化遗产保护的权利主体，加大对非物质文化遗产传承人的保护力度刻不容缓。尽管国家、省、市、县四级宝塔形的非物质文化遗产名录体系正在逐步形成，恩施地区也初步实现了非物质文化遗产的分级保护，但仍然有很多非物质文化遗产有待被抢救、挖掘，这些宝贵的民间文化遗产还没有进入保护名录，而传承这些民间文化的艺人也没有进入管理部门认定保护的视线。

以咸丰县为例，咸丰的唢呐作为传统音乐，还没得到充分认识和保护，只是纳入了乡级非物质文化遗产范畴，而热爱唢呐的郑仁才已经57岁，没有任何报酬，凭着对唢呐的热爱在坚持着；作为咸丰的传统游艺高台狮舞，同样也只是列为乡级的非物质文化遗产，而其传承人万书善已经78岁高龄；与此同时，还有一些非物质文化遗产虽已进入各级名录，但民间传承人并没得到认可与保护，如恩施市的传统戏剧木偶戏传承人向承福（1933年生）已经78岁高龄、建始闹灵歌传承人郝在友（1948年生）已经63岁、鹤峰土家族打溜子传承人曾焕学（1941年生）已经70岁，他们生活在民间，如今体弱多病，随着这些艺人的离世，这些非物质文化遗产就会走向消亡的境地；还有一些相对年轻的热爱非物质文化遗产的精英，他们凭着对传统文化的热爱，同样在默默地传承着这些文化遗产，但是这种传承之路能走多远，不得而知，诸如热爱恩施傩戏的邓永红（1964年生）、利川绕棺的李兴爱（1973年生）、巴东堂戏的谭大翠（1962年生），等等。

政府应不断建立与完善关于非物质文化遗产传承人认定与保护的相关政策，有效地保护非物质文化遗产传承人，而且传承人除了有单个传承人外，还有以群体而存在的传承人，因而，如何来认定群体性传承人或者群体中的关键性传承人，在这方面也还需要进一步研究，需要制定集体性传承人认定标准。（在笔者的著作完成之时，欣喜地看到上述项目和人员已经相继被列入了恩施州非物质文化遗产项目或认定为代表性传承人，受到

了认可和保护。）

（二）为现有传承人建立健康档案，定期检查

健康档案是指一个人从出生到死亡的整个生命过程中，其健康状况的发展变化情况以及所接受的各项卫生服务记录的总和。它是记录个人健康信息的系统文件，不同于综合性医院的门诊和住院病历，它是一个连续的、综合的、个体化的全面记录，是一种信息档案。健康档案对个人来说特别重要，对现有的非物质文化遗产传承人来说更加重要，因为作为非物质文化遗产的活化石，他们的健康状况维系着不同非物质文化遗产事象的存亡，为他们建立健康档案很有必要，而且现有的传承人不是体弱多病、就是老龄化严重，因此，为现有传承人建立健康档案已经显得刻不容缓了。

目前，政府对非物质文化遗产传承人的关注、新型农村合作医疗制度的实施为非物质文化遗产传承人建立健康档案、健全医疗保障制度、购买医疗保险等提供了可行性和必要性，可以保证他们没有身体健康上的后顾之忧；而且在建立非物质文化遗产传承人的健康档案后，健康档案不仅要保存在传承人所在的社区，还应该建立一份备份保存在当地非物质文化遗产管理部门，由专人管理，统一编号存放；因档案是连续的、动态的、变化的过程，管理部门还应该与相关社区医疗卫生部门建立联系，加强对传承人的日常保健、健康咨询和紧急情况下的医疗援助，还应该安排对非物质文化遗产传承人的定期健康检查，发现规律性疾病，起到预防保健作用，从而改变小病拖成大病后才住进医院的情况，确保传承人的身体健康。控制、降低因为生命健康问题而给非物质文化遗产传承带来的风险。

（三）建立健全生活补贴与资金补助制度

可以说，每一个非物质文化遗产项目的兴衰存亡在很大程度上直接取决于该文化遗产传承人的薪火相传与否。面临当前人亡艺绝的非物质文化遗产传承现状，要传承并发扬土家族非物质文化遗产，首先要让这些现有传承人拥有稳定的经济来源与良好的生活保障，使他们能够有精力、有热情、有信心、有智慧投入非物质文化遗产传承、创新与发展中。目前，国家和地方政府针对非物质文化遗产代表性项目传承人相继制定了生活补贴与资金补助制度，目前，国家对认定的国家级非物质文化遗产代表性传承人的补贴是10000元/年，恩施州各级地方政府对传承人也采取了财政补贴、对口支援、帮扶等多种措施来提高传承人的生活水平，并在法律、政策、媒体宣传上对传承人给予了肯定和热情支持。但是对传承人而言，仍

有很多生活中的实际问题不能得到有效解决，因此，应不断健全完善生活补贴与资金补助制度。

一要健全完善生活补贴制度。国家和地方政府要进一步提高传承人的生活资助金额，提升传承人的生活水平；为保障传承人致力于非物质文化遗产项目的传承与创新工作，应制定一定的优惠政策关照其家属的工作、待遇及子女的教育、生活等问题，以解决传承人家庭的后顾之忧；二要健全完善传承人实施传承活动的资金补助政策。对于传承活动而言，无论是开展非物质文化遗产的宣传活动、向大众进行公益性的展示与表演，还是培养非物质文化遗产传承项目接班人等，如果没有相应的资金资助是完全不可能顺利开展的，因此，国家和地方财政部门应该计划足够的资金预算，资助、支持非物质文化遗产传承活动的持续开展，而且有了资金又同时会面临资金走向与使用的监管问题，这就决定了生活补贴与资金资助这两方面的资助工作要分别开展，给予传承人生活上的补贴资助是要保证这些"活化石"们不担忧生计问题，这可以由政府财务部门直接管理；给予传承人主办传承活动充足的资金补助并且要监管这些资金补助切实落实到传承活动的各项具体工作中，尚有待相关各部门的协调与合作。

（四）提高现有传承人的社会地位

作为民间大众的一员，传承人是传统精英文化中的重要角色。随着时代的不断发展，文化环境整体上也发生了变化，我们对于传统文化也有必要站在一个新的高度去认识它，传承人作为文化的主要载体，他们对文化有着特殊的贡献；与此同时，传承人要将自己的技艺展现给公众，没有充分表达和展示的机会是不行的，他们作为艺人，需要得到社会的肯定和认可，也需要拥有自己的社会地位和声望，而并不是仅仅满足于参加几个文化节或接受几位记者采访，他们需要更大更好的舞台与环境去传承非物质文化遗产，如此，充分认识传承人的智慧与价值，提高现有传承人的社会地位成为当前非物质文化遗产传承工作的当务之急。

一是发挥现有传承人在各种风俗礼仪中的积极作用。非物质文化遗产传承人产生于民间，产生于广大民众之中。政府和地方要大力提倡、组织开展有益的民风民俗和民间文化娱乐活动，邀请这些非物质文化遗产传承人在各种不同的民俗活动、风俗仪式、乡村文化娱乐等场所里大显身手，将有益的民族民间风俗和文化娱乐活动充分展示，使传统民族文化的优秀基因永不断根、代代传承；而且通过这些活动的开展与参与，也为传承人进一步提供了诞生与成长的肥沃土壤。二是发展文化产业，为现有传承人提供良好的生存发展空间。探寻土家族非物质文化遗产与当地旅游相结合，走文化产业发展之路，不仅能为土家族非物质文化遗产寻求可持续发展的空间，而且为非物质文化遗产传承人提供传承文化的舞台，不仅使他们实现生活上的自力更生、生活质量的稳步提高，而且使他们心情舒畅、乐于传承和创新，推动非物质文化遗产的活态发展。

（五）注重现有传承人的人文关怀和心理疏导

非物质文化遗产传承其实是人的精神文化的动态体现，非物质文化遗产传承的质量在很大程度上取决于传承人的心态与精神面貌。中国共产党在十八大报告中，明确提出注重人文关怀和心理疏导，培育自尊自信、理性和平、积极向上的社会心态，因此，对于非物质文化遗产传承人的保护而言，我们同样要注重对传承人的人文关怀和心理疏导。

以人为本，尊重和培养人的主体性是人文关怀的基本内涵。首先，要对现有传承人的人格予以尊重和理解。可以说每一个非物质文化遗产传承人都身怀绝技，有着良好的专业素养，而且由于长期从事的是精神文化活动，因而对精神层面的追求往往很高，对传承人的人格尊重表现在一要认识、理解传承人从事的文化传承事业；二要包涵、宽容传承人的某些特殊想法与行为方式；三要关心、关照传承人的现实状况，力所能及地帮助和解决传承人的困难，与传承人建立彼此信任、友好的合作关系。其次，要重视与现有传承人进行思想上的交流和心理上的疏导，使传承人有传承非物质文化遗产的自觉意识和行动。其实，每一个社会成员都有抢救、保护、传承非物质文化遗产的义务，对于非物质文化遗产传承人来说，这更是责任与使命，传承人要基于国家、民族的高度充分认识自身工作的重要意义，这就有必要重视与传承人的思想交流与心理疏导，要让传承人深刻理解他们的工作不是因为物质生存，更不是因为游手好闲，而是在传承着中华文明、在建设着中华民族共有的精神家园；要帮助现有传承人树立文化自信、文化自觉的心态和意识，并积极地、自觉地去传承非物质文化遗产。

总之，为了使现有传承人拥有良好的物质保障和不竭的精神动力，政府要积极采取一系列措施加大对传承人的有效认定与科学保护，为土家族非物质文化遗产传承保驾护航。

二　科技支撑，对现有传承人进行抢救性调查采录

很多传承人都是基于对恩施土家族非物质文化遗产的热爱与责任，而致力于对土家族民族文化的钻研与研究，最终掌握了众多土家族非物质文化遗产的精髓。目前现有的传承人很多都已是 60 岁以上的老人了，他们掌握的技能技艺急需言传身教地传承下去，然而，由于当下社会的变迁与发展，年青一代纷纷投入打工赚钱的行列，很少有年青人对非物质文化遗产有浓厚的兴趣与爱好，更谈不上有意愿地去自觉学习、传承非物质文化遗产，以至于自 2000 年中国提倡非物质文化遗产保护以来，人去艺亡的困境始终没有得到良好的解决，导致很多优秀的非物质文化遗产最终消亡于现代社会中。面对传承后继乏人这一客观现实，应该充分利用现代化的设备与技术，把握对现有传承人进行抢救性调查采录的时机，在现有传承人的有生之年开展详细调查、翔实采录，通过系列文字、图像、视频等现代化方式保存这些宝贵的文化遗产，以免现有传承人揣着一生技艺、带着无穷遗憾辞世后，他所掌握的文化遗产项目传承链因断裂而走向消亡。

三　教育培养，新生传承人成长的主要方式

树立科学发展观、教育培养非物质文化遗产传承接班人，是笔者基于土家族非物质文化遗产传承人现状及由此带来的土家族非物质文化遗产传承困境而进行的最深刻的思考。

科学发展观是胡锦涛同志提出的。科学发展观是一种思维方式，也是一种价值观，它基于马克思主义认识论，又与可持续发展的基本精神相吻合。从可持续发展的角度全新解读科学发展观，可以理解为"以人为本是发展的本质，协调发展是发展的核心，文明发展是发展的境界"①。可见，发展是科学发展观的第一要义，以人为本是发展的根本，全面协调是可持续发展的基础。

在非物质文化遗产领域中谈发展，其实就是谈非物质文化遗产的有效传承与开发利用。一要思考在抢救、保护非物质遗产基础之上，如何对现存的文化遗产进行开发、提炼、升华、利用，使现存的文化遗产焕发出优秀的民族精神与魅力，借以陶冶民族情操、鼓舞民族信心、振奋民族精

---

① 林莎：《科学发展观与可持续发展》，《长白学刊》2004 年第 3 期。

神，为建设中华民族精神家园作出更大的贡献。二要思考一系列具体的方法和策略，其中，如何开展好非物质文化传承人的保护、培养与造就工作是最重要的前提工作，因为中国几千年优秀的传统文化正是由于一代代传承人的艰苦传承才得以保存下来，非物质文化遗产要持续传承、弘扬下去就必须要持续加强对传承人的保护与培养，除了保护老一辈传承人，更要思考怎样不断地培养和造就新的传承人。其实，非物质文化遗产传承的可持续发展，其出发点与落脚点就是推动人与社会的全面、协调发展，只有树立牢固的科学发展观，才能很好地保护现有的传承人，也才能有效地培养新生的传承力量，最终实现对非物质文化遗产的传承。

　　教育是培养新生传承人的重要路径。要摆脱当前非物质文化遗产传承人面临的困境，通过教育有计划地培养年青一代的传承人是唯一的出路。反思土家族非物质文化遗产传承之所以会出现传承人年龄偏高、传承人缺乏传承的自觉意识、传承人的逐渐消失等问题，其主要原因就是非物质文化遗产传承缺乏教育，特别是缺乏学校教育，根据教育人类学的观点，教育是培养非物质文化遗产新生传承人的重要路径，教育是新生传承人成长的主要方式。

第四章　恩施土家族非物质文化遗产的学校教育传承模式选择

　　土家族非物质文化遗产的传承要依靠教育来实现。本章对恩施土家族非物质文化遗产传统的口传教育模式进行回顾与述评，并以当代"撒叶儿嗬"传承实例做进一步分析反思，提出以学校教育为主的传承人培养模式；进而通过对比分析阐述高校教育是非物质文化遗产教育传承的必然选择，而且恩施地方高校具有传承土家族非物质文化遗产的独特优势。

第一节　恩施土家族非物质文化遗产传承模式述评

　　传承最先作为民俗学研究中的一个基本概念，是指"民间知识特别是口承民俗文化的传授和继承"①。进而文化传承被理解为"文化在民族共同体内的社会成员中作接力棒似的纵向交接的过程。这个过程因受生存环境和文化背景的制约而具有强制性和模式化要求，最终形成文化的传承机制，使民族文化在历史发展中具有稳定性、完整性、延续性等特征"②。教育人类学指出，文化的传承与习得离不开教育，而学校教育是教育的一种特殊形式，文化传承的过程即教育的过程，家庭教育、学校教育和社会教育这三种教育形态是个人在习得文化、传承文化过程中必不可少而又紧密相关的，家庭教育是基础，学校教育是关键，社会教育是补充和延伸，三者相辅相成，构成了个人受教育的完整体系。历史上恩施土家族非物质文化遗产的传承同样是靠教育来实现的。

---

① 祁庆富：《论非物质文化遗产保护中的传承及传承人》，《西北民族研究》2006 年第 3 期。

② 赵世林：《云南少数民族文化传承论纲》，云南民族出版社 2002 年版，第 17 页。

居住在武陵地区的土家族在历史上是只有语言而没有文字的民族，长期以来，土家族非物质文化遗产的传承经历的是口传心授的口传教育，而口传教育作为人类早期教育的主要方式，是人类社会在历史发展进程中不断丰富和发展起来的，是人们习得和传递文化的重要手段，它主要包括家庭教育、家族教育、村寨社区教育、师徒传承教育等方式。到了当代，由于全球经济化过程中非物质文化遗产重要性的体现，非物质文化遗产传承仅仅靠口传教育已经不能满足时代的需要，学校教育的探索成为非物质文化遗产传承的题中应有之义。

恩施土家族非物质文化遗产是在漫长的口传教育过程中传承下来的。历史上恩施地区交通闭塞，位于深山溪谷之间，独家独户、自给自足的农耕经济是土家族人的主要生存方式，家庭成员绝大多数时间都生活在一起，可以说从刚出生的婴儿到老人都随时接受着家庭教育的浸染，家庭教育对土家族人的文化习得与传承有着深远的影响，很多优秀的民族传统文化都是通过家庭教育的讲故事、猜谜语、做游戏、唱歌、生产劳动等诸多形式灌输到家庭成员的意识深处的。同时，土家族人大多聚族而居，常常一个姓一个村寨，家族教育也发挥着十分重要的作用，家族教育常常通过民俗活动和家族祭祀活动等来增强家族的凝聚力，达到家族的稳定和谐，这些活动的开展使家族成员在潜移默化中受到教育，民族历史和传统文化也得以传承。而村寨社区教育作为一种比家庭教育和家族教育更为广泛的教育，主要通过几个村寨甚至几十个村寨联合举行大型活动和强化一些不成文的习惯作为社区民众共同遵守的法则等来体现，在民族文化的传承、社会常识的传授、社会稳定和谐的强化方面起着十分重要的作用，比如列入国家第一批非物质文化遗产的土家族摆手舞，作为一种传统的祭祀歌舞活动，历史上常常是数个村寨或者数十个村寨一起联合举行，参加摆手的人达数百人或数千人，甚至上万人，场面非常热烈，在掌堂师《摆手歌》的引导下，载歌载舞。《摆手歌》的内容十分丰富，既有人类起源歌、民族迁徙歌，又有农事生产歌、英雄故事歌等，土家族民族的历史以及祖先创业的艰辛都深深地融入这歌舞声中，使观看者和参加者在强烈的感染和教育中传承了民族的历史文化。师徒传承教育是口传教育最重要的组成部分，这是由于恩施地区长期处于自给自足的农耕社会，社区内部必须通过自然合理的分工来有效解决民众的广大生计问题，这就会出现不同种类的手艺人，如巫师、歌师、乐师、药师、工匠等，这些手艺的传承基本靠师傅口传心授给徒弟来完成，师徒传承大致包括集体传授、个别传授和家传三种形式。集体传授主要是一人教、多人学，采取这种传授方式的有民间歌舞、民间乐器、编织工艺等；而一些带有神秘性的巫术、武术、医药技术等多是个别传授；另外，诸如民间绝活、医药中的祖传秘方等常常是家传，而且有的是父子相传，传男不传女，也有的是传女不传男。这些手艺人在当地社会不仅有着举足轻重的地位，而且还在很大程度上掌握着地方文化传承的特权，以师徒传承方式培育了一代又一代的文化精英。① 可以说，口传教育的内容极为丰富，包括土家族人生产劳动和社会生活的方方面面，与土家族这个民族相生相伴、共同发展，既有生产技能教育，又有生活常识教育，还有礼俗礼仪教育及民间文化教育，而作为一个历史上有语言无文字的民族，土家族传统民间文化的传承都是靠口传教育、口传心授继承下来的，伴随着历史发展的进程，尽管在传承中出现了变异，但仍然保留了诸多的原生态形式，成为我国非物质文化遗产中难得的珍品。

虽然土家族的学校教育有明确记载始于东汉，但由于环境闭塞，经济状况落后，教育发展迟缓，系统的学校教育体系在明朝土司时期才得以建立，而且自有学校教育以来，儒学教育是学校教育的主要内容，儒学的经、史、六艺等是学校普遍使用的教材，学校教育的涉及面仅限于上层统治阶级领域，对下层社会而言，接受学校教育只是一种可望不可即的奢侈想法，甚至有土民不得读书识字、违者罪至家族的规定，广大土民根本没有接受学校教育的机会。同时，对于土家族非物质文化遗产而言，它独特地、具体地表现着土家族农耕社会生产生活以及风俗习惯的方方面面，与之相适应，非物质文化遗产的传承以农耕社会和小农经济为主要依托，不可能有大规模的由官方主导的学校教育传承活动，只可能通过口传教育，以师徒相继、口传心授为显著特点，以个体或群体接力式传承为主要传承模式进行传承，而传承者或因文化习俗熏陶，或出于个人兴趣和爱好，或掌握民俗手艺养家糊口而自发、能动地进行传承活动，可以说，家庭教育、家族教育、村寨社区教育、师徒传承教育等口传教育模式在相当长的历史时期内对于非物质文化遗产的传承发挥了重要作用，为非物质文化遗

---

① 谭志松主编：《武陵地区民族教育的历史与现状》，民族教育出版社 2005 年版，第23—28 页。

产的传承作出了历史性突出贡献。

现阶段土家族非物质文化遗产的传承仍然是以口传心授为主。但不可否认的是，一方面由于非物质文化遗产的传承性、地域性、民族性等特点，在恩施地区当今现代化发展、城镇化建设等现代文明进程不断推进的强势背景下，土家族非物质文化遗产的生存空间不断地被排挤，越来越被碎片化、边缘化；另一方面，更是因为其非物质文化遗产载体即传承人的活态性而不得不面临人走艺绝的困境，具体表现为一是传承人的传承意愿比较缺失，二是传承活动后继无人。传承人是传承活动的主导者，对于部分土家族非物质文化遗产而言，因为其仍然可以直接服务于今天的生活与生产，在传承中接收的徒弟人数相对较多，发展的速度也较快，但鉴于传统封建思想及习俗观念的束缚，以及师徒制或家族制传承方式长期以来的影响，传承人往往对传承的技艺严格保密，采取小范围传承或单线传承，传承范围被人为缩小，而且也没有具体的传承计划和传承要求，他们的这种传承方式不足以使传承活动得以有效开展；而对于绝大多数的土家族非物质文化遗产，由于现代化的生产生活方式发生了很大变化，被认定的传承人所掌握的技艺在很大程度上因不能直接服务于生活生产，而不再成为他们能够维持生计的职业，如开展相对集中的传承活动必然会对他们的生活带来影响，因此，他们不可能全身心地投入其中，而只是把这些项目的传承作为业余活动。目前，国家虽然通过立法并规定了传承人必须带徒的责任和义务，而且国家及恩施地方政府对传承人给予了不同程度的补贴，但由于缺乏明确的管理制度以及持续的建设投入，使传承活动机制不完善、目的不明确、经费无保障等问题重重，大多数非物质文化遗产的传承活动没有专门的场地和相关的设备，全靠临时性的补助，加之绝大部分传承人自身的文化素质和年龄结构等因素，使传承活动无法进行或不能持续开展，传承活动后继无人。现阶段，学习、传承土家族非物质文化遗产项目的传承人大致可分为两类，一类是专门型技能人才，他们全身心地学习某类非物质文化遗产项目，是希望以此作为自己的职业定位并创造良好的经济价值，但由于这类人才的培养还没有纳入现行的教育体制和评价体制中，培养传承的方式仍旧是师徒传承、口传心授，或在当地社会办培训班集中授课、个别辅导等形式，因此，这种人才在社会上很难被认可，导致他们的职业发展方向迷茫；另一类就是业余爱好者，是出自对土家族非物质文化遗产的热爱和喜好，但因为非物质文化遗产还没有真正被纳入现代学习传播途径中，使其传播方式、路径十分有限，爱好者想学习而没有学习的机会和平台，结果是没有非物质文化遗产的传播、没有受众的接受，而没有群众基础的非物质文化遗产也不可能得到持续的传承与发展。

目前，口传教育传承土家族非物质文化遗产的模式已失去了其赖以生存和发展的社会土壤，在国家日新月异发展、全球经济一体化的当下，非物质文化遗产传承的重要性日渐凸显，这种传承方式由于传承的内在动力不足，传承范围和影响力的狭窄正等待着改革或变更。当前，无论是政府管理者、文化研究者还是恩施地方文化产业、旅游业等各个领域都在以自己的方式探索着、承担着传承土家族非物质文化遗产的责任，非物质文化遗产传承途径似乎并不算少，但是伴随着此项工作的逐步推进与深入，如果土家族非物质文化遗产的传承缺失了参与其中的学校教育，势必会因为传承人瓶颈而陷入无法摆脱的困境，这已成为社会各界的共识。

第二节　巴东县"撒叶儿嗬"传承实例的分析

本节通过对当代"撒叶儿嗬"口传教育传承实例的分析，进一步探讨学校教育传承的重要性。

一　"撒叶儿嗬"传承历史概述

"撒叶儿嗬"是清江流域中游地区土家族的一种祭祀歌舞，汉称"跳丧"，也叫"闹夜"、"打丧鼓"，是土家族人一种非常独特的丧俗，自产生以后，主要是依靠民间力量、通过口传教育而进行保护和传承的。

古代人们缺乏对自然和人文现象的科学认识，利用联想和想象解释一些自然现象，赋予大自然以神的力量。《山海经》中记载，西南有巴国，太昊生咸鸟，咸鸟生乘厘，乘厘生后照，后照始为巴人。巴人为土家族先民，今天的土家族主体就是巴人后裔。土家先民认为虎是他们的先祖并以虎为图腾崇拜，在长期的生产生活中承袭虎的特点形成了勤劳勇敢、乐观积极的民族性格，并将这一性格体现在生死观和葬礼仪式上。"撒叶儿嗬"的葬礼仪式不仅体现了古代巴人对死者的悼念和家属的慰问，更展现了他们乐观的生活态度和对生命的尊重，正是由于这一特殊的作用，千百年来被土家先民一代一代地传承下来。《华阳国志·巴志》记载，汉高祖并处巴蜀，板楯蛮天性劲勇，处为先锋，锐气喜舞，帝悦：此武王伐纣之歌也。"好歌善舞的巴人冲锋陷阵、血洒疆场、尸横遍野，在战斗结束以后又以歌舞为阵亡将士送葬，表达悼念之意和视死如归之情。"① 这种战争的需要一定程度上为保存撒叶儿嗬作出了贡献，客观上也促进了撒叶儿嗬的文化传承。

隋唐时期开始有了巴氏俗葬的文字记载，唐朝《蛮书》载：夷事道，蛮事鬼。初丧，鼙鼓以为道哀，其歌必号，其众必跳，此乃盘瓠、白虎之勇也。宋朝《溪蛮丛笑》载：死亡，群聚歌舞。舞则联手踏地为节，名为踏歌。这与现在流行于土家族地区的撒叶儿嗬丧葬仪式相差无几，这说明撒叶儿嗬在唐宋时期就已基本定型。《蛮书》为记载南诏史实的史书，《溪蛮丛笑》是一本采用条目体例记述中国西南地区风俗文化、文物古迹的民族志典籍，具有较高的参考价值。由此可见撒叶儿嗬在当时已受到中原社会的关注，并有了一定的认识，但还只是把它当作一种蛮夷现象并未加以重视，更谈不上有计划、有目的地传承与保护了。撒叶儿嗬在以后的史书及各种文献中记载逐渐多起来，如明代《万历慈利县志》载：丧则歌鼓杂衰。清《长乐县志》：家有亲丧，乡邻来吊，至夜不去，曰伴亡。于枢旁击鼓，曰丧鼓，互唱俚歌哀词，曰丧鼓歌。在漫长的历史时期，撒叶儿嗬的传承主要是依靠它特有的现实功能——作为丧葬仪式而被土家人民沿袭并保存下来，在这一过程中，撒叶儿嗬慢慢积淀了土家人民的民族信仰和精神品质。

民国时期，尽管国家长期动乱，但撒叶儿嗬作为几千年来土家人民丧葬的文化传统，在民间流行非常广泛。据长阳资丘镇文化馆馆长田玉成介绍，他从小就接触撒叶儿嗬，六岁正式开始学习。土家人十分看重丧葬仪式，土家山寨每个村子都有人会跳撒叶儿嗬②，这表明撒叶儿嗬在土家族民间有很深的群众基础。这一时期撒叶儿嗬分布相对比较集中，流行于鄂西南的巴东、建始、长阳、五峰等县市。

中华人民共和国成立以后撒叶儿嗬的传承经历了限制、高压、相对包容等几个阶段，现在正在向着文化大繁荣的方向迈进。在中华人民共和国成立之初，百废待兴，限于人力、财力，人民政府无暇顾及非物质文化遗产的传承，加之认识上的不足，非物质文化遗产只是作为少数民族的特有

---

① 彭万廷、冯万林：《巴楚文化源头》，湖北教育出版社 2003 年版，第 67 页。
② 田玉成：《我们的撒叶儿嗬》，《文化月刊》2013 年第 3 期。

文化受到尊重而没有进行力所能及的保护工作。撒叶儿嗬作为土家族的特有文化而被保存并继续流行于清江中游地区。"文化大革命"时期，在紧张的政治环境下，撒叶儿嗬被当作封建文化而被打压，许多表现土家人民纯真爱情的唱词被当作资本主义的落后文化而被禁止，"文化大革命"十年，撒叶儿嗬和其他许多民族文化一样，受到了不同程度的破坏，许多跳撒叶儿嗬的服饰、工具被销毁，许多会跳撒叶儿嗬的老艺人在"文化大革命"中遭到打击而逝世，许多口头传诵的唱词因他们的离世而灭绝，许多撒叶儿嗬的舞蹈动作也因此而失传。

近年来，撒叶儿嗬的传承依然在民间进行，随着国家和社会对非物质文化遗产越来越重视，关于撒叶儿嗬的传诵与研究受到了社会、学界的广泛关注。撒叶儿嗬作为土家族重要的文化标志，成为土家族非物质文化遗产研究的重点之一，《从祭祀到生活——对土家族"撒尔嗬"仪式变迁的宗教人类学考察》、《土家族"撒尔嗬"舞蹈的体育文化特征与社会功能》、《土家人的诙谐：跳"撒尔嗬"——对土家族丧仪之狂欢性的解读》、《土家族"撒尔嗬"的哲理思维初论》、《土家族"撒尔嗬"源流、内涵及功能探讨》等学术论文分别从撒叶儿嗬的内涵渊源、保护开发、作用功能等不同方面做了详细深入的分析，如萧洪恩在《土家族"撒尔嗬"的哲理思维初论》一文中认为，撒叶儿嗬中所蕴含的土家人对生命的思考和独特认识反映在人与人、人与社会的关系上，这对于人们正确审视撒叶儿嗬有启发意义，这些学术研究系统性地为撒叶儿嗬的传承及开发利用提供了方向指导和理论支撑。

二　当代巴东县撒叶儿嗬传承取得的成效[①]

巴东撒叶儿嗬，从在 CCTV 第十三届、十四届"青歌赛"上由撒叶儿嗬传承人谭学聪大师领衔表演，夺得原生态唱法金奖以来，名声远播海内外，引起了一些高层专家、学者的极大关注。

撒叶儿嗬在巴东县以长江南北两岸为界，江北称"坐丧"、"夜锣鼓"、

---

① 此内容部分参考了黄在秀于 2012 年 12 月在巴东电视台（巴山讲坛）中的讲稿。黄在秀，野三关民间艺术表演团团长，湖北省非物质文化遗产、撒叶儿嗬项目代表性传承人，湖北省音乐家协会会员，恩施自治州民间艺术大师，恩施自治州民间文艺家协会常务理事、恩施自治州民族文化研究会会员。

"桅棺";而江南从绿葱坡镇起到大支坪、野三关、清太坪、水布垭、杨柳池、金果坪、泗井水等乡镇管理区以及大小村寨都广泛流传撒叶儿嗬,其中巴东野三关撒叶儿嗬被公认为最纯正、最接近原生态的一项土家族民间艺术。撒叶儿嗬作为一种丧礼习俗,它包含音乐、舞蹈、歌谣等多方面的内容,野三关撒叶儿嗬与巴东的其他地域相比,在音乐上体现为唱腔地方特色明显;在舞蹈上体现为舞蹈动作原始粗犷;不仅动作刚劲有力,舞姿也原始大方;在唱词上内容多样,其中荤歌、情歌、风流歌比较多,大多源于日常生活。撒叶儿嗬以朴素的自然观看待人生,不回避死亡的实际存在,积极追求人生的现实,不追求虚无的彼岸精神。到现在县城的殡仪馆也是逢丧必跳,居住在县城的老年人死亡或因其他原因非正常死亡的中年人,孝家为了把丧事办得热闹,总是要请江南后乡的撒叶儿嗬班子到殡仪馆去跳。

作为巴人后裔的土家人,喜欢歌舞是他们最为显著的民族个性,然而,野三关、清太坪等地,因为山连山、弯连弯和重重高山峡谷的阻隔,过去交通不便,人们的文化娱乐形式单一,民族文化也就只好依赖这些风俗和歌师傅的口耳相传,老一辈的歌师傅和民间艺人从老祖宗手中接过的鼓槌又传给后一辈人。而撒叶儿嗬就是在这师徒传承的口传教育下一代又一代地延续着、保存着和传播着许多土家原始文化。如现存的撒叶儿嗬传承人黄在秀介绍,他就是属于四代父子相传,祖父那一辈人就会打丧鼓;到了父亲那一代,不仅会跳撒叶儿嗬,同时还会端公巫术、道士道教法术;他本人从12岁开始向父亲学习撒叶儿嗬,而今又传给了年轻的一辈,可谓代代相传。

人类进入20世纪以来,以西方工业文明和科学技术为载体的现代化浪潮席卷全球,作为发展中国家的中国也被卷入现代化潮流,并且在20世纪50年代表特别是80年代以后,现代化进程非常迅速并取得了举世瞩目的成就。与此同时,民族的传统文化面临着严峻的冲击,诸多优秀的历史文化传统失传或被人为破坏,特别是中国的十年"文化大革命"使少数民族文化走过了一条急剧变迁而濒于断代、消亡的路程,那个时期,人民群众的文化生活仅仅是看几个"样板戏",再就是宣传那些高度政治化的语录和口号。传统的民族文化、原生态的草根艺术被全面禁止,民间艺人被称为牛鬼蛇神。巴东撒叶儿嗬也被戴上封建迷信的帽子,同样没有躲过这场史无前例的劫难。党的十一届三中全会以后,随着改革的不断深入,经济全球化、一体化的潮流已不可阻挡,在这种形势下,有识之士发出保护民族文化的呼声，各个民族如何弘扬和保护自己的民族文化、传统文化，已成为摆在全国人民面前的一个十分重要的课题，民族文化保护工作受到了前所未有的重视。虽然当时人们的思想解放还远远没有达到现在这个程度，民间艺术是"封资修黑货"的阴影仍然在群众中，尤其是在民间艺人心中萦绕，但凝固多年的民族民间文化之冰已经在慢慢融化，沉睡多年的原生态文化也逐渐苏醒，特别是民间艺人迎来了跳原生态撒叶儿嗬的春天，撒叶儿嗬的传承保护工作也逐渐启动并全面铺开。

巴东、建始等撒叶儿嗬仪式集中流行的区域通过各种途径狠抓撒叶儿嗬的保护工作，取得了一些成绩。巴东县野三关镇十分重视撒叶儿嗬的传承工作，自1979年起便已开始了撒叶儿嗬的收集整理工作；此后，该镇通过田野调查摸清传承人现状，抢救性地整理唱词、录音，授予老艺人艺术大师、文化名人、文化中心户等荣誉称号一系列措施，保护、传承了一大批即将消亡的撒叶儿嗬唱词舞曲。1986年9月，该镇民间艺人黄在秀带领表演队应邀赴新疆参加全国第三届少数民族运动会并获得表演组一等奖，标志着这一非物质文化遗产开始从民间乡村走向舞台，从湖北小镇走向全国。2003年8月黄在秀再次以他独特的表演艺术在全国首届撒叶儿嗬大赛中获奖并被誉为"湖北鼓王"，其间，撒叶儿嗬的传承之路充满了艰辛。下面是黄在秀叙述的当年传承撒叶儿嗬的亲身经历：

> 在当年政府的支持和鼓励下，我在野三关率先组建了一支原生态撒叶儿嗬表演队。没有资金，我们就卖鸡蛋、挖刺皮卖、揹石灰卖、做小工筹措，所有的队员自带粑粑米饭，在野三关人民旅社租了一个场地，把撒叶儿嗬的曲牌系统地收集起来，由我和已故的撒叶儿嗬传承人黄治军当师傅，组织培训了四十多天。然后在文化部门办外出表演手续。经过原巴东县委宣传部审查，我们外出表演的撒叶儿嗬曲目确定以后，我率领的一支由12名男同志、4名女同志组成的撒叶儿嗬表演队踏上了外出巡演、展演的艰难历程。坐不起车，我们就步行走路；住不起旅社，我们就在当地老百姓家里打地铺。人们对撒叶儿嗬这个东西不理解，我们就把解说词用蜡纸刻出来，油印成小传单散发，来传承撒叶儿嗬这个艺术品牌，让更多人增加对撒叶儿嗬的了解。

传承人是历史的活化石，是非物质文化遗产的立足之本。然而以人为载体、口传身授的特点是艺随人走，人类许多珍贵的东西，也因此随着时间的流逝而绝种、消亡。巴东县政府重视撒叶儿嗬传承人，给他们提供平台，让他们大胆地去培育文化传承的新生力量。在民间艺术大师黄在秀的带领下，野三关率先建立了有组织的撒叶儿嗬表演队伍，将撒叶儿嗬由纯粹的"闹夜"上升到具有较强观赏价值的民间艺术表演。自 2003 年至今，巴东县成立了撒叶儿嗬民间文艺表演队 100 多支，巴东县在野三关成立了撒叶儿嗬保护基地，自 2008 年起组织撒叶儿嗬培训班，正式招收学员，由全州民间艺术大师和当地基层文化服务中心进行培训，培养了 1000 多名撒叶儿嗬演唱人员。

2009 年，恩施由州民间文艺家协会命名的野三关撒叶儿嗬表演队升格为野三关民间艺术表演团。有男、女表演艺人 60 多名。这支有着悠久历史的"老字号"表演队在 2003 年代表恩施州参加长阳土家族自治县举办的第 28 届民族文化节"隐龙山杯"首届土家撒叶儿嗬大赛，并荣获表演特别奖；2004 年代表恩施州赴湖南湘西参加中国德夯鼓文化节荣获表演一等奖；2006 年荣获巴东县首届民族文化艺术节表演一等奖；2006 年荣获湖北省第十一届楚天群星奖金奖；2007 年参加中国贵州凯里原生态民族文化艺术节荣获表演奖；2008 年代表湖北省参加由文化部主办的"纪念改革开放三十周年"首届中国农民文艺会演荣获金奖；2010 年撒叶儿嗬再次登上央视大舞台，荣获"青歌赛"原生态唱法金奖。这些原汁原味的精彩展演得到了中央电视台、江苏卫视、湖北卫视、凤凰卫视、《中国文化报》、《人民日报·海外报》、《湖北日报》、《楚天都市报》、《江苏日报》、《苏州晚报》等数十家知名媒体的重点报道和推介。特别是《苏州日报》英文版以"土得掉渣美得震撼"为题刊载报道后，引起了中外专家、学者的高度评价，这些荣誉的获得，彰显了"撒叶儿嗬"无限的艺术魅力和极高的审美价值。

目前，野三关镇不仅是巴东县人民政府命名的撒叶儿嗬保护基地，还是恩施州命名的"民间文化生态保护镇"、湖北省文化厅命名的"湖北省民间文化艺术之乡"、文化部命名的"中国民间文化艺术之乡"。撒叶儿嗬被列入湖北省非物质文化遗产保护名录。巴东县现有省级非物质文化遗产撒叶儿嗬项目代表性传承人 2 名，州级传承人 2 名，民间艺术大师 2 名，县级传承人 10 名，州民间文艺协会会员 16 名，协会常务理事 2 名，撒叶儿嗬民间艺人 2800 余人。

黄在秀（左一）在表演撒叶儿嗬（何峰摄）

黄在秀与他的伙伴们让"撒叶儿嗬"回到民间（郑定荣摄）

巴东县撒叶儿嗬（朱道明摄）

撒叶儿嗬通过传承推介，已经成了巴东县联络外界的一张特别闪亮的民族文化名片，已由简单的黑夜陪亡人度长宵升华到艺术价值去认识，把有较强的观赏价值放在了第一位。如今，撒叶儿嗬已不再局限在农村广泛开展活动，而且早已在巴东境内的国际 5A 旅游景区亮相并在全国各地表演，成为土家儿女贡献给中外游客及全国观众的珍贵礼物，受到中外友人的青睐和喜爱。撒叶儿嗬作为土家人世世代代用心血浇灌的民间艺术之花，伴随着土家人度过了漫长的岁月，它用独特的乐章不知为多少已经离世的老人送过行，充分展示了土家族祭祀文化和历史的渊源。今天，撒叶儿嗬仍然具有很强的实用价值和适应时代发展进步的能力。如何让撒叶儿嗬这一优秀的民间艺术在现代化建设中促进土家族的文明和进步，在新的历史时期不断地去发扬光大，焕发出无尽的生命活力，是新一代传承者肩上的重担。

三　对巴东县撒叶儿嗬传承模式的反思

巴东县在撒叶儿嗬的传承保护工作中积累了丰富的经验，为抢救撒叶儿嗬这一土家族的文化标志作出了突出贡献，以黄在秀为代表的撒叶儿嗬传承人为撒叶儿嗬的发展奉献了自己的才华，使巴东成为撒叶儿嗬保护传承的典范，但也应当看到传承过程中所暴露出的突出问题。

巴东县的撒叶儿嗬在地方政府的大力推广下受众越来越多，不仅乡村艺人、妇女少年，甚至连中小学生在义务教育阶段就开始学习。一方面扩大了撒叶儿嗬的社会影响；但另一方面学习者的心理却发生了极大的变化，绝大多数人已不再是怀着对生命尊重、对死者悼念的虔诚信念来参加这项社会活动。笔者田野调查结果显示，在"守夜"期间，有的人是为了凑热闹玩耍一下，或是想在跳撒叶儿嗬的过程中露露脸，有的甚至只是为了混口饭吃，粗制滥造地出来表演。中小学生大多对撒叶儿嗬的学习并不感兴趣，常常是依照葫芦画瓢学习几个动作，仅仅只是为了完成老师交代的任务。之所以会出现这种情况，笔者认为主要有三个方面的原因：一是许多地方政府工作人员保护撒叶儿嗬却未充分认识它的文化意义，政府干部直接操控撒叶儿嗬的具体保护事宜，将撒叶儿嗬的传承开发以行政命令的模式进行管理，而没有探寻、尊重撒叶儿嗬自身的传承保护规律；二是大多数学习者不能理解撒叶儿嗬所包含的精神内涵，多是追求祭祀、歌舞的形式而不注重精神内涵的生搬硬套，仅仅是一种简单的复制与移植，显得笨拙无比又十分的矫揉造作，结果导致民族文化神圣感、韵味感的消失；三是片面强调撒叶儿嗬的经济价值，只图眼前的经济效益，对撒叶儿嗬进行过量的开发利用，这对群众的心理导向形成了误导。上述三个因素带来了撒叶儿嗬一定程度上形式与内容的肤浅化和媚俗化，而这显然不利于撒叶儿嗬的持续传承与发展。撒叶儿嗬传承取得的成绩应该说是土家族非物质文化遗产开发性文化资源保护中的一个成功案例，而其成功背后所折射的非物质文化遗产表演肤浅化、媚俗化的现实却内在地反映了实现非物质文化遗产传承与发展对于传承人较高的能力要求。

实践证明，使非物质文化遗产得以传承的重要途径就是进行开发性文化保护。其实，众多非物质文化遗产资源在很大程度上会因为长期闲置或利用不足而被遗忘、被丢弃，开发非物质文化遗产就是要将非物质文化遗产充分利用，将其转化为文化资本进入市场，使非物质文化产业化、商品化，并在市场交换中兑换、实现价值。非物质文化遗产的开发不仅可以增加其自我繁荣与发展的造血机能，又能结合时代发展，体现文化开放性，发扬民族文化的优秀部分，同时汲取其他民族的优秀文化成果，从而增强非物质文化遗产的适应能力，使非物质文化遗产真正地活起来，以此实现非物质文化遗产的传承和发展。非物质文化遗产产业化有两个基本途径：一是将少数民族传统歌舞艺术精华搬上舞台和影视，将民族文化引入舞台和影视产业，以市场为导向，以丰厚的历史文化艺术为依托，并自觉地将先进文化和传统文化结合起来，既宣传了非物质文化遗产，又促进了非物质文化遗产的发展；二是民族文化旅游，以非物质文化遗产保护带动旅游发展，以旅游发展促进文化遗产传承。"撒叶儿嗬"正是通过舞台和旅游取得了现有的成功。

但是在开发性保护的语境下，非物质文化遗产实现传承与发展对传承人素质提出了较高的要求，那些知识结构单一、水平较低的行业从业者和单一的技能型工艺人才越来越难以胜任产业发展和转型的任务，取而代之的应是具有一定创新、创意能力并对非物质文化遗产有较好的文化思考能力的综合型人才，这样才能较好地适应非物质文化遗产产业化保护之路。比如，要了解非物质文化遗产之所以要传承，主要是因为非物质文化遗产是反映一个民族发展历程的见证，传承的是蕴含其中的祖先辛劳和智慧的意蕴，目的是启发民族的自尊心和自信心，从历史的轨迹中选择民族发展的未来。撒叶儿嗬反映的是土家族万物有灵的宇宙观、祖先崇拜的伦理观、灵魂不死的生死观，体现的是对人生价值的肯定、对团结合作的意识、对民族文化的传承，对于撒叶儿嗬无论是挖掘什么样的形式和内容，关键是提升土家族的民族精神不能变。再比如，将非物质文化遗产应用于文化旅游，要思考如何做到对非物质文化遗产的合理开发。一要有一个正确的认识，要对文化本身作出价值评判。非物质文化遗产本身也存在精华和糟粕，只有非物质文化遗产的精华才有开发利用的价值和必要。二要思考如何在非物质文化遗产的文化价值和现实功利考虑之间作出权衡，正如人类学家露丝·本尼迪克特所言："每一文化之内，总有一些特别的、没必要为其他类型文化分享的部分。"① 深入各民族的民族心理、价值观念、宗教信仰以及伦理道德等观念文化是一个民族生存和发展的动力和源泉，从文化价值考虑显然不适合开发，就不能为了满足旅游者猎奇的心理而转化为文化商品，如有此举，无异于杀鸡取卵，是对非物质文化遗产生存的毁灭性打击。三要澄清原生性文化与商品文化的区别，原生性文化本身不是商品，它是民族经过漫长的历史沉淀下来的物质和精神财富、商品性的民族文化则是以原生性文化为基础，经过包装改造而形成的商品。如此等等，都是作为一个传承人应有的文化思考和价值判断，这就要求传承人必须具有多层级的素质结构，至少要有以下几种能力：一是基本的技能，就是具备与具体非物质文化遗产相结合的能力；二是创新能力，就是指对非物质文化遗产要有一定的创新和设计能力；三是传承能力，要能够对具体遗产有充分认识基础上的研究能力和解读能力，具有较好的文化思考，只有这样的传承人才能满足非物质文化遗产产业化传承发展的需要。而撒叶儿嗬现有传承人的综合素质尚不能满足撒叶儿嗬产业化持续发展的要求。

与此同时，传承人再生产能力的提高即培养接班人的问题对于撒叶儿嗬来说更是一个严峻问题。现有的传承人绝大多数年事已高、健康状况不佳，组织活动的能力和精力都有限，而且师徒传承的模式已不能胜任现如今非物质文化遗产生产性保护对传承人综合素质的要求，撒叶儿嗬在现有传承中出现的文化内涵肤浅化、媚俗化问题在很大程度上与现有传承人及接受撒叶儿嗬培训的广大群众的综合文化素质有很大的关系，显然，这种重技轻艺及综合素质培养的师徒传承培养模式已不能胜任非物质文化遗产

① ［美］露丝·本尼迪克：《文化模式》，何锡章、黄欢译，华夏出版社 1987 年第 11 版，第 36 页。

通过产业化保护实现传承对于传承人综合素质的要求。

　　非物质文化遗产作为活态的文化，其开发性传承与保护的成功与否在很大程度上取决于传承人的综合素质。非物质文化遗产传承呼唤新的学校教育传承模式，因为学校教育有着规范的教育管理制度和教学计划，学校教育注重对学习者综合素质和能力的提升；同时，学校教育可以突破亲缘、地缘、业缘传承，在传承人的更新换代方面具有独一无二的优势，既体现出旺盛的生命力又适合当代非物质文化遗产传承的发展，必然成为非物质文化遗产传承的重要传承模式和传承人培养的主要手段。

第三节　高校教育传承是恩施土家族非物质文化遗产传承的必然选择

　　文化是民族的血脉，是人民的精神家园。当今世界正处在大发展大变革大调整的时期，文化越来越成为民族凝聚力和创造力的重要源泉，越来越成为综合国力竞争的重要因素，在很大程度上支撑着国家经济社会的发展，因此，呼唤文化觉醒、倡导文化自觉、重视本国优秀的民族文化传统，特别是重点关注因传承人离世而面临人绝艺亡的非物质文化遗产显得尤为紧迫，培养非物质文化遗产传承人成为非物质文化遗产传承面临的重要课题。《非物质文化遗产教育宣言》于2004年12月在北京召开的中国高等院校首届非物质文化遗产教育教学研讨会上正式推出，宣言明确倡导：不仅是高等教育，包括中小学及幼儿教育、社会教育和党校的干部教育、扶贫中的扫盲教育，不同层次、不同社会方式的教育都应参与进来，实现面向中国非物质文化遗产的全方位教育传承。国办发〔2005〕18号文件《关于加强我国非物质文化遗产保护工作的意见》中强调指出：大专院校要加强对非物质文化遗产的研究、认定、保存和传播，如对非物质文化遗产的重大理论和实践问题进行研究，注重科研成果和现代技术的应用；要共同开展非物质文化遗产保护工作，充分发挥专家的作用，建立非物质文化遗产保护的专家咨询机制和检查监督制度；要充分利用高等院校的人才优势和科研优势，大力培养专门人才。上述文件的出台无疑着重强调了学校教育系统特别是高等教育融入非物质文化遗产传承保护的重要性。

　　所谓学校教育，是指由专业人员承担，在专门的机构，进行目的明确、组织严密、系统完善、计划性强的以影响学生身心发展为直接目标的社会实践活动，具体是专指受教育者在各类学校内所接受的各种教育活动。一般说来，学校教育包括初等教育、中等教育和高等教育。初等教育包括小学教育和幼儿教育，主要是指小学教育；中等教育是指中等普通教育，以普通中学为主要的学校教育部分；高等教育是指中等教育之上的各种专业教育。其中初等教育和中等教育是我国教育发展的重要基石，其发展程度是衡量国民素质水平高低的重要准绳；高等教育则是我国培养专门人才的地方。就非物质文化遗产教育传承而言，目前，我国的中小学教育都只是开展了非物质遗产传承的普及教育，而高等教育则成为我国非物质文化遗产传承的重要阵地，也是非物质文化遗产传承人成长的重要场域，通过高等教育传承非物质文化遗产必将会给非物质文化遗产保护带来源源不断的新生力量，体现出非物质文化遗产发展的本质。这是由我国初等教育的现实条件和高等教育的责任功能所决定的。

一 中小学教育传承非物质文化遗产的现实困难

《非物质文化遗产教育宣言》提出在国家九年义务教育的推广中应当加强本土非物质文化遗产的传承认知。随着国家教育改革的深入，我国的基础教育制定了新的课程标准，将弘扬民族文化、理解多元文化作为重要教育理念，这成为中小学教育课堂引入非物质文化遗产相关内容的绝好契机。近年来，国内中小学教育也本着促进多元文化教育改革、启蒙普及非物质文化遗产知识、培养学生正确民族价值观、践行新课程标准、丰富校本教材的需要做了非物质文化遗产教育的推广，但是在具体的执行过程中，却面临着许多困难，效果并不理想。

(一) 升学压力的影响

由于现行教育高考指挥棒的指引，很多中小学只重视教育的外在价值，将教育价值简化为知识价值，过多地传授主流文化的价值取向，甚至功利地将高考分数作为教育评价的唯一指标，教育围绕学业测试、升学考试而进行，忽略了关注学生精神成长、全面发展的教育内在价值，因而，并没有将非物质文化遗产的教育真正纳入中小学校的日常教学活动中，更谈不上融入学生的生活实践中，而仅仅是一种政令执行式的文化教育传承。目前，我国实行九年义务教育，适龄儿童小学毕业后可直接进入初中学习，而初中学生必须通过考试方能进入高一级学府学习深造，由于升学压力的持续影响，只有小学生能够拥有大量的时间来学习非物质文化遗产，初中学生很容易放弃学习非物质文化遗产，而高中学生面临着"一考定终身"的高考，把所有的时间都用在顺利通过高考的学习上，不可能学习非物质文化遗产，所以，非物质文化遗产教育很难真正进入中学校园，巨大的升学压力成为中小学教育传承非物质文化遗产的重要障碍。目前真正学习非物质文化遗产的绝大部分是小学生，初中生学习者较少，高中生学习者更少，有些学生即使有一些爱好，但为了在高考中获胜，也不得不放弃；老师也不想学生因为课余爱好而影响学业，耽误学生前程；学校为了凸显业绩，盲目追求升学率而忽视了对学生综合素质的培养，学校对于非物质文化遗产课程的设置只是为了应付上级领导部门的检查或为了标榜素质教育而流于形式，并没有实际的成效。

（二）师资力量的缺失

很多中小学师资力量本来就十分稀缺，民族地区师资问题显得更为突出，而且民族地区相对来说比较贫困，外面的好教师不愿来、本地的好教师留不住，农村学校无人愿去，使教师力量十分缺乏，综合素质亟待提高，而恰恰这些民族地区拥有丰富的非物质文化遗产资源，有利于也有待于开展文化遗产的传承教育。就恩施地区而言，从数量上看，小学教师饱和而初中教师缺乏；从质量上看，恩施地区小学教师中不能胜任基本教学的教师占 10% 以上，中学教师不能胜任教学的占 20% 左右[1]，而且现有的教师多以完成主流文化科学课程为己任，很少学习了解除这些课程之外的非物质文化遗产，即便有教师给予了一定的关注，也因对非物质文化遗产的一知半解而力不从心，只能是照本宣科地机械传授，仅仅是专注于其表面的物质传承和形式传承，无法渗透到学生的灵魂深处，不能引起学生的心灵认同和情感共鸣。可以说，在恩施地区的中小学，鲜有教师能真正承担起对土家族非物质文化遗产传承的重任。

（三）教育传承无法落到实处

当前，部分土家族非物质文化遗产虽已进入中小学校园，但由于缺乏对非物质文化遗产传承的整体性、活态性和本土性等方面较为全面的认知，目前的土家族非物质文化遗产教育仅仅停留在一种典型的扫盲教育阶段，不能使非物质文化遗产教育传承落在实处。

---

[1]　王世枚：《武陵地区师资队伍的历史与现状研究》，民族出版社 2005 年版，第 192 页。

首先，很多中小学非物质文化遗产教育传承的内容只是一些文化碎片。由于很多学校每周开设的民族文化课程只有一至两节，教学学时很少，教师不重视，因此，不足以很好地把握非物质文化遗产的整体性特征，多数情况下教育就显得比较随意或偶然，侧重于传授一些比较浅显的、表面化的、静态的民族文化，比如在传授民族歌曲或民族舞蹈过程中，传授学生更多的只是歌唱技巧或动作要领，而对歌曲或舞蹈背后所隐含的文化意蕴并没有进行分析和讲解，学生就不可能了解掌握非物质文化遗产的精神内涵，而只是一些简单拼凑的文化碎片而已。尽管现在很多小学加强了对非物质文化遗产的教育传承，常常利用音乐课、活动课、劳动课或课余时间开展非物质文化遗产的教学与学习，但因为相关的教育制度和监督机制并没有制定或制定得不完善，学校开展非物质文化遗产教育方面的系统性和规范性相对缺失，传授给学生的也往往是文化碎片，这种教育方式达不到教育传承的目的而只能起到推广宣传、使学生了解的效果和作用。其实，对非物质文化遗产的教育传承不仅要针对静态的文化进行传承，更重要的是传承动态的文化、传承文化中体现的民族精神，唯有如此，才能使非物质文化遗产具有自我生存与自我更新能力并以活态传承下去。

其次，在非物质文化遗产教育传承中缺乏文化思考，没有创新。中小学在传承非物质文化遗产时，仅对文化的现有状态进行传承，未考虑到文化变迁和发展的事实，没有与现代社会紧密结合，没有与学生的实践生活联系起来，没有对这些活态的文化在实践生活中加以优化和整合，以致非物质文化遗产的传承疏离了现实社会，严重脱离了当今学生的生活环境，致使学生对非物质文化遗产的学习没有太大兴趣，甚至滋生出厌烦情绪。比如前文介绍的巴东县"撒叶儿嗬"在当地取得了不小的成绩，而且也进入了中小学校园，但调查显示很多中小学生对撒叶儿嗬的学习并不感兴趣，仅是为了完成老师交代的任务，并没有真正实现非物质文化遗产教育传承的目的。

再次，在非物质文化遗产教育传承中缺乏对传承主体学生的关注。中小学开展非物质文化遗产传承教育关注最多的往往是非物质文化遗产本身的教育，而忽视了作为文化传承人的学生的主体地位，很少关注学生作为文化拥有者自身对非物质文化遗产传承的认识和态度，没有着力去塑造学生的民族精神和民族价值观，导致学生保护和传承非物质文化遗产的本体论观念缺失，文化自觉的意识淡薄，最终会走向非物质文化遗产传承后继乏人的困境。

综合以上因素，中小学教育受教育体制、师资水平、认识程度等现实环境因素的影响严重制约了它们教育传承作用的发挥，无法担负起传承土家族非物质文化遗产的重担。

二　高校教育是传承非物质文化遗产的必然选择

2002 年 10 月，由联合国教科文组织与教育部主办，中央美术学院非物质文化遗产研究中心承办的"中国高等院校首届非物质文化遗产教育教学研讨会"在北京召开。此次会议不仅是中华人民共和国成立以来第一次中国非物质文化遗产教育传承实施的动员大会，更是非物质文化遗产整体进入中国教育体系的开端。通过高校教育进行非物质文化遗产传承的理念日渐受到重视，并成为高校办学内涵的延伸和本土化办学的必然选择。这是由高校的功能及其实现决定的。

众所周知，高校具有教学、科研、服务的功能，这是历史证实和社会认同的三大功能，此外，有学者立足于中国多民族统一国家的国情和中国高等教育的实际，提出中国高校还具有民族责任功能。[①]

所谓教学功能是指通过教学活动（行动）培养人才（行动的结果），这些人才完成培养后到社会中去发挥作用，这一功能也称为人才培养功能。高校教育是不同于中小学教育的高等教育，高校把人才培养作为根本任务和首要职责，以国家战略需要为导向，重视培养学生的社会责任感、创新精神和实践能力，注重人的全面发展。随着国家非物质文化遗产保护工作的广泛开展，社会需要大批的非物质文化遗产传承的专业人才，而高校汇集了众多可塑性强的青年学生，高校应当积极创建国家及社会文化遗产事业急需的新学科，学科建设应以关注区域文化研究为其发展方向，依靠地方资源优势，强化学科之间的交融，彰显特色发展之路，并依托学科建设培养非物质文化遗产的专业传承人才，以促进民族文化生态可持续的发展。特别是地方高校应将非物质文化遗产专业人才培养纳入学科建设规划之中，用高屋建瓴的眼光认知地方民族文化资源，全方位把握非物质文化资源开发在课程建设中的可行性，促进

---

① 谭志松：《多民族国家大学的使命——中国大学的功能及其实现研究》，民族出版社 2008 年版，第 158 页。

地域文化的繁荣发展，现在国家已经出台相关政策来加强课程建设力度，要求建立国家、省、校三级精品课程体系，在这样的背景下地方高校应该以此为契机积极开展地方性、民族性课程群的开发，以地方非物质文化遗产项目为依托、彰显民族地域性为特征，将非物质文化遗产课程群（包括与非物质文化遗产有关的必修课公选课素质拓展课）纳入课程建设之中，深化课程建设的民族地方特质，以培养区域性人才来满足各地非物质文化遗产发展需求。

所谓科研功能是指通过师生的科学研究行动，丰富和发展人类认识世界、改造世界的知识体系（行动的效果），这些研究成果将经过转化到社会实践中去解决社会中存在的问题和创造社会的精神及物质财富，从而对社会产生有利作用。高校聚集着具有前沿科学研究视野和丰厚理论知识储备的人才群体，高校不仅承担着传播文化的责任，更具有创新发展新文化的能力和水平，非物质文化遗产的传承需要高校研究群体的参与，借助学术的力量不断拓展非物质文化遗产传承的研究视角；更需要他们从非物质文化遗产自身的发展规律出发，借鉴国内外其他优秀的文化特质，创造性地对非物质文化遗产进行创新传承，以达到传统与时代的有机结合，使非物质文化遗产具有绵延不断的流动性，确保非物质文化遗产旺盛的生命力。

所谓服务功能是指大学直接为社会服务，其特征是大学的行动直接地满足现实的社会需要或解决社会的现实问题，潘懋元先生概括为"高等学校的智力资源直接地、迅速地转化为社会生产力（社会实践）的服务活动"[1]。对于高校特别是地方高校而言，应该牢固树立立足地方、依靠地方、主动为地方发展服务的意识，将服务地方经济社会发展作为一种办学的目标追求和一种使命。非物质文化遗产是一个民族基本的识别标志，是维系一个民族生存、发展的动力和源泉，而且伴随中共十七届六中全会"通过文化推动我国政治经济的全面发展"的明确提出和实施，目前，非物质文化遗产的产业化发展道路成为民族地区经济发展的新契机，这对高校特别是民族地区高校从长远着眼思索如何开展非物质文化遗产的教育传承来促进地方文化产业的发展具有紧迫性和必要性。

所谓民族责任功能是指大学把民族发展作为自己分内应尽的职责，而

---

[1] 潘懋元：《高等学校的社会职能》，《高等工程教育研究》1986 年第 3 期。

民族责任最核心要解决的问题之一正如谭志松教授所说，"在统一的多民族国家里，优秀民族文化的继承与保护和多元文化融合、整合、认同是实现民族团结、构建和谐社会的重要内容"①。民族责任功能以人才培养、科学研究、社会服务为行动载体，以这些行动产生出来的效果及其结构来体现民族责任功能所达到的程度。非物质文化遗产包含了民族精神的内涵，是一个民族得以生存的灵魂，是民族发展的精神依靠，高校理应担负起保护、传承、发展、创新非物质文化遗产这个重大的民族责任。

正是基于高等教育的责任与功能，1998 年 10 月 5 日—9 日，联合国教科文组织召开了"世界高等教育会议"，发出了 21 世纪的高等教育"展望和行动"世界宣言，其中第一条的第三、四款分别是："通过研究去发展、创造和传播知识，作为其社会服务的一部分，提供有关的专门知识，来帮助社会的文化、经济发展，促进和发展科技研究和社会科学与创造性艺术方面的研究"；"帮助在文化多元化和多样性的环境中理解、体现、保护、增强、促进和传播民族文化和地区文化，以及国际文化和历史文化"。这一世界宣言从高校的人才培养、研究方向以及服务社会等多方面，对高等院校传承与发展民族传统文化提出了要求。2002 年，中国高等院校首届非物质文化遗产教育教学研讨会通过了《非物质文化遗产教育宣言》，该宣言提出：大学教育知识体系中应当反映出本土非物质文化遗产的丰富性和文化价值；大学应当积极创建国家及社会文化遗产事业急需的新学科，为国家文化遗产事业服务；要倡导面向中国非物质文化遗产的教育传承的实现；非物质文化遗产的教育传承，是一种被长期忽视的民族民间文化资源进入主流教育的过程，是一个对民族生存精神和生存智慧及活态文化存在的认识过程。这次会议标志着中国民族民间文化资源已被引入中国高等教育教学体系中。

综上，高等教育是传承非物质文化遗产的必然选择，高等院校势必成为非物质文化遗产资源可持续发展的重要桥梁和基地，各级各类高等院校应予以高度重视。由于各类高校培养对象和目标的差异，在非物质文化遗产传承过程中，各类高校的地位和作用是不同的；又由于非物质文化遗产内容的广泛性、传承者群体的复杂性以及非物质文化遗产地域的差异性，

---

① 谭志松：《多民族国家大学的使命——中国大学的功能及其实现研究》，民族出版社 2008 年版，第 167 页。

形成了对非物质文化遗产传承对象的选择性，就个体学校而言必须作出理性的选择。

三　恩施地方高校教育传承土家族非物质文化遗产的优势

　　土家族拥有丰富多彩的非物质文化遗产，恩施土家族苗族自治州是土家族的集聚地，而且作为西部大开发的地区之一，恩施州目前正值西部大开发进一步纵深推进发展时期，恩施土家族非物质文化遗产的传承发展形势也迎来了新的机遇和挑战。在这种背景下，居于其中的高校务必要积极参与恩施州这一民族地区非物质文化遗产传承的事业，不断探索发现土家族非物质文化遗产的可持续发展模式，发挥地方高校青年群体的文化活力和行动热情，培养土家族非物质文化遗产传承人，将那些濒临消失的非物质文化遗产传承下来，为恩施土家族非物质文化遗产的传承作出应有的贡献。事实上，恩施地方高校拥有传承土家族非物质文化遗产的独特条件，对于如何充分发挥优势、如何定位自身在土家族非物质文化遗产传承中的地位和作用、如何教育传承恩施土家族非物质文化遗产等方面，必须予以慎重的思考与实践。

（一）拥有培养土家族非物质文化遗产传承人才的区位优势

　　地方高等院校是地方的文化中心，是一个地区内教育、智力、人才的聚集地，是该地区社会经济发展的强大核心内驱动力源。地方高校如何立足地方、面向未来，积极探索具有地方特色的科学发展道路，对于地方发展的影响有着不容忽视的推动作用。2010 年 7 月《国家中长期教育改革和发展规划纲要》提出"优化高等教育结构，重点扩大经济社会发展急需的应用型、复合型、技能型人才培养规模"，为地方高等院校的定位和人才培养类型指明了方向，加强应用型取向、培养应用型人才成为地方高等院校的理性选择。恩施州现有湖北民族学院和恩施职业技术学院两所地方高等院校，其中湖北民族学院坚持"立足湖北，面向西部，辐射全国，服务基层"的办学定位，长期以来为恩施州、湖北省乃至武陵地区的经济和社会发展作出了突出贡献；恩施职业技术学院的办学定位是立足恩施，辐射武陵，面向市场，开放办学，以"植根湖北西部地区，服务民族经济发展"为其办学特色，这两所高等院校扎根于恩施自治州，为当地的社会经济发展培养了大量的应用型人才。而今，随着《国家中长期教育改革和发展规划纲要》的提出，这两所地方高等院校更要紧紧围绕恩施地区所需人才的实际，开展地方高校的教学改革，探索适合本土人才培养的模式，推动恩施地区的人才队伍建设。

作为国家西部开发重点地区，2011 年 11 月恩施自治州被纳入湖北武陵少数民族经济社会发展实验区，恩族州这个民族地区迎来了大有可为的重要战略机遇期和难得的发展黄金期。首先，从政策层面上看，主要是国家深入推进新一轮西部大开发，进一步加大扶贫开发力度，支持民族地区加快发展，武陵山经济协作区建设上升为国家战略，省委、省政府建设武陵山少数民族经济社会发展试验区、加快鄂西生态文化旅游圈建设、深入实施"616"对口支援工程、支持恩施自治州建设全国先进自治州等诸多机遇；其次，从恩施州自身层面上看，一是宜万铁路、沪渝高速两路开通的机遇，二是渝利铁路、宜巴高速、恩来高速、恩黔高速等重点项目的开工建设，使长期以来制约恩施自治州经济社会发展的交通瓶颈得到明显改善；再次，在历届州委、州政府的领导下，恩施自治州在特色产业建设、社会事业发展、对外开放等方面取得了很大的成绩，为今后的发展奠定了较好的基础。

恩施自治州也有效把握并充分利用好这些重大历史机遇和有利条件，努力推动恩施州的经济社会发展。考察《恩施州经济和社会发展第十二个五年规划纲要》，在未来的五年中，恩施州以建设全国先进自治州、国家生态文明建设示范区、鄂西生态文化旅游圈核心板块、武陵山区重要交通枢纽和商贸物流中心为发展目标，努力促进经济社会发展迈上新台阶。① 今后一个时期，是恩施州围绕生态立州、产业兴州、开放活州的"三州"战略，推进绿色繁荣，加快发展特色农业、资源型工业、生态文化旅游业三大重点产业，全面建设小康社会的重要时期，为满足新时期人才队伍基本适应产业结构调整和优化升级的需要，恩施州对人才发展提出了更高的要求，《恩施州中长期人才发展规划纲要（2011—2020 年）》确立了以发展特色农业、资源型工业、生态文化旅游业为重点的人才结构调整目标，明确提出，力争到 2020 年，培养文化旅游业高层管理人才 1000名，培养文化旅游业高素质、高技能应用型人才 5000 名以上，培养民间

① 《恩施州经济和社会发展第十二个五年规划纲要》，恩施新闻网（http://www.enshi.cn），2011 年 5 月 18 日。

文化艺术人才 1000 名。①

恩施自治州新时期的人才需求为恩施地方高校的人才培养指明了方向，培养大量文化旅游业人才、民族文化艺术人才使恩施地方高校开展非物质文化遗产教育传承、培养大批非物质文化遗产传承人的任务迫在眉睫。

（二）拥有传承土家族非物质文化遗产的文化优势

正如前文所述，恩施自治州是我国西南地区一个古老而又年轻的自治州，拥有独特的民族风情文化，土家族非物质文化遗产极为丰富，成为恩施州优良的文化旅游资源，因此，无论是《恩施州经济和社会发展第十二个五年规划纲要》的制定，还是《恩施州中长期人才发展规划纲要（2011—2020 年）》的出台，都凸显出以土家族非物质文化遗产为特色的社会、经济、人才发展已成为恩施自治州未来发展极其重要的一部分。

在恩施州的社会发展中，纲要第五篇"统筹城乡发展"第十五章"推进新农村建设"中明确提出：大力发掘和创新民族民间传统文化，加强非物质文化遗产保护，打造民间文艺精品，以发展农村文化事业，培养新型农民，引导农民形成科学文明健康的生活方式。纲要第八篇"构建和谐社会"第二十四章"促进文化发展繁荣"第一条"大力发展文体事业"中明确提出：保护和传承民族文化遗产。加大少数民族文化保护抢救、开发利用和传承发展力度，建设民族文化生态保护区。大力挖掘、整理和保护民族文化遗产，组织实施民族民间文化保护工程。开展好文物调查、勘探和抢救保护工作；加强民族文物征集、鉴定和定级工作；加强古籍保护和普查工作。大力加强非物质文化遗产的保护和传承，建立健全非物质文化遗产资源数据库和四级名录体系。积极申报省级、国家级文物保护单位和非物质文化遗产名录，积极申报"中国历史文化名镇名村"，积极申报国家级、省级"民间文化艺术之乡"；命名"恩施州民族文化生态保护区"、"恩施州民族民间文化活化传承村"和"恩施州民间艺术大师"。

在恩施州的经济发展中，首先在发展特色产业上，坚持把发展旅游业作为加快全州经济社会发展的重要抓手和引擎，使之成为全州的重要支柱

---

① 《恩施州中长期人才发展规划纲要（2011—2020 年）》，恩施州党建网（http：//www. esdj. org. cn／Article. asp？NewsID＝3601），2011 年 2 月 28 日。

产业，努力把恩施州建设成为鄂西生态文化旅游圈的核心版块和全国知名的生态文化旅游目的地，实现由旅游资源大州向旅游经济强州的跨越。其次，在"构建和谐社会"篇章中明确提出：加快发展文化产业，打造民族文化强州品牌。促进民族文化与旅游的融合。彰显民族特色，丰富文化内涵，推进"两歌三节"（"龙船调"艺术节、黄四姐、恩施"女儿会"、"三峡纤夫"文化旅游节、土家摆手节）、"民间文化艺术之乡"的旅游开发，大力开展民俗节庆活动，巩固品牌效应，提高市场地位。以"龙船调"、"黄四姐"为主题，整合南部节庆会展业；不断挖掘"女儿会"的文化内涵，建设"中国女儿城"，创意发展"中国女儿会"；普及"摆手舞"，加强对摆手节的研究和创新；建设三峡纤夫文化旅游公园，打造三峡纤夫文化节。以丰富的民族节庆为平台，积极发展商业会展。加强对土家织锦、刺绣、竹编、藤编、石雕等民族产品的工艺改进，推动"民族特色购物街区"项目建设，使丰富的民族文化资源转化为附加值较高的文化旅游产品。积极依托旅游业，打造民族饮食品牌，着力发展风味独特的民族小食；挖掘传统工艺，自主创新，丰富民族餐饮系列，推动土家族餐饮业的集团运作和商业扩张。规划、保护和推广土苗特色民居建设。借助国内外巡演，展示推介民族文化，推广宣传《直尕思得》、《比兹卡》、《撒叶尔嗬》、《土家女儿会》、《黄四姐》等具有广泛影响的土家演艺节目。依托清江策划山水实景演出《神话恩施》；依托重点旅游景点，建设民族歌舞演艺场所，打造摆手舞、堂戏、撒叶儿嗬、傩戏等具有土苗风情的商业演艺队伍，促进民族文艺的产业化发展。

从两个纲要中，足以看出，恩施地区丰富的非物质文化遗产资源和良好的发展前景为恩施地方高校传承土家族非物质文化遗产提供了独特而富有生命力的文化源泉。

（三）拥有传承非物质文化遗产的教育政策优势

自 2011 年 11 月恩施自治州被纳入湖北武陵少数民族经济社会发展实验区以来，恩施地方高校教育进一步得到政策支持，面临着新的发展机遇。2012 年 9 月恩施州发展与改革委员会在《湖北武陵山少数民族经济社会发展实验区恩施州发展规划》中明确强调：要提高恩施州高等院校的整体实力，支持恩施州高等院校的学科建设、人才培养和科研教学工作，实施恩施州提高高等教育质量建设工程项目，抓好湖北民族学院、恩施职业技术学院的能力建设，重点支持恩施州的高等院校引进高层次人才战略，推进武汉与恩施高校对口支持制度。① 这为实现恩施地方高校的科学发展、跨越式发展提供了更为有利的外部环境。譬如，2013 年 11 月湖北省首批非物质文化遗产研究中心落户湖北民族学院，湖北民族学院接受湖北省文化厅、湖北省教育厅授牌，按照中心部署和要求，将依托非物质文化遗产中心服务湖北大发展、大繁荣，促进高校学科科学发展，培养专门人才，进一步确定研究领域和方向，为湖北省非物质文化遗产的保护与传承作出积极的贡献。

与此同时，《恩施州中长期人才发展规划纲要（2011—2020 年)》在改进人才培养机制中，明确提出着眼全州经济社会发展战略需要，加快高等教育和职业教育发展；根据全州经济布局和产业发展需要，调整州内高等院校和职业技术院校的专业设置和教育资源配置，优化教育结构和布局。在文化旅游人才开发工程中，重点提出以强化生态意识、提高开发创新能力为核心，以文化、旅游人才为重点，大力加强鄂西生态文化旅游圈恩施板块人才队伍建设。建立以高等院校、社会培训机构和企业等为主体，州内培养与州外培训等方式相结合的培养体系，重点培养行政管理人才、职业经理人、导游员等文化旅游人才，大力挖掘民族民间文化人才。

湖北省和恩施州教育政策的对口支持与优化调整更加明确、深化了恩施地方高校开展土家族非物质文化遗产教育传承的需求与引导。

（四）拥有土家族非物质文化遗产教育传承的自身优势

恩施地区湖北民族学院、恩施职业技术学院两所高校均处于恩施自治州腹地，能够正确认识土家族非物质文化遗产的价值，可以充分利用土家族非物质文化遗产资源，构建特色鲜明的土家族非物质文化遗产教育体系。首先，这两所高校具有的地缘优势及拥有的丰厚的非物质文化遗产资源，都能够成为高校丰富的教学、科研资源，可以说，是在基本不脱离本土文化环境的条件下，进行真正的非物质文化遗产教育传承，比如可以很经济、有效地组织社会实践服务团队、民族艺术采风团队、本地区少数民族学生返乡实践团队等对土家族非物质文化遗产进行考察或学习，让学生更深入地了解、认识、保护和传承土家族非物质文化遗产。其次，这两所高校有优秀的人才资源，大学生是恩施地区最有接受能力和学习能力的群

---

① 恩施州发展与改革委员会：《抢抓改革机遇实现高校教育转型》，武陵山少数民族地区经济社会发展高峰论坛，2012 年 10 月。

体，他们是传承文化最好的载体，更重要的是，这些学生生源多为恩施地区的本土学生，如湖北民族学院的恩施本土生源达到 60%—70%，恩施职业技术学院的恩施本土生源高达 95%，这些本土学生对土家族非物质文化遗产具有先天的禀赋和民族情结，愿意发掘家乡隐蔽的非物质文化遗产，也有能力根据非物质文化遗产本身的特性，在不失其内涵的前提下，在传承过程中对其创新，从而形成与时代相适应的新文化，使土家族非物质文化遗产得以保存、积累和发展。再次，这两所高校拥有一大批民族文化专家与学者，在对土家族非物质文化遗产的收集整理、学术研究、保护传承和创新开发等方面取得了一定的成绩，处于全国前列，可以为土家族非物质文化遗产教育传承提供智力支持。

第五章　恩施土家族非物质文化遗产的高校教育传承路径探索

——以湖北民族学院为案例

恩施土家族苗族自治州地处鄂、黔、渝、湘四省交界地段，是经济社会发展比较落后的山区，目前有湖北民族学院和恩施职业技术学院两所高等院校，在恩施自治州新的历史发展进程中，它们作为地方高校服务民族地区经济发展、传承非物质文化遗产的责任不可推卸，必将成为恩施自治州高校教育传承土家族非物质文化遗产的施行者、实践者。

本章以湖北民族学院为案例，首先分析、反思湖北民族学院在非物质文化遗产教育传承中取得的成绩与存在的不足，在此基础上探索展开非物质文化遗产高校教育传承的最优路径。提出非物质文化遗产传承人培养是非物质文化遗产教育传承的中心环节；提出校园文化活动是非物质文化遗产传承人培养的有效手段，探索校园文化活动是培养非物质文化遗产传承人的具体路径。

第一节　土家族非物质文化遗产教育传承概况

新近出台的《非物质文化遗产法》第34条规定：学校应当按照国务院教育主管部门的规定，开展相关的非物质文化遗产教育。"作为教育系统中的一个重要子系统，高等教育对文化具有选择、传承、创新和交流功能，能够在非物质文化遗产保护与传承方面发挥积极的作用。"[1]　其实，对于扎根于恩施少数民族集聚区的湖北民族学院而言，它长期以来十分重

---

[1]　邓莹辉：《从"撒叶儿嗬"的发展看非物质文化遗产的保护与传承》，《三峡论坛》2010年第3期。

视土家族非物质文化遗产的人才培养和理论研究，坚持本土化办学，近些年来更是义不容辞地承担起了传承恩施地区土家族非物质文化遗产的责任，积极探索非物质文化遗产传承与高校教育相结合的崭新模式，成为恩施土家族非物质文化遗产传承教育的主阵地，为恩施土家族非物质文化遗产的传承作出了一定的贡献。

一　湖北民族学院简介

湖北民族学院地处湘、鄂、渝、黔四省交界的恩施土家族苗族自治州首府恩施市，是由国家民委和湖北省政府共建的省属综合性民族本科院校，也是恩施自治州唯一一所本科院校，是恩施自治州的文化中心，承担着对恩施自治州这一民族地区的人才培养、科学研究、社会服务和民族责任的功能和责任。湖北民族学院的历史可以溯源至 1938 年建立的湖北省立联中乡村师范分校；1998 年经教育部批准，由原湖北民族学院和恩施医学高等专科学校合并组建而成；近八十年来为恩施地区各项事业的发展输送了数以万计的各种专门人才，成为恩施自治州乃至整个武陵地区社会经济发展的重要智囊。

置身于恩施自治州独特、丰富的土家族非物质文化遗产之中，湖北民族学院历来把土家族等民族研究作为重点和特色，学术成果丰富，成为土家族文化研究重镇，通过湖北民族学院可以了解到从 1956 年 11 月国家确认土家族这个单一的民族以来，学者对土家族传统文化研究的历史风貌。近年来，随着对非物质文化遗产认识、保护、传承的深入，湖北民族学院更是开拓性地开展民族研究，始终把土家族研究作为自己的研究特色和优势，并获得了民族学一级学科硕士点，为进一步深化对土家族文化研究提供了更高的学术平台。目前，在非物质文化遗产牵手高校教育的时代要求和选择下，在恩施州以《恩施自治州经济与社会发展第十二个五年规划纲要》和《恩施州中长期人才纲要（2010—2020）》为指南着力打造以土家族非物质文化遗产为特色的社会、经济、人才发展的时代背景下，湖北民族学院进一步正确认识土家族非物质文化遗产的价值，充分利用土家族非物质文化遗产资源，努力构建特色鲜明的土家族非物质文化遗产传承教育体系，以培养大量的土家族非物质文化遗产传承人才，使土家族非物质文化遗产源远流长、造福子孙。

二　土家族非物质文化遗产传承取得的初步成效

近年来，湖北民族学院为恩施土家族非物质文化遗产的教育传承工作不懈努力，学校在"立足湖北，面向西部，辐射全国，服务基层"的正确办学理念指导下，在"团结、勤奋、求实、创新"的精神和"博学、博爱、立人、达人"的校训鼓励下，正确定位，稳中求进，力图改革，通过改革教育方案、理论研究著述、开展校园文化活动、整理相关资料以及联系实际为相关部门提供指导性意见等各种方式、各种途径对非物质文化遗产的教育与传承进行了多方研究与实践，为土家族非物质文化遗产的传承作出了较大的贡献，得到了地区、国家和社会的认可，先后被表彰为"全国民族团结进步模范集体"、"全国民族体育先进集体"、"湖北省民族团结进步模范集体"。具体来看，湖北民族学院在土家族非物质文化遗产教育传承方面所取得的成绩主要有以下几方面。

（一）重视土家族非物质文化遗产传承系统理论研究和应用研究

湖北民族学院很早就开始重视对土家族非物质文化遗产的传承研究工作，不断丰富土家族非物质文化遗产的内涵，并将其落实到学校教育教学研究过程中，这为系统地传承土家族非物质文化遗产打下了坚实基础。

1. 重点开展土家族非物质文化遗产的理论研究

民族研究院作为湖北民族学院土家族非物质文化遗产研究的龙头，办有专门的学术刊物《土家学刊》，近年来主持完成了《土家族非物质文化遗产保护研究》、《土家族工艺美术史》、《濒危语言——土家语的抢救与传承研究》、《土家族原始宗教与民间宗教信仰比较研究》、《土家族梯玛信仰与乡村社会变迁研究》、《清江流域民族文化资源保护开发研究》、《西部大开发与民族院校人才培养模式研究》、《土家族地区文化产业构建研究》、《武陵民族走廊多元文化互动与社会和谐发展研究》、《非物质文化遗产教育融入大学生思想道德教育的行动研究》等国家、省部级重点研究课题；先后出版了《土家族白虎文化》、《悠悠洗车河》、《湘鄂西土家族》、《历史的记忆》、《土家学概论》、《土家族民间文学》、《少数民族文化权利研究》等学术专著；此外出版了16本《土家族研究丛书》，在民族学界引起了强烈反响，已故知名的民族学家张正明先生称赞此丛书为"土家学构成云蒸霞蔚的体系的标志"；还参加了《土家族文学史》、《土家族文化志》、《中国民族文化大观·土家族卷》、《中国少数民族百科全书·土家族卷》、《湖北民族地区经济发展战略》、《土家族法制史》的编著工作，等等。近年来，共发表学术论文 300 余篇，其中有 50 余篇在民族学权威期刊和专业核心期刊发表，有数十篇被人大复印资料全文复印，有 1 篇获国家"骏马奖"，有 1 篇获省人民政府奖，其中《文化变迁与语言传承——土家族的语言人类学研究》获国家民委第二届民族问题研究二等奖，《乡村文化精英与非物质文化遗产保护》获国家民委第二届民族问题研究三等奖，可以说土家族非物质文化遗产的研究走在了全国先进行列。

文学与传媒学院、艺术学院、体育学院是湖北民族学院土家族非物质文化遗产理论研究的主力军。2013 年 11 月 1 日湖北省非物质文化遗产研究中心落户文学与传播学院，近年来文学与传播学院主持完成了《传播社会学视阈下的少数民族乡村文化发展研究》、《现代性危机与文化寻根》、《土家族原生态艺术的电视传播策略研究》、《民族地区高校的民族文化与民族教育互动研究》、《恩施州民族传统文化与现代传播效应研究》、《当代鄂西南小说与民俗文化研究》、《鄂西民族文学的巴楚文化解读及其发展策略研究》等国家级、省部级项目。

艺术学院近年来致力于恩施土家族非物质文化的理论研究及其应用研究，教育传承结出了硕果。理论科研不断地取得新突破，在民间美术、民间音乐、民间舞蹈、传统戏剧、曲艺、传统手工技艺等方面取得了一定的研究成果，先后主持完成了《清江流域的生态资源与民族艺术教育研究》、《清江流域民族文化资源保护与开发研究》、《武陵山土家族民间美术传承人口述史研究》、《武陵民族地区民间艺术团体变迁研究》、《当代多元文化视野下的土家族工艺美术研究》、《恩施土家族民俗装饰的色彩艺术及其审美特征研究》、《武陵地区土家语民歌现状调查与研究》、《清江流域土家族多声部民歌的艺术特征与传承研究》、《关于土家族舞蹈"毛古斯"传承与发展的调查研究》、《论土家族八宝铜铃舞的流传》、《土家族民间歌舞"耍耍"的艺术形式与文化内涵的调查与研究》、《对土家族"靠灯舞"传承与发展的调查研究》、《恩施土家族地区皮影戏的传承保护与发展研究》、《恩施传统花灯戏曲保护与发展研究》、《土家族社区文化建设与民俗表演艺术传承研究》、《清江流域传统工艺的现代转型研究》、《恩施州新农村建设与传统手工艺文化生态研究》、《武陵地区土家族窗棂建筑艺术传承研究》、《恩施民间篾艺——家椅的文化内涵》、《武陵地区民间雕刻艺术研究》、《土家族吊脚楼建筑艺术研究》、《土家族吊脚楼建造技艺传承的数字化保护研究》等国家级、省部级、地厅级项目；同时主持完成了《土家民俗中的抽象元素对高校设计教学创新思维的启示》、《非物质文化遗产——民间艺术在民族地区高校中的教育传承》、《鄂西舞蹈资源与民族民间舞蹈教学资源的应用研究——土家族原生态民歌唱法的声乐教学价值》、《民间民歌在高校声乐教育中的传承与发展研究》、《土家音乐在普通民族高校音乐专业教学中的应用与探讨——以湖北民族学院音乐学专业为例》、《MIDI 音乐在民族院校走民族特色化教育之研究》、《民族民间传统图象教学资源的应用研究》等教学研究项目用于教学实践中的探索；另外，还出版理论专著《图像石艺：武陵土家地域石质文化研究》、参编《土家族村落文化的审美流变》教材。

体育学院开发研究的棉花球和竹马获全国民运会表演项目金奖和银奖；出版专著《土家族民族民间体育开发与研究》，撰写《民族传统体育与健康教育》教材 1 部，先后主持完成了《关于开展西部民族传统体育人才培养可持续发展的研究》、《土家族"竹马球"人才培养创新研究与应用课题研究》、《土家族棉花球运动的开发及创新研究》、《原生态民族民间体育文化保护与鄂西生态旅游资源开发与利用——以鄂西南恩施州为例》、《对湖北省高校体育教学中民族传统体育开展现状及发展研究》等项目。

信息工程学院充分利用专业优势来开展非物质文化遗产传承保护研究，2009 年主持国家社科基金项目《土家族织锦遗产的数字化保护与应用研究》，2011 年主持湖北省自然科学基金项目《非物质文化遗产传承技艺三维虚拟再现》、2012 年主持文化部创新项目《土家族民间表演技艺数字化保护与三维虚拟再现》，为非物质文化遗产的传承和创新拓展了空间，这也将为非物质文化遗产的影视传承作出巨大贡献。

中医药学院在土家族传统医药的研究上作出了很大的贡献。先后主持完成了《民族医药文献整理及适宜技术筛选推广》、《土家族药接骨膏对骨折愈合过程中 BMP、VEGF 表达调控的机理研究》、《基于 miRNA-146a 和 TLR/NF-κB 信号通路探讨土家族药三百棒抑制 RA 滑膜增殖的作用机制》、《湘鄂西土家族医药的挖掘整理》、《恩施土家族医药的挖掘整理与研究》、《常用民族药物质量标准研究》、《民族药物"蜘蛛香"野生转家种栽培技术的研究》、《恩施州珍稀药用植物"头顶一颗珠"、"江边一碗水"对心血管疾病的药效学与应用研究》、《少数民族医药发掘整理中的

人类学研究》、《提高"土家族医药学"课程教学质量的对策及实践研究》
等国家级、省部级、地厅级项目；同时还先后出版了《实用土家族医
药》、《土家名医黄子均医案精选》、《土家族药物志》、《土家医药学概
论》等著作，中医药学院成为恩施土家医药的挖掘与传承应用的科研基
地。此外，林学园艺学院出版《湖北清江流域土家族生态学研究》理论
专著1部。

可以说，湖北民族学院在土家族非物质文化遗产的理论著述上取得的
系列研究成果为挖掘、保护与传承土家族非物质文化遗产提供了强大的理
论支撑，在全国学术界产生了较大的影响。

2. "走出去、请进来"，加强土家族非物质文化遗产的学术交流

湖北民族学院坚持与时俱进，通过积极"走出去、请进来"的方式
主持、参与非物质文化的学术交流。近年来，学校先后主办武陵地区非物
质文化遗产抢救与保护学术研讨会、中日韩非物质文化遗产保护学术研讨
会、第二届武陵山少数民族地区经济社会发展高峰论坛等学术交流会议，
先后多次参加了国家、省、州等各级与非物质文化遗产有关的活动与会
议，开展学术交流，如2011年春节期间，我校艺术学院音乐系专业教师
吴娟、王松、焦娜、兰宏建、黄涌天、唐嘉参加了湖北省在澳大利亚悉
尼、堪培拉、墨尔本等市和新西兰举办"欢乐春节——荆楚文化走澳新"
活动，此次活动由文化部、湖北省人民政府主办，是中华人民共和国成立
以来湖北省举办的级别最高、规模最大、人数最多的综合性文化交流活
动，此次交流活动荟萃了湖北省国家级非物质文化遗产代表名录和具有荆
楚文化特色的传统民间艺术，艺术学院五名舞蹈老师表演了《土家摆手
舞》、《牛背摇篮》，吴娟老师演唱了《花咚咚姐》，有力地向世界宣传了
恩施的土家族非物质文化。

同时，邀请外面的学者"走进来"进行访问交流，如2013年10月，
台湾原住民长老文化交流湖北参访团一行35人来湖北民族学院访问交流，
交流团由台湾的赛夏人、阿美人、鲁凯人、排湾人、太鲁阁人、布农人、
赛德克泽人、撒奇雅人八个少数部族的长老组成，此次恩施之行专门交流
两地的少数民族文化。此外，湖北民族学院开设"武陵讲堂"，邀请国内
外及恩施本土的非物质文化遗产方面的专家、学者、教授来校进行系列讲
座，仅2013年，就邀请了世界著名玛雅学家和资深民族学家、中山大学
中国非物质文化遗产研究中心教授、民俗学专业博士生导师白瑞斯，日本

东北大学东北亚研究中心博士后、日本佛教大学京都无形文化遗产审议委员会委员孙洁，著名人类学家林耀华先生的大弟子、浙江大学人类学教授庄孔韶，中国著名藏学家、中央民族大学文学传播学院教授、民俗学专业博士生导师林继富；四川大学道教与宗教文化研究所教授、博士生导师张泽洪，华南师范大学体育系教授、博士生导师胡小明，云南大学文化产业研究院教授、博士生导师陈庆德，中南民族大学副校长、中南民族大学民族学学科带头人、博士生导师、现任中共恩施州委常委、恩施州人民政府副州长段超教授，湖北工业大学艺术设计学院院长许开强教授，中国音乐家协会会员、湖北省音乐协会民族音乐委员会副主席兼秘书长、恩施州音乐家协会常委副主席、中央电视台 CCTV7《形象歌曲》栏目签约作曲家、恩施州十大杰出民族文化新人杨军，恩施自治州博物馆研究馆员朱世学，等等。这些专家、学者所做的"德国学术传统中的人类学、民俗学和社会学"、"日本旅游人类学研究"、"文化强国视野下的中国少数民族文化发展战略"、"记忆场域的重建——从白虎垄到廪君陵"、"民俗主义和本真性"、"体育人类学与民族体育研究"、"恩施土家族民歌和民歌的发展与创新"、"民间艺术元素的当代转换"、"民族传统文化的开发利用传承"、"当代设计理念与民族教育变革等系列民间文化"等专题讲座，大大开拓了湖北民族学院师生在非物质文化遗产方面的国际国内视野，增强了广大师生对非物质文化遗产的理解与认识。

3. 理论研究成果实践转向，服务于恩施民族地区的文化发展

湖北民族学院将大量的理论研究成果成功地转化为实践的指南，积极参与恩施州的非物质文化遗产传承与保护工作，多次派专家参与恩施州非物质文化遗产保护方案的制订和修订工作，为政府建言献策。学校派专家于 2009 年到巴东县野三关镇撒叶儿嗬流行的区域通过一系列的田野实际调查工作，走村串乡，收集整理撒叶儿嗬的唱词唱法，撰写大批有参考价值的论文手稿，以严谨的治学态度为撒叶儿嗬的一线传承工作提供了宝贵的意见。2011 年学校主持召开湖北民族民间文化艺术工作研讨会，湖北民族民间艺术研究中心主任向极鼎，中国优秀织锦工艺传承人、人民湖北省政府命名的湖北民间工艺美术名人、湖北民间工艺织锦一级美术家唐洪祥，国家级非物质文化遗产"灯戏"代表性传承人、恩施州民间艺术大师孟永香，湖北省人民政府命名的湖北省民间工艺美术名人、美术家何平及相关专家、教授齐聚一堂，共谋恩施土家族非物质文化大业，为地方建

设与发展、湖北民族民间文化展示提供建议。如湖北民族学院艺术学院副院长、副教授王松，醉心于对土家族非物质文化遗产——民族音乐和民族舞蹈的传承与创新，把大量的土家族元素运用于他的舞蹈作品中，编导作品《激情飞越》参加中央电视台"五月的鲜花"建党90周年文艺会演；编导作品《毛古斯》获全国民族院校文艺比赛最佳节目奖；担任总导演的大型歌舞诗《我从清江来》参加湖北省首届少数民族文艺会演获得最高奖——会演大奖；并多次作为恩施州各种节庆文艺活动的舞蹈总指挥获得社会各界好评，于2012年先后被授予了"恩施州跨越发展青年先锋"、"恩施州十大杰出民族文化突出贡献人才"称号。如2013年，湖北民族学院与恩施市龙凤镇签订《课题研究合作协议》，与恩施市委政法委签订《科研教学合作协议》，与恩施市华硒文化旅游有限责任公司签订《校企合作协议》，开启校（院）地（企）合作，为加快恩施州城镇化、产业化"双轮驱动"注入新活力。如2013年9月，湖北省首个专业合作社院士专家工作站——利川市金土源药材产销专业合作社院士专家工作站揭牌诞生，我院生物科学与技术学院二级教授郑小江教授受聘为利川市金土源药材产销专业合作社院士专家工作站首席专家，将充分发挥技术引领作用，帮助企业培育科技创新团队，开展科技研发推动产学研紧密合作，服务地方经济和社会发展，等等。

此外，以艺术学院为主体的"恩施土家族苗族自治州美术家协会"集恩施土家族苗族自治州各界美术创作人才的力量，挖掘开发地方美术文化资源，研究、探索恩施地区的美术创作，近年来协会联合主办"恩施州第一届民族民间文化艺术节"美术书法作品展览；2006年、2007年联合主办第一届、第二届"山里·山外"武陵地区高校美术作品展览；2008年联合主办"盛典奥运、神话恩施"全州民间美术精品展览、恩施地区民族民间工艺精品展览；2009—2012年主办第一至第四届"生态文化旅游杯"全州美术作品展览，这些民间美术活动的开展，促进了学术交流，挖掘创造了民间美术精品，推介了民间美术新人，为地方政府、社会各界及恩施各族人民服务。

（二）加强学科建设，开展课堂教学，培育土家族非物质文化遗产传承的生存土壤

目前，在把土家族非物质文化遗产传承教育引入高等教学体系、合理设置相关课程、培养专门人才等方面，湖北民族学院已经取得了一些成功的经验。

民族学学科是湖北民族学院学科建设和科学研究的龙头，民族学学科于 1997 年被批准为湖北民族学院院级重点建设学科；2001 年被批准为湖北省重点建设学科和硕士点立项建设学科；2006 年获得硕士学位授权点；2010 年成为湖北省一级学科重点（培育）学科，民族学学科的建设与发展主要依托湖北民族学院的南方少数民族研究中心和法学院；而早在 1984 年，湖北民族学院就成立了民族研究室，重点对土家族非物质文化进行研究；1988 年正式成立民族研究所；1994 年更名成立土家族研究中心；2003 年经由湖北省教育厅批准成立南方少数民族研究中心，并成为湖北省高校人文社会科学的重点研究基地。南方少数民族研究中心现已形成了 5 个稳定的研究方向，即民族历史与文化、民族区域经济、民族社会发展、民族艺术和民族文化旅游。中心下设土家族研究室、南方民族教育研究室、武陵地区社会发展研究室、民族语言文化研究室、民族文化旅游研究室、苗族研究室、《土家族研究》编辑部、民族文献资料中心、影视人类学研究室等子机构。中心被"中国土家族经济文化研究协作会"推举为秘书长单位，主持常务工作，《土家族研究》被定为协作会会刊。2008 年 9 月 29 日"湖北省民族研究所"、"湖北省民族民间文化艺术研究中心"、"中国土家族经济文化研究协作会秘书处"在湖北民族学院挂牌，2013 年 1 月在此基础上又成立了民族研究院，下设武陵山少数民族经济社会发展研究基地、南方少数民族研究中心、武陵山区域发展与减贫研究院、鄂西生态文化旅游研究中心、湖北民族研究所等科研平台，一直致力于恩施土家族特色文化的相关研究，成为保护、传承、发展与创新土家族文化的重要基地，为土家族文化的研究提供了学术平台，为土家族非物质文化遗产的教学与传承提供了方向。

课堂教学是高校人才培养的主要手段和方式，非物质文化遗产要融入高校的育人体系中，就必须要进行课堂教学，开发相关课程。湖北民族学院文学与传媒学院、经济与管理学院、艺术学院、体育学院、中医药学院等都相继开设了与土家族非物质文化遗产有关的课程。

艺术学院开设有民族艺术、民族舞蹈、民族体育等本科专业课程，还将恩施土家族等地方民间文学、工艺艺术、民族舞蹈等作为主要教学内容之一对学生进行主要考核，同时积极探索教学的创新性，加强实践环节，如在美术专业教学中构建社会实践教学的体系，开展"游中画、画中游"

教学，如将土家民俗中的抽象元素用于美术设计教学的思维创新等来增强学生对民族文化的美的感悟和专业学习的积极性。自 2012 年开始招收中国少数民族艺术专业硕士研究生，设置少数民族艺术理论与方法、民族美术理论与实践、少数民族传统音乐舞蹈、民族艺术传承与教育和传统艺术语言的当代转换五个研究方向，密切关注土家族地区现代化进程，充分发掘、利用土家族非物质文化遗产资源，研究、保护及传承土家族非物质文化，践行"民族文化大发展大繁荣"国家方针政策。

体育学院充分发挥恩施地区民族高校的特殊优势，通过对土家族传统体育竞技项目的挖掘、整合以及教学推广和普及，经过多年的艰辛打造，教学团队结构日趋合理，发展有序，在民族传统体育人才培养方面取得了显著成绩，已经形成了比较成熟的课程内容，开设踩高脚、打陀螺、棉花球、抢花炮、蹴球、毽球、压枷等特色课程，2006 年民族传统体育课程被确定为湖北民族学院校级重点课程；2007 年又被评为省级精品课程；2008 年体育学院民族传统体育团队又获得湖北省省级高等学校教学团队的好成绩，被确定为湖北省少数民族运动项目训练基地。

文学与传媒学院重点开设了以非物质文化遗产传承与保护为主要教育教学内容的民间文学本科专业必修课程，招收文艺学专业文学人类学、民族民间文艺学两个方向的硕士研究生；中医药学院拥有一个二级学科土家族医学，专门招收民族医学专业硕士，开展土家族医学基础理论与文献研究、常见病症防治研究、常用土家族医药的制剂开发与资源保护研究三个方向的学习与研究；并开设有土家族医药学概论（本科专业必修课程）传承教授土家医学。

经过多年来非物质文化遗产"进校园、进课堂、进教材"的探索与实践，湖北民族学院开设的非物质文化教育课程逐渐得到了广大学生的认可，很多学生在学校浓厚的非物质文化遗产传承氛围熏陶下，在众多的课堂学习中亲身感受物质文化遗产教育传承的魅力。

（三）充分发挥实践性校园文化活动作用，强化土家族非物质文化遗产教育传承的实效性

近年来，湖北民族学院在传承土家族非物质文化遗产方面，通过开展一系列丰富多彩的校园文化活动，实现了非物质文化遗产与教育传承的有效结合，提升了学生的非物质文化遗产传承意识，强化了非物质文化遗产的大众化普及，为土家族非物质文化遗产的传承发挥了重要作用。

1. 成立非物质文化遗产传承性质的社团，将非物质文化遗产融入学生校园生活

学校先后批准成立了一批与非物质文化遗产相关的社团和协会，如文学与传媒学院的民族文艺考察团、桂园文学社文学人类学读书会、民族文化研究社；法学院的大学生瞭望社；经济与管理学院的旅游协会；艺术学院的艺术联盟舞蹈协会、书画协会、摄影协会、设计协会、民乐团以及其他各二级学院的志愿服务协会；等等。这些社团或协会的成员大都有一定的民族文化底蕴，对非物质文化遗产有一定的兴趣，而且有一部分学生还具有民间音乐、舞蹈和戏剧基础，他们在相关专业老师的指导下，通过定期或不定期举办多种形式的活动，来宣传土家族非物质文化遗产，将非物质文化遗产融入学生的校园生活之中。

如由医学院青年志愿者协会牵头、湖北民族学院22名志愿学生组建的"恩施地区非遗传承人健康状况调查"公益团队，于2011年7—8月间，历时2个月走访了恩施州8个县市。走访期间，队员们不仅详细了解了203名恩施地区土家族非物质文化遗产传承人的健康状况，对所有非遗传承人进行了健康体格检查，向非遗传承人普及了医学知识，还通过面对面交流、参与式访谈、虚心请教等多种方式掌握了恩施土家族非遗传承人的现状，并获得了非遗传承人现场表演视频、图片、文字等大量的音像、声像等第一手资料，在校园内播放、展出，供广大学生欣赏。如艺术学院的"非想"工作室自成立之日起，便以传递民族文化为使命，2012年12月，开展为期半月的"恩施深度文化行"调查，深入恩施少数民族地区，考察当地特色的民族文化，体味民族文化风情，并把此次深入的文化探究活动及体察文化的意义性成果在全校展示，令广大学生驻足观赏。如文学与传媒学院的民族文化研究社于2013年6月拍摄原创微电影《女儿会》，由师生担任剧组所有的工作人员及演员，整部片子传承和关注恩施的民俗文化，创作历时半年多，正如该校教务处处长所说，"《女儿会》的拍摄是师生走进生活，用镜头反映恩施的民族文化的表现"。如法学院大学生瞭望社之瞭望读书会有浓厚的学术色彩，不间断地开展"文化之眼看恩施"的民族文化讲坛，并邀请恩施州文化名人担任主讲人，为广大学生提供了一个观察、了解恩施土家族非物质文化遗产及其发展的平台，希望学生们在学好专业知识的同时，利用好第二堂课，在社团中不断开拓自己的视野，提升自己的综合素质。

　　上述这些社团或协会在湖北民族学院产生了很大的影响，每年的社团招新都会有数千名学生关注和了解这些社团，越来越多的学生申请加入非物质文化遗产相关社团协会、接受校园非物质文化遗产教育，从而传承、弘扬了土家族优秀的非物质文化遗产。

　　2. 开展主题校园活动，强化土家族非物质文化遗产的校园宣传

　　湖北民族学院早在 1997 年就开始开展主题校园活动，由于地处恩施土家族苗族自治州腹地，学校一直致力于民族特色主题活动的开展。近年来，学校更是把土家族非物质文化进校园的活动开展得有声有色。学校充分利用重要节假日、主题团日活动、主题班会活动打造具有土家族非物质文化遗产特色的校园文体、娱乐活动，相继举办了民族文化节、少数民族文化活动月、恩施州"优秀民歌进校园"、民族风情导游解说大赛、民风民俗图片展览、民族特色饮食解说大赛、"我和我的家乡"演讲大赛、少数民族歌曲大赛、"民族风、团结情"主题摄影征文书画大赛、土家族优秀民族文化展、民族电影欣赏、民族手工艺展示等活动；开办摆手舞培训班、少数民族传统体育项目培训班来培训全院学生，并举行全院的摆手舞大赛、民族传统体育项目展示与体验、民族传统体育运动会，等等，其中大部分活动已经相继举办了六七届，通过举办类似的主题校园活动不仅打造了湖北民族学院的品牌校园活动，更加强化了对非物质文化遗产特别是对土家族非物质文化遗产的宣传。如在 2011 年 10 月由国家民委教育科技司主办的"民族情、中华魂"全国民族院校校园活动文艺比赛中，学校的土家族舞蹈节目《茅古斯》获得最佳节目奖；如 2011 湖北省第四届大学生艺术节优秀文艺节目现场展演，在全省近七十所高校的 112 个节目参加演出的过程中，经过专家评审，学校选送的 4 个节目——合唱《郎在高坡》、舞蹈《土苗情》和《茅古斯》以及表演唱《柑子树》入选并参加了现场展演，以浓郁的民族风情、极富特色的地域文化以及优美精湛的表演赢得现场阵阵掌声，获得专家的一致好评。湖北民族学院以"多彩校园、和谐民院"为主题的校园活动，打造土家族民族特色和地域特色，将土家族多彩的摆手舞、茅古斯、毕兹卡舞蹈、土家民俗、土家文化融入活动中，继 2010 年在全国民族院校校园活动评比中获得特别奖后，2011年又获全国高校校园文化建设优秀成果一等奖，2013 年再获全国高校校园文化建设优秀成果奖，很好地宣传了土家族的非物质文化遗产。

　　3. 注重开展土家族非物质文化遗产社会实践活动，引导学生从实践

中探寻民族文化真谛

　　湖北民族学院重视学生的土家族非物质文化社会实践活动，积极引导广大学生通过社会实践来真正地认识土家族非物质文化遗产的重要意义。

　　一方面，学校通过建立土家族非物质文化遗产研究基地，由指导老师带领学生进行土家族非物质文化遗产的挖掘、探寻。如南方少数民族研究中心近几年在湘、鄂、渝、黔地区相继建立了来凤舍米湖田野工作基地、官坝田野调查基地等12个土家族非物质文化遗产田野调查研究基地，随着南方少数民族研究中心的老师和学生对恩施地区少数民族研究的不断深入和全面认知，越来越多的土家族非物质文化遗产也逐渐被人们所知晓。民族文化研究中心是学校专门成立的发掘土家族非物质文化的重点机构之一，它的成立不仅可以传承优秀的土家族非物质文化遗产，更重要的是它对于湖北民族学院传承非物质文化遗产的长远优势。因为非物质文化遗产是一种需要不断弘扬和发展的民族文化，如果从长远的角度来看，成立民族文化研究中心将更有利于湖北民族学院通过高校教育来传承非物质文化遗产。民族文化研究中心的专家、教授、学生们充分利用这一平台，不断地挖掘和传承土家族非物质文化遗产，确保学校的土家族非物质文化遗产教育传承得以更好地开展。

　　另一方面，学校有意识地引导学生立足恩施土家族的社会经济文化状况开展社会实践，特别是在学生寒、暑假期间都要有组织地倡导、布置、协调非物质文化遗产社会实践工作的相关事项，为学生更好地了解恩施地区风土人情搭建平台，加深学生对恩施地区民族、民俗文化的认识，而且每次实践团队出征前还会特别邀请专业老师做"如何做好社会调查与社会实践"的培训大会，诠释社会实践的内涵，帮助学生了解社会实践全过程，包括制订合理计划、分析合作伙伴、明确自我角色、构筑逻辑框架、实践项目的实施，以及实践后期工作中的一些注意事项，等等。近年来各二级学院围绕土家族非物质文化遗产开展的社会实践取得了一定的成效。如法学院自2010年起组织开展社会实践月系列活动，"民族风·实践行"始终是社会实践的第一站；2012年11月进行"多彩恩施明珠闪耀"的恩施民族文化调查，在恩施市土司城周边地区和州博物馆开展了民族文化调查活动。对土司城周边地区的居民从民俗产品、民间故事、民族饮食、民俗传统等方面开展问卷调查，并从民俗文化保护方面进行了深入访谈。"恩施是一个少数民族地区，民族文化要继续传承下去。"一位老者在接受访谈时说道。在结束了对土司城周边地区的民族文化调查后，志愿者们又来到恩施州博物馆，参观了恩施传统的民族文化。吊脚楼、西兰卡普、喝啤酒、吃年肉以及女儿会等传统民俗文化让志愿者们领略了恩施土家族非物质文化遗产中丰富的人文内涵和厚重的历史气息。生物科学院、理学院青年志愿者自 2012 年以来参加"情系武陵山水，服务八方游客"志愿服务活动，于国庆假期、寒暑假期服务两地游客，通过给游客们指引相关旅游线路、提供相关旅游资料、检查行李安全以及传达旅游祝福等形式开展志愿服务活动。此活动不仅为学生早日接触社会、服务社会，为自己以后成功踏入社会奠定了基础，更让学生从中了解、传扬了恩施土家族非物质文化遗产的魅力，为促进恩施地区经济与旅游发展、文化交流作出了应有的贡献。另外，经管院"恩施市旅游景点开发与保护现状调查服务队"、"少数民族地区非物质文化遗产现状调查队"、化环学院"致富经·中国梦"——农村调查服务团队、"新农村，新建设"调查服务团队的所有学生都在实践中收获了很多。

社会实践活动的开展能让学生近距离和土家族非物质文化遗产对话，也让学生走进了土家族非物质文化遗产，成为土家族非物质文化遗产传播重要的自觉力量。笔者对 2011 年夏医学院参加第五届"益暖中华"谷歌杯"恩施地区非遗传承人健康状况调查"公益团队的部分成员做了访谈，并就他们暑期社会实践的体验和感想做了简要归纳，一则作为对他们辛勤劳动的敬佩，二则以此鉴证校园文化活动对大学生成长和非物质文化遗产传承的重要意义。对此，笔者将在第六章中专篇呈现。

4. 坚持校园活动"走出去"，不断拓展土家族非物质文化遗产传扬的实现路径

湖北民族学院不但通过开展校园文化活动，来展示土家族非物质文化遗产的魅力、宣传土家族非物质文化遗产的精华，让广大学生感受土家族非物质文化遗产的魅力和启迪，而且还不断地创新土家族非物质文化遗产的形式和内容，将校园文化活动推向更加广阔的舞台，收到更大的社会成效。

如 2008 年 3 月，以湖北民族学院吴娟、张明霞、王爱民、王爱华为代表的四名学生组建土苗兄妹组合，代表湖北省参加全国第十三届 CCTV"隆力奇杯"青歌赛，在央视的舞台上唱响原生态土家族民歌"花咚咚姐"，荣获青歌赛原生态唱法金奖和"最受观众欢迎"歌手奖；2009 年，

由湖北民族学院土苗兄妹组合、恩施"比兹卡"组合及武汉音乐学院、中国电信武汉艺术团 59 名舞蹈演员共同演绎的鄂西民俗歌舞《山乡春来早》，由湖北广电总台选送参加春节联欢晚会，从而为全国人民所熟知；2010 年 4 月 30 日土苗兄妹组合应邀参加上海世博会开幕式演出，再次唱响了湖北鄂西原生态民族歌曲《打起鼓盆唱起歌》。

2010 年 5 月，在中国第九届艺术节中，湖北民族学院学生表演的土家摆手舞荣获广场舞政府最高奖"群星奖"；2010 年 7 月，上海世博会湖北周期间，湖北民族学院学生代表湖北省表演了恩施土家族民族舞蹈"茅古斯"，获得海内外观众的一致好评；2013 年 5 月 23 日湖北民族学院学生应邀参加首届湘、赣、鄂、皖非物质文化遗产联展开幕表演，又一次展示了恩施土家族非物质文化遗产的魅力；2013 年 10 月 25 日参加国家体育总局主办的全国健身舞蹈大赛，湖北民族学院艺术学院 40 名舞蹈专业学生表演的"恩施土家健身摆手舞"获全国原创健身舞蹈大赛一等奖和特别贡献奖。

2013 年 1 月，在"五月的鲜花·我们的中国梦"——2013 年全国大学生文艺会演少数民族文化传统体育技巧集锦"欢聚"篇中，湖北民族学院 64 名学生用艺术的手法展示竹马、三人板鞋、绣球、押枷、赛龙舟等土家族民族传统体育项目，成功地展示了土家青年昂扬向上、充满活力的精神风貌，其中的"高脚马"即竹马作为土家族人民喜爱的民族传统体育项目，可以说是一个相当特别的土家族文化符号，节目独特的编排视角、浓郁的文化底蕴、华美的民族服饰和精湛的表演技巧赢得了广泛好评，学生们用近乎完美的表现诠释了这一土家族非物质文化遗产的魅力，这也是湖北民族学院学子第三次登上"五月的鲜花"舞台，在中央电视台一号演播大厅再次与全国观众见面；湖北民族学院体育学院学生自2007 年参加中华人民共和国第八届全国少数民族传统体育项目运动会，在竹马、毽球、蹴球、陀螺等项目比赛中，取得 4 金、2 银、3 铜的好成绩以来，在历届全国少数民族传统体育运动会上不断地创造新纪录，传扬着土家体育文化的精神。

在这些活动中，特别是在万众瞩目的春节联欢晚会上，大量的土家族元素的运用，以及来自湖北民族学院学生演员的演出成为恩施土家族对外推介、宣传民族文化的最好广告，这为土家族非物质文化遗产的弘扬与传承奠定了基础。

（四）加强硬件设施建设，使土家族非物质文化遗产成为永久记忆

土家族非物质文化遗产种类繁多，收集、整理、存录方式多样，非物质文化遗产表演辅助工具、器具、服饰、工艺品等原始实物资料和借助绘图、录音、摄像、摄影、文字文本等二次记录下来的非物质文化遗产资料都需要专门的设施进行特殊保存。湖北民族学院历来十分重视土家族非物质文化遗产的收集整理工作，早在 20 世纪 90 年代，当时的民族研究所就已经开始了土家族非物质文化遗产的收集、整理工作，深入田间地头，通过访谈、帮扶、学习等各种形式收集、整理、挖掘即将遗失的土家族非物质文化遗产，设立了专门的文献资料室对其进行保护。近年来在恩施周边县市先后建立了 12 个土家族非物质文化遗产田野调查基地，整理、编写了一大批宝贵的文字和影视资料，如"还坛神"录像的拍摄和《武陵地区非物质文化遗产及其文献集成》、《土家族语言汇编》、《梯玛的世界》、《还坛神》等专著的编写出版。在南方少数民族研究中心和湖北民族学院土家文献信息中心成立以后更是加大了对土家族非物质文化遗产的保护传承力度，湖北民族学院一方面与许多高校和企事业单位进行合作办学、拓展实习基地，为土家族非物质文化遗产的传承提供了硬件保障；一方面加强学校的图书馆建设，因为图书馆是挖掘、收集、整理、保存土家族非物质文化遗产的重要场所，更是研究利用、宣传展示、教育传承土家族非物质文化遗产的重要阵地，湖北民族学院以多样化、现代化、立体化为目标推进图书馆建设。截至 2012 年 5 月底，学校图书馆馆藏纸质文献 154 万余册，长期订阅中文学术期刊近 1600 种，各类数据库 20 余种，拥有使用权限的电子图书 150 余万册，2012 年建成的教育部 CALIS 三期特色库"武陵地区民族研究特色数据库"顺利通过国家验收并获奖；另外湖北民族学院还建设档案室、陈列馆、展览厅、网站等非物质文化空间场所及相应设施进行非物质文化遗产资料系统化的收集、整理、保存、数据开发和非物质文化遗产保护的宣传、展示、会演、交流等活动。可以说，湖北民族学院不断地加强土家族非物质文化遗产教育的硬件建设，依托学校不断优化的办学条件和科学的办学理念，有效地利用学校的各种资源，不仅保存了一批土家族非物质文化遗产，使之成为人类永久的记忆，而且还培养出了一批创新性的高素质土家族非物质文化遗产专业人才，为土家族非物质文化遗产的传承储备了充足的人力资源。

三 土家族非物质文化遗产传承中的基本经验与不足

（一）基本经验

湖北民族学院在教育传承土家族非物质文化遗产的过程中取得了一定成绩，积累了一些经验，回顾湖北民族学院传承土家族非物质文化遗产的历史过程，笔者认为学校做到了以下几点，值得借鉴与发扬。

1. 为传承土家族非物质文化遗产开辟了绿色通道

湖北民族学院重视民族文化研究，重视土家族非物质文化遗产的整理、抢救、发展与创新，为弘扬、传承土家族非物质文化遗产打造平台、创造机会，营造了良好的传承土家族非物质文化遗产的学术氛围。学校把"沉下来"、"走出去"与"引进来"有机结合，把土家族非物质文化遗产推出湖北、推向全国、推向世界，为土家族非物质文化遗产的传承工作开辟、拓宽了渠道。

2. 发挥人的作用，尊重传承人的主体地位

湖北民族学院注重发挥教师、学生的主体作用，并激发教师、学生本土民族的身份，进行土家族非物质文化遗产教育传承的研究和学习。对学生而言，立足学生的长远发展，把学生的专业发展与土家族非物质文化遗产的传承教育有机地结合，突出学生在非物质文化遗产教育传承中的主体地位，提高学生的综合素质，这符合21世纪培养非物质文化遗产传承人的要求。

3. 立足实际，确立切实可行的教育传承方案

恩施地区土家族非物质文化遗产虽极为丰富，但都不同程度地遭到了破坏，湖北民族学院从实际出发，对恩施地区土家族非物质文化遗产做了较为详尽的整理与研究，对它们的历史价值、传承现状及传承人情况做了较为科学的评估，并以此为基础结合本校的师资力量、教学资源等软、硬件条件，有计划、有目的地制订、执行土家族非物质文化遗产教育传承方案，取得了较好的效果。

（二）反思不足

虽然湖北民族学院的土家族非物质文化遗产教育传承取得了一定成效，其经验值得今后该校进一步开展高校教育传承和其他民族高校借鉴，但同时也应当看到学校在土家族非物质文化遗产教育传承中亦存在的诸多不足。

1. 土家族非物质文化遗产融入校园文化建设不足

一是校园文化中的土家族非物质文化遗产底蕴不足。文化是一所大学的灵魂，也是大学彰显特色的重要标志。所谓的校园文化底蕴，就是校园里面所蕴含的文化精神，这种精神可以在校园中处处存在，学生们可以在耳濡目染中领会校园文化的精髓，进而从校园文化中获益，培养自己的文化气质。湖北民族学院是一所少数民族学生聚集的综合性大学，而且学校地处非物质文化资源丰富的恩施土家族苗族自治州腹地，有来自全国38个少数民族的学生，其中以土家族学生居多，可以说，湖北民族学院具有深厚的传统文化底蕴，尤其是在土家族非物质文化这一方面，湖北民族学院具有得天独厚的优势。就目前而言，湖北民族学院校园文化底蕴还有待建设，有待不断创新校园文化理念、提升校园文化品位，学校有必要也有责任在非物质文化方面进行深入的挖掘，建设富有特色的校园文化品牌，更进一步充实校园的文化底蕴，让学生真正融入校园文化，从校园文化学习中培养学生的非物质文化遗产传承素养。

二是土家族非物质文化遗产传承活动的深度合作和全程渗透不足。首先，学校在认识上认为校园文化活动在很大程度上主要是学生工作部门或团委部门的事情，活动对象也只是面向学生，而没有完全彰显其作为第二课堂的性质和重要作用，校园大文化视野缺失，对教职工在校园文化活动中的地位和作用的认识和重视不够，对提高教职工自身素质、发挥校园文化的积极引领作用不够，虽然在活动中可以看到教学部门及其他部门负责人的身影，但观摩性往往大过参与性、礼节性多于实质性。其次，各部门员工在合作的全程性参与和渗透上都还不尽如人意，部分同志在协同工作时的积极性不高，相互依赖、相互推诿的情况时有发生，同时缺乏沟通和协商，也导致了各部门在校园文化活动中各自为政，各种各样的活动层出不穷，既耗费了学生的精力，又增加了学生的压力，还使学生失去了兴趣。实际上，完全可以通过各部门之间的沟通、协商、合作进行整合，在时间和空间上进行合理的安排。再次，校园文化活动还是局限于校园范围之内的，与社会的交流相对缺乏，而且各个学生社团平时各自为政，缺少统一的活动策划方案，难以形成合力推进非物质文化遗产传承活动的开展，既不利于土家族非物质文化遗产传承的深化，也不利于促进大学生对土家族非物质文化遗产社会需求的认识。

三是校园文化活动土家族非物质文化遗产资源的整合不足，导致学生对土家族非物质文化遗产的认识不足、认同偏低、主动性差。在现代文明的冲击下，大学生热衷于现代科技带来的实惠，许多学生沉迷于网络、计算机，而认为非物质文化遗产是"老古董"，是过时的已被时代所抛弃的东西，甚至讥笑那些对非物质文化遗产感兴趣的人不懂时尚、不随潮流。湖北民族学院也是如此，加之开展土家族非物质文化遗产传承的校园文化活动整合力度不够，抄袭现象比较严重，随意性较强，而学生又缺乏对土家族非物质文化遗产足够的认识，很多学生根本没兴趣或者没有精力去参加此类活动，导致活动没有达到应有的效果。

2. 土家族非物质文化遗产的教学体系建设上有待完善

由于非物质文化遗产引入高校教育体系的理论研究尚处于探索阶段，因而没有形成完整的学科体系，教育部门也未因此制定专门的教育制度和标准，许多教学体系尚未成熟，这就导致非物质文化遗产传承的教学目的比较模糊，教学计划不甚完善，管理体制比较松散，还没有完全担负起培养非物质文化遗产传承人的责任。在这点上，湖北民族学院还有很多不尽如人意的地方，表现在一是目前湖北民族学院还没有明确土家族非物质文化遗产教学工作的目标，也没有确定相关的工作标准，许多相关的民族文化理论课程仅被当作选修课或公选课，对于土家族非物质文化遗产的实践课程就更少有了；二是到目前为止，湖北民族学院还没有专门的土家族非物质文化遗产教材，这使在具体的教学工作中许多老师的教学内容过于分散，教学内容的科学性、理论性、实用性等方面还有待商榷；三是学生只是把相关土家族非物质文化遗产课程当作课外视野拓展的内容，许多学生仅凭兴趣对土家族非物质文化遗产有所了解，或者基于好奇心的驱使在社会实践中对土家族非物质文化遗产及其传承人有所认识，更有很多学生还把非物质文化遗产的相关课程当作休闲娱乐课，对其重视不足。四是目前湖北民族学院还缺乏对土家族非物质文化遗产传承人的系统培养规划和相关专业，有待于进一步改进和完善。

3. 现行的教育体制限制和影响了土家族非物质文化遗产传承人培养

湖北民族学院虽然将土家族非物质文化遗产教育纳入了学校的教育体系范围内，但在人才培养过程中，保护型人才大于传承型人才的培养。如非物质文化遗产研究中心在文学与传媒学院的设立，如民族研究院、文学与传媒学院、经管学院、中医药学院等开设的相关专业，培养的人才大多数是研究者和管理者，然而他们并不是掌握这些传统文化技艺的传承人，他们所从事的工作更多的是发掘、记载、组织认定、研究等，而非物质文化遗产更重要的是活态传承，相比管理者与研究者来说，传承人的培养更为迫切。但事实上，很多真正的土家族非物质文化遗产传承者以及他们的传承活动还没有纳入学校教育体系中；其中大多数还是在教育体制以外存在着，导致的结果就是，即使艺术学院开设了相关专业，传承人的培养、传承活动的职责仍然很难履行。

由于非物质文化遗产存在的空间和传承者的特殊性，非物质文化遗产传承人才的培养既离不开理论教育，也离不开专业实践，教学和实践相互借鉴、相互促进才能培养高质量的非物质文化遗产传承人才，因而对非物质文化遗产传承的教学不可能按照传统的大纲教材、通过课堂教学等标准化和制度化的教学模式进行教学，必须对教学模式进行改革，把非物质文化遗产传承人请进校园定期进行教学，同时定期把学生送到传承人所在地，让他们接受现场指导、观摩与学习。但是，高校想引进非物质文化遗产传承人来校教学，却会受到教育体制中规定的高校教师任教资格、条件、专兼职教师比例等条条框框的限制；学生到传承人所在地去学习又没有相应的经济支持；等等。两者如何充分结合，非物质文化遗产传承人才能否按艺术规律和市场规律去培养，这些都是湖北民族学院值得深入思考的。

4. 各种社会资源尚未有机融合，土家族非物质文化遗产教育传承难以发挥理想效果

一是湖北民族学院不能有效地整合各种社会资源，不能形成合力。从根本上说，保存与传承是保护非物质文化遗产的两种最主要的方式或途径。如何发挥高校教育传承作用，融合各种社会资源，形成合力，有效保存并保障或实现其传承，是湖北民族学院土家族非物质文化遗产教育传承中亟待解决的两个重要问题。

首先是保存。由于非物质文化遗产的活态性，它与物质文化遗产实现保存的主要方式有所不同。使非物质文化遗产物态化并有效保存只是其中一个最为基础性的工作，更重要的是需要专业传承人保存其固有面貌、延续其包含的民族血脉。技艺因人而存在是非物质文化遗产保存和传承的制约因素，而专业传承人的培养、锻炼和成长则需要高校和社会的共同努力。

其次就是传承。传承的实现形式大体分为两种：一是自然性传承，一是社会性传承。前者是指在无社会干预性力量的前提下、完全依赖个体行

为的某种自然性的传承延续，许多非物质文化遗产基本上是靠这种方式延续至今的，最典型的就是个体之间的"口传身授"，如民族民间的口传文艺、手工技艺、民俗技能等。后者是指在社会某些力量干预下的传承，这包括行政部门、立法机构、社会团体的各种行为干预和支持。从总体来看，当前社会性传承已居于主导地位，其中，通过高校教育产生的干预力量尤为重要。社会性传承主要有两方面：其一，通过高校教育行为和社会力量的有机结合来保障社会传承活动的实现，包括采取法律、技术、行政、财政等措施，建立传承人保障制度，促进非物质文化遗产的传承；其二，高校自身将传承活动纳入教育体系中，使其成为高校教育、社会知识文化发展链条中的一个重要环节，这是高校行为方能实施和保障的一个重要内容。湖北民族学院将土家族非物质文化遗产教育纳入学校的教育体系中，并做了大量有益的探索，取得了一定的成效，但目前受各种体制和实际操作的限制，湖北民族学院也没有能力与各种社会资源进行有效的整合，难以发挥土家族非物质文化遗产教育传承的最优效果。

二是湖北民族学院缺少土家族非物质文化遗产传承来自社会的经济支持。经济支持对高校非物质文化遗产传承尤为重要。对于地处武陵山区的湖北民族学院而言，自身经济条件本来就受限制，教育经费相比发达地区院校存在明显差距，学校满足自身基本发展的需要都有一定的困难，又很难通过其他渠道筹集有关土家族非物质文化遗产传承的专项资金，对于开展土家族非物质文化遗产教育传承的工作就显得力不从心；与此同时，土家族非物质文化遗产传承研究离不开收集、整理、普查、记录、宣传等工作，这些都需要大量的科研经费、专项经费来支撑。另外，在当今经济效益决定存在价值的时代，社会对于非物质文化遗产的认识和前景不是很看好，非物质文化遗产传承人才的培养在社会上并不是一个热点，而且就业的路径又狭窄，还常常面临一对一的教学模式。因此，土家族非物质文化遗产教育传承无疑是一项高投入、低回报的工作，如缺乏相应的扶持政策和经费支持，将很不利于土家族非物质文化遗产传承人的培养。长此以往，整个土家族非物质遗产的教育传承工作无疑会陷入被动局面，具体的操作过程就难以进行，相关工作就难以开展，传承人培养就难以落实，最终结局就是，土家族非物质文化遗产教育传承被边缘化，越来越多的土家族非物质文化遗产会随着时代发展而濒临消失。

鉴于土家族非物质文化遗产传承的复杂性、广泛性及传承行为的可操作性，培养复合型的传承人是最直接的要求。因此无论是普查、收集、整理等基础性的保护工作，完善传承人的认定和保护及培养新一代传承人工作，还是进一步宣传、开发、弘扬、传承非物质文化遗产等工作，都需要高校、社会、政府、企业的共同努力，形成合力才能达到理想目标。

四 土家族非物质文化遗产教育传承的启示

湖北民族学院在教育传承土家族非物质文化遗产方面还是破冰之举，尽管在土家族非物质文化遗产传承的系统理论研究和应用研究中取得了一定的进展，也通过加强学科建设、开展课堂教育，为土家族非物质文化遗产教育培育了一定的生存土壤，又重视校园文化活动的开展，增强了土家族非物质文化遗产教育与校园文化活动的实效性，还通过加强硬件设施建设，保存了一批土家族非物质文化遗产，然而，其教育传承之路依然还很曲折，还有许多困难亟待解决，例如在土家族非物质文化遗产教育融入校园文化活动、在土家族非物质文化遗产教学体系建设、在现行的教育体制改革、在各种社会资源有机整合等诸多方面都需要深入的思考、建设、变革与完善。对于湖北民族学院而言，培养土家族非物质文化遗产传承人无疑是湖北民族学院教育传承土家族非物质文化遗产的重要内容，学生将在未来很长一段时间内成为土家族非物质文化遗产教育传承的主体，将成为学校理论教育与传承活动相衔接的实践者，一切教育传承路径的探索都将落于这批未来新型传承人身上；而且发掘、探寻有效传承土家族非物质文化遗产的新方法与新路径，并将新方法、新路径运用于培养新一代传承人，最终确保土家族非物质文化遗产能够在高校教育传承中取得实质性的传承，也是湖北民族学院教育传承土家族非物质文化遗产迫切需要解决的问题。

第二节 非物质文化遗产传承人培养是非物质文化遗产教育的中心环节

对土家族非物质文化遗产的传承就是对土家族非物质文化遗产最好的保护，其中，传承人作为非物质文化遗产的活态载体，是非物质文化遗产传承的实践者，是非物质文化遗产传承的本体，居于主导地位，从某种程度上讲，传承人水平的高低决定了非物质文化遗产传承效果的优劣。

结合我国多年来的非物质文化遗产保护实践，可以将国家已有的非物质文化遗产保护模式概括为四种类型：研究型文化保护模式、原生态型文化保护模式、开发型文化保护模式和移植型文化保护模式。这四种保护方式各有特点，其中研究型文化保护是传播非物质文化遗产的独特模式，开发型文化保护是经实践证明的非物质文化遗产保护的重要途径。所谓研究型文化保护模式，是指由相关学者通过学术研究来挖掘整理非物质文化遗产，并传播非物质文化遗产；所谓开发型保护则重对非物质文化遗产的开发利用，重在实现非物质文化遗产的进步与发展，培养非物质文化遗产自我繁荣与发展的造血功能，注重非物质文化遗产的发展创新，这两种保护模式都对传承人有着较高的要求，既要有关于非物质文化的理论研究、文化思考等专业素养，又要有一定的非物质文化遗产创新传承能力，因此，传承人的培养只有诉诸高校教育才能得以最终实现。

对湖北民族学院而言，开展土家族非物质文化遗产教育传承，就是要把传承人的培养作为教育的中心环节和重中之重来认真对待。湖北民族学院培养土家族非物质文化遗产传承人可以从以下几个方面进行。

一 开展理论研究，培养研究型传承人才

理论研究是湖北民族学院传承非物质文化遗产的重要手段，加强土家族非物质文化遗产的理论研究本身也就是在培养土家族非物质文化遗产传承人，培养的对象既包括学生，也包括教师。

培养研究型文化保护人才要以文化人类学、民族学、宗教学、科技史的方法作为理论指导，以田野调查、典籍整理、口传史诗家谱的发掘为调查手段，以田野材料与文字史料互证互析为学术特色，注重田野工作，注重在实际生活中挖掘具有民族特色的非物质文化遗产，注重对非物质文化遗产的调查和研究，通过这样的教育可以造就一批研究型非物质文化遗产传承人才，他们在抢救土家族非物质文化和挖掘深层次的非物质文化内涵方面，就可以通过大量的田野工作和文本撰述，为后人留下宝贵的精神财富，使那些即将消失的非物质文化遗产在文本中得以保存、流传后世，成为连接传统文化与现代学术话语系统的桥梁，同时也便于将土家族非物质文化遗产推向世界。如关于土家语的传承保护，自土家族形成以来，至少在"改土归流"之前，土家族一直是一个以土家语为交际语的单语社会。"改土归流"以后，时至今日，随着历史进程的发展、现代化建设的推进和多种社会文化的影响，汉语已成为土家族人的主要交流语言，目前只有酉水流域的一些偏僻的山区还找得到完整保留土家语的少数村落，懂得土家语的人口不足十万人，真正在日常生活中把土家语作为交流语言使用的可能不足三万人，由此导致了土家语面临严重濒危的趋势。土家语的消失或许只是时间问题，土家语一旦消失，与土家语相关的一些文化现象也会随之消失。如果土家语注定要消失的话，那么完全可以通过研究型传承人才采取研究型文化保护方式为后人留下语言及其文化研究文本和语言音像资料，借以避免土家语失传。

对于非物质文化遗产的开发型保护需要具有一定的创新和创意能力，并需要有对非物质文化遗产有较好的文化思考能力的综合型人才，而这些人才的培养也需要以加强非物质文化遗产的相关理论研究作为支撑，只有这样才能培养出有较高理论研究背景的开发型保护人才，也只有这样的传承人才能较好地适应非物质文化遗产产业化传承之路。

二　开展专业教育，培养专门型传承人才

截至 2013 年 12 月，土家族摆手舞、肉连响、恩施扬琴、土家族吊脚楼营造技艺等 13 个项目均已被列为国家级非物质文化遗产；土家族撒叶儿嗬、耍耍、土家族哭嫁歌、恩施玉露制作技艺等 48 个项目也已被列入湖北省级非物质文化遗产目录；此外，进入恩施自治州级的土家族非物质文化遗产目录的还有 102 项，进入恩施州 8 县市的土家族非物质文化遗产有 331 项。入选国家级名录的土家族非物质文化遗产项目详见表 5—1。入选湖北省级目录的非物质文化遗产项目详见表 5—2。

表5—1　　　　入选国家级名录的恩施土家族非物质文化遗产

项目类别	项目名称	申报地区
民间音乐	薅草锣鼓（宣恩薅草锣鼓）	宣恩县
民间音乐	土家族打溜子（鹤峰围鼓）	鹤峰县
民间音乐	江河号子（长江峡江号子）	巴东县
民间音乐	利川灯歌	利川市
民间舞蹈	土家族摆手舞（恩施摆手舞）	来凤县
民间舞蹈	肉连响	利川市
民间舞蹈	龙舞（地龙灯）	来凤县
传统戏剧	灯戏	恩施市

续表

项目类别	项目名称	申报地区
传统戏剧	傩戏（鹤峰傩戏、恩施傩戏）	鹤峰县、恩施市
传统戏剧	南剧	来凤县、咸丰县
曲艺	恩施扬琴	恩施市
曲艺	三棒鼓	宣恩县
传统技艺	土家族吊脚楼营造技艺	咸丰县

资料来源：恩施土家族苗族自治州文化体育局官网（http://www.ESWT.com.cn）。

表 5—2　　　　入选湖北省级名录的恩施土家族非物质文化遗产

项目类别	项目名称	申报地区
民间音乐	建始丝弦锣鼓	建始县
民间音乐	喜花鼓	建始县
民间音乐	十姊妹歌	宣恩县
民间音乐	五句子山歌（恩施五句子山歌）	恩施州
民间音乐	石工号子	恩施州
民间音乐	高腔山歌（宣恩高腔山歌）	宣恩县
民间音乐	穿句子山歌（鹤峰山歌）	鹤峰县
民间音乐	建始南乡锣鼓	建始县
民间音乐	来凤打安庆	来凤县
民间音乐	太阳河民歌	恩施市
民间舞蹈	土家族撒叶儿嗬	巴东县
民间舞蹈	建始闹灵歌	建始县
民间舞蹈	耍耍	宣恩县、恩施市
民间舞蹈	地盘子	咸丰县
民间舞蹈	宣恩土家八宝铜铃舞	宣恩县
民间舞蹈	龙舞（恩施板凳龙）	恩施市
民间舞蹈	滚龙连厢	宣恩县
民间舞蹈	绕棺	利川市、咸丰县
民间舞蹈	草把龙灯（宣恩草把龙、咸丰草把龙）	宣恩县、咸丰县
民间舞蹈	建始闹灵歌（建始武丧）	建始县
民间舞蹈	咸丰板凳龙	咸丰县

续表

项目类别	项目名称	申报地区
传统戏剧	鹤峰柳子戏	鹤峰县
传统戏剧	巴东堂戏	巴东县
曲艺	利川小曲	利川市
曲艺	满堂音	鹤峰县
曲艺	恩施三才板	恩施市
民俗	恩施社节	恩施市
民俗	恩施土家女儿会	恩施市
民俗	巴东土家族民间历法	巴东县
民俗	土家族牛王节	来凤县
民间文学	寇准的故事	巴东县
民间文学	土家族哭嫁歌	来凤县
民间文学	三峡传说	巴东县
传统技艺	土家织锦"西兰卡普"	来凤县
传统技艺	建始花坪桃片糕制作技艺	建始县
传统技艺	恩施玉露制作技艺	恩施市
传统技艺	宣恩伍家台贡茶制作技艺	宣恩县
传统技艺	利川柏杨豆干制作技艺	利川市
传统技艺	巴东五香豆干制作技艺	巴东县
传统技艺	油茶汤制作技艺	咸丰县、来凤县
传统技艺	来凤漆筷制作技艺	来凤县
传统技艺	酱菜制作技艺（凤头姜制作技艺）	来凤县
传统技艺	蒸馏酒传统酿造技艺（三峡老窖酒传统酿造技艺）	巴东县
传统体育、游戏与竞技	板凳拳	咸丰县
传统美术	民间绣活（土家族苗族绣花鞋垫）	咸丰县、宣恩县
传统美术	咸丰何氏根雕	咸丰县
传统美术	石雕（尖山石刻）	咸丰县
传统医药	严氏眼科中医疗法	咸丰县

资料来源：恩施土家族苗族自治州文化体育局官网（http：//www.ESWT.com.cn）。

通过考察这些进入国家级、省级名录的土家族非物质文化遗产，除了一些传统技艺技能项目如土家族吊脚楼营造技艺、建始花坪桃片糕制作技艺、恩施玉露制作技艺、民间绣活（土家族苗族绣花鞋垫）等因能转化为文化资本进入市场，在市场交换中实现价值，获取较高的经济利益，而在民间不乏传承人外，大多数的非物质文化遗产项目如民间音乐、民间舞蹈、戏剧、民间文学等因不能直接产生经济效益或经济效益不明显而缺乏传承人，但这些众多的非物质文化遗产因其丰富的文化内涵和文化价值又是必须要不断传承下去的，因而这将成为湖北民族学院非物质文化遗产传承人培养的重要方向。艺术学院和文学与传媒学院在培养这些传承人方面拥有得天独厚的教育资源，适于开展这些非物质文化遗产项目的专业教育。以艺术学院为例，艺术学院可把土家族音乐、舞蹈、戏曲这些原来的科班教育融入艺术学院的常设专业中，如有必要，还可整合发展成为艺术学院的常设专业，进行专业建设，制定具体教学目标，形成系统科学的教程，采用先进的课堂制，以专业老师辅导学生进行土家族非物质文化遗产的教育教学，通过严格施教，培养优秀的土家族非物质文化遗产传承人才；另外，对于艺术学院设置的民族音乐学、民族舞蹈学、书法、绘画等艺术门类的专业和课程，还可专设具体的土家族非物质文化遗产方向，每年都稳定地、有计划地为恩施地区培养一批非物质文化遗产传承人才。由于非物质文化遗产教育传承的特殊性，为了达到理想的教学效果，在专业教育中还要创新多种教学模式来强化非物质文化遗产传承，不仅要开展好课堂教学，更要开展好第二课堂教学，培养优秀的非物质文化遗产专门传承人才是最终目的。这在本章第三节将做专篇论述。

三 开展普及教育，培养储备型传承人才

除了开展土家族非物质文化遗产的专业教育培养传承人外，有些土家族非物质文化遗产可以通过整理编成教材，列入学校教育课程内容，如基础课、限选课、公选课等，对学校的所有学生开展土家族非物质文化遗产的普及教育，不仅可以提升学生的人文素质与艺术修养，而且还可以强化学生对恩施土家族非物质文化遗产的认识，使之成为恩施土家族非物质文化遗产的储备型传承人才。事实上，非物质文化遗产进高校，并作为高校教育的课程内容进行学习与传承，已成为公民的法定义务，而开展土家族非物质文化遗产的普及教育，对于土家族非物质文化遗产的传承和保护有很重要的现实意义。在普及教育的过程中，要强调教学的创新性和多样性，通过实施各种有意义的教学活动来培养学生对土家族非物质文化遗产

的兴趣，自觉地弘扬土家族非物质文化遗产。

四　开展基地建设，培养定向型传承人才

目前，一批土家族非物质文化遗产基地和中心在湖北民族学院先后建立，学校对于这些传授非物质文化遗产知识和技艺的场所，应进一步加大技术、资金和设备的扶持，加强土家族非物质文化遗产的模拟生态环境建设；与此同时，要经常性地邀请传承人、召集有兴趣的学生一起到基地开展传习活动，培养定向型传承人才。比如，近年来湖北民族学院艺术学院在校内建立了少数民族音乐与民间舞蹈的培训基地，艺术学院就可以充分利用这个基地，开展好恩施地区少数民族音乐与民间舞蹈人才的培养工作。如作为流传于湖北恩施来凤的民族舞蹈土家族摆手舞，是入选国家级的土家族非物质文化遗产，艺术学院在学校各二级学院倡导、招收了一大批有志于学习土家摆手舞的学生，不仅安排专业教师给学生进行培训，还特地从恩施来凤聘请摆手舞艺人，专门给学生传授摆手舞，学校通过基地培养一批学习摆手舞等民族舞蹈的学生，毕业后可服务于恩施自治州的经济文化交流活动。

第三节　校园文化活动是培养非物质文化遗产传承人的有效手段

非物质文化遗产的学校教育传承，就是指通过教学活动来实现非物质文化遗产的传承。教学活动作为一个完整的教学系统，它包括课堂内的教学活动和课堂外的教学活动，又常常被称为第一课堂教学活动和第二课堂教学活动。

所谓第一课堂教学活动就是指教师根据教学计划、教学大纲、教科书等规范的要求，在集中的时间和地点，由固定教师对固定课程实施规范的课堂教学，以教师讲授演示加之学生参与构成片段式的 50 分钟课堂教学情景；而学生则在教师指导下主要是通过理解与记忆、思辨与论述、归纳与演绎等方式接受、习得以文字等为中介的间接呈现在学生面前的各种现成的知识和技能；强调教学的规范性、集中性、集体性、意志性、情景性，在第一课堂教学中，学生是教师授教的对象，是客体，是间接获取知识。

所谓第二课堂教学活动就是指课堂教学以外的一切传授知识、培养能力、锻造人格的活动，是对学生第一课堂学习的延伸、补充和发展；没有固定的时间和地点，没有课程，绝大多数时候也没有教师，更多的是学生身体力行，把在第一课堂接受的知识技能通过在第二课堂加以印证和发挥，比如模仿性操作、实证性演示、即时性反馈等，主要依据自身的兴趣爱好开展自主学习与实践，并根据自己的意向进行创新或创造，强调学生的主体性、自主性、自由性、个体性、行为性、创新性；第二课堂教学是实践教学的重要组成部分，在第二课堂中，学生是主体，通过各种活动直接获取知识来拓展视野、激发学习兴趣、培养能力、提高综合素质；第二课堂是校园文化建设的主要阵地，也是学校开展校园文化活动的重要载体，充分发挥了校园文化潜移默化的育人功能，使其在学生成长成才过程中起到重要作用。

显然，非物质文化遗产的学校教育传承既离不开第一课堂教学，也离不开第二课堂教学。全面考察校园文化活动的内涵，笔者认为，将非物质文化遗产传承教育融入第二课堂的校园文化活动中，使非物质文化遗产传承和校园文化活动的开展有机地契合，借以打造独具特色的专业化校园文化活动，成为实施非物质文化遗产教育传承的有效手段和搭建非物质文化遗产传承人培养的最佳平台，对于非物质文化遗产的教育传承有着非凡意义。

一 校园文化活动源起

校园文化活动，顾名思义，就是体现校园文化的校园活动的总称，是校园文化得以弘扬的外在体现，是校园文化建设目标得以实施的重要载体，也是第二课堂的重要载体。

校园文化作为一个概念正式被提出并形成一股文化热潮可以追溯至20世纪80年代中期的大学校园。1986年4月，在上海交通大学第十二届学代会上"校园文化"这一概念被我国大陆地区学者首次提出。随着我国高等教育的发展，校园文化得到教育界特别是高等院校的普遍认可，并逐步成为以高校师生为主体，共同创造和享受的群体文化。鉴于学术界关于文化定义的多重理解，关于校园文化这一概念的准确界定还是一个有待不断探索的过程。考察众学者对于校园文化的研究，有提出将校园文化分成制度文化、物质文化、精神文化的三分法，也有提出将校园文化分为物质文化和精神文化的二分法，还有学者主张从多维形态学说分析校园文化。但无论是哪种研究都离不开物质文化、精神文化这两个基本形态，并且研究者一致认为精神文化居于校园文化的最深层，是校园文化的核心和灵魂，也是校园文化建设应当着力的关键，而精神文化是指高校师生员工认可并遵循的共同的思维方式、道德情感、价值观念、历史传统、心理倾向和人生态度等，它是一所高校整合其教育观念、价值体系、文化传统和精神氛围等诸多方面的结晶。

鉴于此，笔者认为，对于校园文化的理解最主要是在于对校园文化本质的理解与把握，笔者非常赞同潘懋元教授在《新编高等教育学》中关于校园文化的表述，潘教授指出，高等学校的校园文化，是高等学校师生员工在长期的教学、科研、学习、管理、交往中，逐步形成并获认可和遵循的带有学校特色的价值取向、校园精神、校风、教风、学风、治学传统、行为方式等的高度概括。

作为高校教育实践的精神结晶，高校校园文化深刻地展示了高校教育的精神成果；作为高等院校现实的精神氛围，高校校园文化以统摄全局的强大教育力量，对广大学生的成长产生了潜移默化且持久深远的影响。关于校园文化的众多研究广泛认同大学校园文化拥有教育、凝聚、激励、控制、创造等功能，能够全方位提高大学生的综合素质，并能有力推进高等教育的全面发展。教育部、共青团中央于 2004 年 12 月颁布的《关于加强和改进高等学校校园文化建设的意见》对我国高等院校校园文化建设的地位加以着重强调，文件明确指出，校园文化建设已经成为我国实施科教兴国、人才强国战略的重要组成部分，要扎实推进高等学校的校园文化建设。

事实上，文化既是一种成果，又是一种活动，受潘懋元教授的启发，笔者进一步将校园文化理解为：校园文化是一种以校园精神为主要特征的群体文化，是以校园师生为主体、以校园为主要活动空间的校园活动。

二　校园文化活动概述

学者们关于校园文化建设的学术研究很多，也有学者对校园文化活动给予了关注，但就笔者的视野，还很少看到关于"校园文化活动"的定义、内涵及意义、实现路径等的专门研究。笔者认为，校园文化活动应从广义和狭义两个方面去概括。广义的校园文化活动主要是指在当时的社会文化背景下，以校园所在地为主，充分调动学校的广大师生员工参与其中的活动，最终实现教育、学习、生活、管理等融为一体的良好局面。狭义的校园文化活动则主要指精神文化活动，是指以校园为主要空间、以校园精神文化为主要特征、以学生为主体、以教师为主导的一种群体文化活动。[①] 笔者正是基于狭义的校园文化活动展开系列探讨。笔者认为，对校园文化活动的具体认识要从以下几个方面展开。[②]

（一）校园文化活动主体

关于校园文化活动主体的范围，学术界存在分歧，有认为学生是主体的，有认为教师和学生是主体的。笔者认为，主体应该是由校园内的学生、教师、管理者和职工组成的集合体，他们在不同的工作领域以各自的方式为构建、展示校园文化而共同活动。其中，校园的领导者作为学校的法定代表人，他们的价值观、行为方式对高校校园文化的倾向有着极大影响；校园职工的思想、行为也会在一定程度上影响校园文化发展；作为校园文化主导者的教师，应该说对校园文化活动的方向、性质、水平、样式都起着直接引导或者制约的作用；学生是校园文化活动最大的主体，他们是正在发展过程中的群体，喜欢接受新生事物，又常常表现出波动起伏的思想行为。这些主体能动地构建与推动着校园文化，他们的素质构成对校园文化活动及其路径的选择起着直接的关键性作用，开展符合时代要求的校园文化活动，首先必须从提高校园文化主体的素质入手。

（二）校园文化活动环境

校园文化活动环境主要由物质文化环境、精神文化环境和人际关系环境三个方面构成。大学校园内外用于进行教学科研、生产生活等所有建筑、领地等统称为物质文化环境，这既是校园文化活动得以开展的场所，同时也是对外传播校园文化活动成果的窗口。精神文化环境，主要是指大学历史文化传统的积淀，这是校园文化主体们进行文化活动的积极性和创造性的重要源泉。人际关系环境是指校园文化主体教师、学生、管理人员及职工等彼此间相互交往、相互影响而构成的动态的场环境，校园的人际关系因为校园文化活动主体的多元性而显得错综复杂，而大学生作为最大的主体而成为校园人际关系的中心。

---

① 潘道兰：《建设校园文化，增强高校文化软实力》，《中国高等教育》2009 年第 5 期。
② 郭孝文、吴玲：《论大学校园文化的内涵、机制与特征》，《吉林教育科学》1992 年第 1 期。

（三）校园文化活动的手段与方法

手段与方法是成功开展校园文化活动的中介要素。其中手段更多地是指物质手段，主要是指开展校园文化活动必需的一些硬件等，不同程度、不同方式的校园文化活动往往采用不同的手段，而且这些手段也随着时代的发展不断地更新与完善。而方法虽然也常常被称为活动的手段，但不是指物化的手段，更重要的是强调主观精神的因素，主要是指开展校园文化活动时应遵循的方式、途径和程序的总和，即通常所强调的软件。事实上，校园文化活动是一种创造和反映的过程，手段与方法要紧密相连，既不能忽视物质手段的重要性，也离不开方法的参与和指挥，要合理运用，才能成功开展校园文化活动，从目前大学校园文化活动开展的实际情况来看，更应该强调活动过程中方法的运用。

（四）校园文化活动的途径

校园文化活动因为多主体性而决定了其开展途径的多样性，不同的校园文化活动主体分别以特有的方式通过行政管理、教育教学、生产科研、文化娱乐、对外文化交流、后勤服务等各种途径开展各具特色的校园文化活动，发挥自身特定的功能。其中，教育教学途径是最主要和最广泛的途径，因为教育教学是大学校园文化得以产生、发展并区别于其他亚文化的关键要素，在教育教学领域开展的文化活动也因此成为大学校园文化活动的核心，活动的主体也主要是教师和学生群体。

（五）校园文化活动的对象及其分类

在学生个体综合文化素质的形成中，强调的是德、智、体、美的均衡发展，那么校园文化活动的对象就可以围绕以下三个方面来开展。一是以培养学生政治道德、思想品质为主题的道德文化活动，它不仅是社会的需要，更为大学校园文化活动的开展指明了方向，它包括自我教育活动、养成教育活动等；二是以培养学生发展智力、掌握知识为主题的智力文化活动，它是人类文明进步的必然要求，它为开展大学校园文化活动奠定了基础，同时也是大学校园文化活动的中心，它包括教学活动、科研活动等；三是以培养学生个性和谐发展为主题的个性文化活动，个性的和谐发展是大学校园文化活动所追求的核心目标之一，它包括文娱活动、体育活动等。

基于对校园文化活动的对象理解，并考察教育部、共青团中央于2004年12月发布的《关于加强和改进高等学校校园文化建设的意见》，该意见重点强调"要大力建设体现社会主义特点、时代特征和学校特色的校园文化，广泛开展丰富多彩、积极向上的学术、科技、体育、艺术和娱乐活动，把德育、智育、体育和美育有机结合起来，寓教育于文化活动之中"。笔者认为，结合新时代下国家和政府对校园文化建设地位的充分肯定和重要指示，可以将校园文化活动分为以下几类：思想文化活动、科技文化活动、教学文化活动、艺术文化活动、体育文化活动。思想文化活动以培养学生的思想与道德品质为主旨；教学文化活动与科技文化活动培养学生的智力水平；体育文化活动和艺术文化活动培养学生的和谐发展，校园文化活动就是要以广泛的活动形式及内容来培养、教育学生，最终实现学生综合素质的全面发展。

（六）校园文化活动的特点

校园文化是社会大文化中的一种亚文化系统。校园文化活动作为学校开展的以体现校园文化为主旨的一系列活动，它不仅具有社会文化系统的共性，更具有自身特有的属性。其特点主要体现在以下几个方面。

1. 传承性与时代性

"校园文化是一个连续发展、逐渐积累的过程。"[①]任何一种校园文化，不论是校风、教风、学风还是学术传统、思维方式等，都不可能是一代人形成的，必然是几代人甚至数代人在自觉或不自觉中共同缔造的，并不断渗透到广大教师、学生、员工等各个校园文化活动主体的观念、言行、举止之中，而且表现在各个校园文化活动主体的教学、科研、读书、做事的情感和态度中，代代相传，相沿成习。

校园文化活动的开展始终与国家教委、团中央等有关部门的相关精神保持高度一致，校园文化活动的开展充分彰显了校园文化的时代特性和校园的整体活力，而广大学生的积极组织或参与正是希望通过校园文化活动，与社会接轨、与时代保持同步，不断地接受新思想，进而充实自己的大学生活。与此同时，校园文化主体的高层次性和教育功能的滞后性错位而体现的大学校园文化的超前性也成为其时代性的突出表现，因为青年学生作为校园文化活动最大的，也是最主要的主体，他们思想活跃、富有批判精神、勇于开拓，能走在时代的前列，起到很好的模范带头作用，从而

---

① 李建宇：《会泽人文，觉知真际——论大学校园文化建设》，转引自李平、陈世波主编《我心中的校园文化》，云南大学出版社 2007 年版，第 6 页。

开一代之新见。

2. 教育性与可塑性

教育性是任何一种文化都或多或少、或明或暗所具有的特性，与其他文化形态不同，校园文化的教育性主要在于其有极强的意识性和目的性，自产生校园文化那天起就担负起了教育校园主体的责任和义务，它的教育性主要体现为导向性、激励性、约束性、凝聚性。

教育者的价值观念、道德素养、精神风貌在很大程度上决定了校园文化活动的性质、水平、风格等。作为社会文化的一部分，校园文化的形成与发展固然离不开历史的、社会的、民族的文化因素的影响，但事实上，起关键性建设、支配作用的主要是学校的职能定位以及校园文化主体的各项活动。任何一所大学都需要从自身实际出发，明确学校定位，切实调动校园文化活动主体，尤其是学校管理者与教师的积极性，倡导、帮助学生树立积极进取的价值观念、生活理念、行为规范，进而不断优化校园文化活动。

3. 丰富性与互动性

这是由大学校园文化的多主体性和多样性决定的，校园文化活动弥补了第一课堂教学的片面性与局限性，不但有着丰富的、特色鲜明的形式与内容，而且校园文化活动的不同主体还能够就自己不同的文化理解及角色任务，选择参与自己喜爱的校园文化活动的方式与内容。而且有相当一部分学校在开展校园文化活动的时候，喜欢将校园文化活动与专业知识结合起来，并且还有一部分学校喜欢将校园文化活动与地域民族风俗结合起来，这就使校园文化活动更具有自身学校的特色，从而大大有利于促进学生以更可接受的方式，通过自主参与，获得真切的体验、产生心灵的震撼和感动，进而从政治思想、道德品质、知识审美、人格健康等诸多方面获得和谐发展。比如湖北民族学院一直沿袭的民族文化风采月、中医药文化节等，这些校园文化活动既秉承了学校传统、张扬了个性，又顺应了时代发展的要求，因而深受学生们的欢迎。

为了便于学生与教师之间、学生与学生之间、学生与社会之间的多重互动，校园文化活动常常通过团队活动形态而开展，在团队活动中，团队成员可以凭借互通知识、交流思想而产生心灵的碰撞、互相的促进；同时对于校园文化活动的最大主体而言，学生常常不仅是活动的最大执行者，在很大程度上也是活动的有效设计者，从而极大地激发了学生的能动性和创造性，容易让学生找到满足感和成就感。

4. 实践性与辐射性

注重社会实践、强调学以致用是开展校园文化活动的主旨。学生通过参与校园文化活动的亲身实践，不仅能体验生活与社会，得到诸如人际关系、生活环境、社会心理等方面的训练和适应；而且又可以理论联系实际，在活动中检验、巩固、深化自己所学的知识，更可以从中了解当下社会因产业结构的调整以及就业竞争的严峻形势而带来的对人才素质的需求与变化，不断地完善自己的知识结构和技能结构以适应当下社会的需求，较好地实现社会化的转变。

作为为社会培养专业人才的重要场所，高校的校园文化活动有较强的社会辐射性，一般可以分为内辐射和外辐射。内辐射性主要体现在校园文化活动对高校全体师生产生潜移默化的影响；外辐射性主要体现为高校在向社会培养、输出各类专业人才、文化载体以及文化产品的过程中，也同时将凝结其中的高校师生的校园文化精神和行为等一并传播到社会中，从而在很大程度上影响社会大众的价值观、生活观、行为观等。

综上所述，校园文化活动的传承性、时代性、教育性、可塑性、丰富性、互动性、实践性、辐射性等特征对于高校为社会培养、输送各类优秀人才有不可或缺的重要促进作用，因此，充分发挥校园文化活动的作用，努力开展好校园文化活动是增强现代高校竞争力的核心内容之一。

三 校园文化活动是土家族非物质文化遗产教育传承的主要路径

基于对校园文化活动的上述理解，可以认为，校园文化活动因其时尚、活跃、生动、丰富、直观等时代元素无疑成为广大师生乐于组织和参与的实践活动，它能够充分发扬第二课堂教学的优势，弥补学生在第一课堂学习的局限，使教学在寓教于乐、潜移默化中实现文化的有效传播。因而，土家族非物质文化遗产传承教育与校园文化活动相融合，既是时代需要也是有机契合，校园文化活动必将成为土家族非物质文化遗产教育传承的主要路径。

（一）校园文化活动中融入非物质文化遗产教育是高等教育发展的需要

1998 年 10 月 5—9 日，联合国教科文组织召开了世界高等教育会议，提出了 "21 世纪的高等教育：展望与行动" 世界宣言，旨在通过研究来发展、创造和传播知识，帮助社会文化、经济发展，促进和发展科技研究和社会科学与创造性艺术方面的研究，帮助学生在文化多元化和多样性的环境中理解、体现、保护、增强、促进和传播民族文化和地区文化，以及国际文化和历史文化。联合国教科文组织在其公布的《人类口头和非物质遗产代表作》实施指南中也要求"以适当的方式将人类口头和非物质遗产学习列入学校的正式课程"。

2002 年 10 月 2—23 日，中国高等院校首届非物质文化遗产教育教学研讨会在中央美术学院非物质文化遗产研究中心召开，此次会议由联合国教科文组织倡导，由教育部主办。来自全国各地大专院校代表、研究机构专家、文化遗产地政府代表、部分民间艺术家代表与联合国教科文组织官员，文化部、教育部、全国人大教育科学文化卫生委员会代表齐聚一堂，深入、广泛地探讨了非物质文化遗产与大学教育、学科建设等相关问题。此次会议主旨就是要解决如何把文化遗产教育引入高等教育教学体系中，培养非物质文化遗产专业人才，并输送到社会与民间发挥其人才作用；会议倡导全国所有高等院校，特别是文化遗产丰富的地方高等院校都应该积极地、紧迫地以民族文化整合心态来认知自己的文化资源，让教育成为文化资源可持续发展的重要桥梁，保持文化健康和有朝气地发展。此次会议意义深远，它不仅是中国的民族、民间文化遗产进入高校的宣传大会，更是中华人民共和国成立以来首次将民族、民间文化资源引入高校教育教学体系，付诸专业人才培养行动的誓师大会。此次会议关于《非物质文化遗产教育宣言》（以下简称《宣言》）的深入讨论与正式通过实施成为非物质文化遗产传承与保护进入中国高等教育体系的标志性事件，同时《宣言》中倡导面向中国非物质文化遗产的全方位教育传承的实现，不仅仅局限于高等教育，还包括中小学及幼儿教育都要被纳入进来，需要不同层次的受教育者参与其中。

非物质文化遗产教育进入高等教育教学体系的过程不仅是高等教育改革深化的重要课题，也是高校校园文化建设不断深化的过程。

（二）校园文化活动开展与非物质文化遗产传承可以形成良性的互动

1. 校园文化活动的开展与非物质文化遗产的传承都是精神文化的传扬

教育的本质是传递文化，学生就是在学校教育的文化传承中成长并完成社会化的。校园文化的最重要文化当属精神文化，几乎所有的国际著名大学在文化上都偏向于传统，国内的所有大学也在尽其所能地延伸自己在历史上的传统，并拓展其文化渊源。所有大学的校园文化都在有意识地将优秀的传统文化元素与现代文化相结合，校园文化持久弥新地传扬着优秀的人类文化，而广大学生也正是在这种校园文化的氛围中和对校园文化活动的参与中获得知识、增长见识。

非物质文化遗产是人类传承下来的精神文化，是人类智慧的结晶，也是人类在生产、生活中不断总结的优秀民族文化，对非物质文化遗产的传承就是对中华优秀精神文化的传扬。譬如中国民歌、绘画、舞蹈、戏曲等文化遗产都是源于长期以来劳动人民劳动之中或劳动之余的自我娱乐，保护这些民族文化遗产，不仅可以丰富人民文化生活，而且还可以保护民族文化的多样性、拓展民族文化形式的发展空间；譬如大量的非物质文化遗产蕴含丰富的民俗学、民族学、哲学、文学、艺术、物理学、医学、建筑学、织造术、制茶术等多种学科知识，学习和掌握这些知识与技能可以传承民族文化传统、提升民族人文素质；各民族的衣着打扮、饮食习惯、节日风俗各不相同，学习和了解这些文化遗产知识，参与和欣赏民间歌舞、民间游戏、民间竞技和杂艺等民俗活动，不仅可以增强体质、活跃生活，而且还有助于各民族之间的相互了解和交流，还可以增加生活情趣，提高审美能力，培育积极、健康、向上的人生观。活态的非物质文化遗产不仅存储着源远流长的中华优秀民族文化基因，也演绎着深沉厚重的中华优秀民族文化底蕴，开展非物质文化遗产传承教育可以发扬民族文化精髓、弘扬民族优秀精神，对于培育大学生的凝聚力、创造力、民族精神等方面具有重大的意义。

综上所述，无论是校园文化活动的开展还是非物质文化遗产的传承，它们都具有高度的融合性质，都是对优秀、传统的精神文化的传扬。

2. 校园文化活动的开展与非物质文化遗产的传承可以有机地契合

这是由校园文化活动的特点和非物质文化遗产的特质所决定的。在前文中，笔者先后阐述了非物质文化遗产的活态性、传承性、无形性等特点以及校园文化活动的时代性、丰富性、互动性、实践性等特点，虽然表述不尽相同，但其所蕴含的特质内涵可以使二者形成良性的互动运行。

对于非物质文化遗产传承的活态性而言，归根结底，其实就是人与人之间的文化传承。非物质文化遗产是通过一辈接一辈人不断传承的，非物质文化遗产传承的优劣在很大程度上取决于传承人的素质，特别是基于当前非物质文化遗产开发性保护背景下，非物质文化遗产传承人更应该具备较高的素质，不仅要掌握非物质文化遗产技艺技能，更要对非物质文化遗产加以传承和弘扬。非物质文化遗产融入校园文化活动中，学生可以通过组织和参与活动，更快地融入非物质文化遗产的学习和传承中，使非物质文化遗产教育传承变得容易实现；同时，将非物质文化遗产传承活动融入校园文化活动，单方面可以丰富学生的活动内容和活动形式，这对于提升学生的综合素质有着极大的帮助；再者，非物质文化遗产的活态性能够在校园文化活动中得到更好的发扬，学生利用自己所学的知识，结合非物质文化遗产的特点加以理解，从而确保非物质文化遗产传承的活态性更加富有成效。一句话，校园文化活动同样具备着非物质文化遗产传承的活态性，能够使非物质文化遗产传承"活"起来，二者之间有一个有机的契合点，可以形成一种良性互动的局面。

与此同时，谈到非物质文化遗产教育与校园文化活动的良性互动，笔者认为，二者实现良性互动的根本核心也在于一个"活"字。其实非物质文化遗产传承追求活态性，其根本在于追求动态的、精神的因素，追求人的价值与创作力，追求技术、技能的高超精湛与独创性，追求非物质文化遗产蕴含的传统文化智慧、思维方式、情感表达方式等，而这些价值因素正是校园文化活动建设与开展所需要的重要价值因素。非物质文化遗产是古老文化的积淀，校园文化活动建设是新时代人才培养的基地，非物质文化遗产为开展校园文化活动提供了厚实的传统文化基石和丰富的实践指导；校园文化活动可以多形式地挖掘、吸收非物质文化遗产精髓，不断地凝练优秀的传统文化，并进一步构建校园文化活动的价值体系，促进校园文化活动的民族性，达到传承非物质文化遗产之效果。由此可见，将二者结合起来不仅可以实现二者的融合互动，而且还可以拓展二者之间的默契，最终使彼此更好地发展。

3. 校园文化活动与非物质文化遗产教育有机契合的价值实现

如何把土家族非物质文化遗产教育有效地引入高校教育教学体系中，为恩施乃至整个武陵地区培养高素质的土家族非物质文化遗产传承人，是当前湖北民族学院在不断尝试、探索非物质文化遗产高效教育传承过程中的重点，而实现校园文化活动与非物质文化遗产教育的良性互动无疑对这一过程的实现具有重要的现实价值，校园文化活动势必会成为非物质文化遗产传承的核心路径。

第一，有利于增强校园文化活动的实效性。校园文化活动能否深入人心，活动的内涵和形式都很重要。随着人们思想观念的改变，学生对于知识的追求和精神的探求也在不断地发生着翻天覆地的变化。校园文化活动每年都在举办，能否将活动举办得更好，吸引更多学生策划及加入活动，这是学校应该重点考虑的问题。校园文化活动口碑的好坏，需要举办方与参加者共同努力，而成功的关键又在于活动的资源。毕竟"巧妇难为无米之炊"，如果没有优质的资源注入校园文化活动中，再好的策划也不会取得实效性进展，而非物质文化遗产是历史一脉相承的精神财富，无论是从资源的优质角度来讲，还是从校园文化活动的实效性来看，非物质文化遗产都是不可小视的重要财富。因此，非物质文化遗产与校园文化活动的良性互动使校园文化活动的过程和结果更具有实效性。

第二，有利于民族文化的传承与民族精神的弘扬。校园文化活动作为学生的第二课堂，一方面注重引导学生加强综合能力的培养，另一方面也注重校园文化活动本身的培养和塑造。校园文化活动与非物质文化遗产的融合与互动可以作为校园文化活动建设本身的主要素材，丰富了校园文化活动的内涵。更重要的是，将非物质文化遗产传承教育纳入高校校园文化活动建设中来，是对非物质文化遗产自身创新与发展的有力推动，在教育层面上使非物质文化遗产得到高效的传承。

民族精神是民族之魂。如何才能更好地弘扬民族精神，非物质文化遗产就是一个很好的素材。非物质文化遗产是一个民族积累下来的精神财富，校园文化活动与非物质文化遗产的互动可以将民族精神融入校园文化活动中，帮助学生从非物质文化遗产中去寻根，去寻找属于自己共同祖先所遗留下来的文化，一方面可以培养学生的民族精神，理解多元民族文化，培养爱国情怀，热爱国家的历史和文化；另一方面可以引导学生熟悉、掌握民族的发展历程，深入理解民族精神，对于学生更好地认识社会发展，以及树立自己的价值观和世界观均有很大的帮助。

第三，有利于提升大学生的历史使命感和社会责任感。中国历史上大量优秀的非物质文化遗产最终都成为纸上记忆，这是因为非物质文化遗产的形成与发展往往受限于历史、政治、经济等因素的影响，它们表现为一种特殊的、脆弱的文化形式，生存空间极易被挤压、破碎乃至消亡。考察我国现存的很多非物质文化遗产，它们之所以能不断延续下来，很大程度上都是因其作为一种生存手段或生活习惯而被传承保存，但随着现代经济的发展，它们的生存空间在不断地被挤压，它们的传统生存方式和生活习惯因受到现代化的浸染与冲击而承受着诸多严峻的挑战与传承的瓶颈，生存状况不容乐观，不是面临人亡艺绝、出现传承后继无人的窘境，就是表现为徒有形式而内容虚无的表象或空壳，这些先辈们创造的非物质文化遗产如果再不及时地予以抢救、保护与传承，这些民族的记忆将会永久地丧失，长此以往，势必会动摇我们中华民族文化之根。而非物质文化遗产教育与校园文化活动的有机融合，可以让学生通过活动感知我国非物质文化遗产目前的生存状况，充分认识到非物质文化遗产的消亡对中华民族未来发展的严重影响，进而激发学生的民族忧患意识，自觉地担负起保护、传承、创新我国非物质文化遗产的责任，以此增强学生对于我国民族文化的社会责任感、历史使命感，并自觉成为中华文化最强大的推动力量来传承与创新我国的非物质文化遗产。

第四，有利于加强大学生的道德品质和人文素养。作为中国历史和民族文化积淀的产物，我国的非物质文化遗产蕴含着源远流长的华夏文明，承载着绵长厚重的中国历史，大学生可以领略每一项非物质文化遗产所带来的无限遐思和心灵享受，如民间音乐、民间舞蹈能够使学生在悠远、曼妙的乐章中尽情地享受到东方的美韵与气质；民间文学能够让学生在神奇的传说与故事中体会到中华民族自强不息、惩恶扬善的爱恨情仇；民间美术能够让学生在一字沧桑和一抹意境中感受中华文化的魅力；民间戏曲能够让学生在唱念做打中感受中国传统戏剧的博大精深和回味无穷；民间民俗让学生在丰富多彩的民间生活样式中分享和感受着眼界的开阔；民间医药能够让学生真实地感受天人合一的和谐美妙；等等。非物质文化遗产融合着文学、艺术、历史、政治、哲学、道德、宗教等大量丰富的知识，将非物质文化遗产教育融入校园文化活动中，实现校园文化活动与非物质文化遗产传承的互动可以陶冶学生的情操、拓宽学生的视野、提升学生的文化理解与鉴赏能力、培育学生的人文素养；而且我国非物质文化遗产注重宣扬德性文化，诸如家国理念、乐观豁达、和谐包容、感恩诚信等积极向上的道德观与价值观都在非物质文化遗产的诸多文化形式中得到了充分的彰显，因此校园文化活动与非物质文化遗产的良性互动有利于提升大学生的道德品质和人文素养、塑造完美的人格和树立崇高的价值追求。

第五，有利于普及与深化非物质文化遗产教育。校园文化活动与非物质文化遗产教育的融合与互动，为非物质文化遗产传承的普及与深化奠定了基础，这是由校园文化活动的独特优势所决定的。首先是人才优势。校园文化活动所面临的主要对象是大学生群体，大学生本身就具备较高的文化基础，乐于掌握新文化、接受新事物，而且与其他社会成员相比较而言，大学生因为没有太大的工作压力和生活压力，能够有充裕的时间来参加校园文化活动，因此可以有效地传承非物质文化遗产。其次是文化优势。一项校园文化活动的举办必然会汇集具备科学文化知识、专业学习能力、动手实践能力等多方面能力的人力资源，高校是各种文化的聚集地，如果能凭借校园文化活动的独特魅力，吸引各个学科门类的学生参与融入非物质文化遗产内容的校园活动，无疑会对纳入校园文化活动的非物质文化遗产进行有效地学习、开发、研究、传承和保护，这样不仅可以锻炼大学生的实践能力、扩充学生的知识层面，更可以开展好非物质文化遗产教育的传承工作。再次是教育传承优势。校园文化活动通过不同院系、不同学科的整合，不仅可以让学生接受非物质文化遗产的教育，而且可以激发学生在保持非物质文化遗产本质内涵的前提下，不断地吸收、积累与创新，使非物质文化遗产在传承中不断增添新的文化因素。①

四　校园文化活动是培养土家族非物质文化遗产传承人的最好平台

从文化自觉的角度分析，只有使学生对非物质文化遗产有了充分的了解，对非物质文化遗产的价值和意义有了充分的认识，才能让学生真正做到对非物质文化遗产的自我觉醒、自我反省和自我创建，才能达到非物质文化遗产创新型人才培养的目的。文化自觉是一个长期的过程，在这个过程中应当充分发挥学生的作用，使非物质文化遗产融入学生的生活，使传承非物质文化遗产成为他们自觉的行动，而校园文化活动的开展，使非物质文化遗产传承人的培养更富于针对性和实效性。校园文化活动的开展为培养学生的文化自觉、增强学生的民族自信，为加深学生对非物质文化遗产的认识，为提升学生的非物质文化遗产专业水准，为学生更好地服务社会提供了最佳平台。

非物质文化遗产不仅仅是书本上的遗产，更是活生生的技艺。校园文

---

① 赵卫利、赵淑君、李荣素：《高校非物质文化遗产教育与大学生的培养》，《产业与科技论坛》2011 年第 8 期。

化活动作为学生的第二课堂，成为让学生感受非物质文化遗产的魅力并为之实践和传承的关键，丰富多彩的校园文化活动可以使传承非物质文化遗产成为学生自主的行动、成为他们的兴趣和志向，使"所学"变为"所爱"，从而使非物质文化遗产得到更好的延续。为此，笔者认为，无论是从培养传承人的角度去传承非物质文化遗产，还是从实践的角度去传承非物质文化遗产，校园文化活动都是非物质文化遗产教育传承的最好平台、是非物质文化遗产教育传承的重要阵地，校园文化活动的开展也将是湖北民族学院传承土家族非物质文化遗产的核心路径。

第四节　校园文化活动培养土家族非物质文化遗产传承人的路径探析

　　校园文化活动培养土家族非物质文化遗产传承人是一项需要不断探索、结合实际来开展的文化教育传承活动。遵循科学的培养原则、完善系统的培养机制以及探寻、制定有效的培养方案等，是校园文化活动在确立非物质文化遗产传承人的培养成效和建立系统的培养体系方面不可忽略的重要因素，在此基础上，还需进一步创新、优化校园文化活动的路径，努力培养土家族非物质文化遗产传承人，承担起恩施土家族非物质文化遗产传承的历史责任。

一　校园文化活动培养非物质文化遗产传承人应遵循的原则

（一）充分尊重学生本体地位

　　学生在教育传承中处于主体地位。只有充分尊重学生的主体地位，给予他们广阔的发展空间和平台，才能发挥他们的主动性、创造性和积极性，以开展有效的校园文化活动，并投入非物质文化遗产的传承中来；只有充分发挥学生的主体作用，让他们在筹备、组织、实施活动的过程中感受非物质文化遗产的魅力，体会到校园文化活动带给他们的快乐和进步，才能调动他们的积极性，为传承非物质文化遗产添砖加瓦。

　　尊重学生的主体地位也符合以人为本的科学发展观。校园文化活动的开展要立足于校园师生的全面发展，活动的开展要"满足学生自主学习、动手操作、特长展示、情感体验以及心灵沟通的需要。通过校园文化活动寓教于乐、寓学于乐、寓创于乐，促进学生思想道德素质、科学文化素质、健康身心素质协调发展"①。这与新时期下复合型非物质文化遗产传承人的培养要求不谋而合。

（二）坚持校园文化活动多样性原则

校园文化活动的多样性包括活动内容、活动形式、活动范围的多样性。尤其是民族地区高校民族学生多、文化资源极为丰富，要充分发挥民族高校的优势，挖掘多种多样的非物质文化遗产精髓，丰富校园文化活动的内容，为发挥学生的能动性提供广阔的舞台。多样化校园文化活动的开展将为学生搭建多种展示自我、提升自我的舞台，他们也将在活动中受到非物质文化遗产精髓潜移默化的影响，这对于他们从文化遗产中吸收并培养良好的价值观念、品德修养、审美情趣是非常有利的。此外，多样化校园文化活动和非物质文化遗产教育的融合也将推动非物质文化遗产自身吸收现代元素而得以创造性地传承。

（三）注重打造精品活动

校园文化活动的开展要符合当前社会文化、经济发展的总体要求，要符合新形势下国家、地区对大学生的需求，要突破传统的教育理念，创新教学方案，打造精品活动，为培养高素质的优秀人才而不懈努力。事实上，目前很多高校缺乏特色精品活动，校园文化活动的开展存在抄袭、相近、相似等千篇一律、遍地开花的现象，而且许多师生在活动中也未能体会活动的意义和价值，娱乐性强而文化底蕴匮乏。

校园文化活动应坚持实事求是的原则，要充分利用局部地区自然人文环境和区域文化的优势，打造具有自身独特魅力的精品校园文化活动，有效提升学生的人文素养和文化自觉，而且不仅仅局限于在校园内开展，还要重视精品校园文化活动的社会实践以及与国内、国际的交流合作，提升精品校园文化活动的影响力，拓展学生的视野，强化学生的归属感与自豪感。恩施地区土家族非物质文化遗产丰富多彩，湖北民族学院应当充分利用地方民族文化的优势，努力挖掘土家族非物质文化遗产精髓，将其融入校园文化活动之中，打造精品校园文化活动，以丰富学生生活、陶冶学生情操、提升学生文化品位，达到有效培养土家族非物质文化遗产传承人之

---

① 孙珠红、白宏亮：《浅谈新时期高校校园文化活动的开展》，《佳木斯大学社会科学学报》2013 年第 3 期。

目的。

二 校园文化活动培养非物质文化遗产传承人应完善的机制

（一）经费保障机制

合理的经费支持是决定校园文化活动能否顺利进行和成功的关键。高校要对纳入校园文化活动的非物质文化遗产项目从经费投入上、人员配备上、教学资源上予以重点支持。开展非物质文化遗产项目所需的费用包括建设或租赁相关的设施及场地费用，民间乐器、民间工艺制作原材料等购置费用，田野调查、民间艺人演示、现场摄像与录音、建立档案等具体工作费用，更重要的是，从事非物质文化遗产项目教学的师资队伍水平需要不断地加强与提高，高校要通过"送出去、请进来"的方式对相关的教师开展有计划的学习、培训与提高，造就一批集挖掘、保护、教学、传承于一体的专业教师；而且为了强化学生的感性认识、提升学生学习研究的兴趣，聘任一批国家级、省级非物质文化遗产传承人或民间艺术大师为客座教授，进行讲座、交流、授课等活动也是必不可少的，而这些教学资源的实现离不开大量的经费保障与支持。

（二）基地支持机制

活动场地、实验室、音响等基本设施的投入是校园文化活动得以顺利开展的夯实基础和重要条件，因而有必要建立校园文化活动基地并予以支持保障。湖北民族学院处于恩施地区腹地，从其所处的校园地理位置来看，恩施地区就是其传承土家族非物质文化遗产的基地。作为地方高校，湖北民族学院在传承土家族非物质文化遗产方面具有得天独厚的优势，学校可以充分利用校内外资源，一方面努力寻求当地有关部门的支持，提升湖北民族学院对于恩施土家族非物质文化遗产传承不可或缺的重要地位；另一方面还可以积极与校外合作，共同为土家族非物质文化遗产的教育传承工作贡献力量，以帮助推动恩施地区文化的发展。如此一来，湖北民族学院也就间接地做好了土家族非物质文化遗产基地建设，并将之很好地拓展至校外，借以提升整个恩施土家族非物质文化遗产的影响力，从而让更多的学生有机会接触、学习、传承土家族非物质文化遗产。

（三）创新激励机制

文化需要不断地创新与进步，校园文化活动也不例外。要保证校园文化活动的不断创新，就要充分调动举办者与参加者的积极性，因而创新激励机制的建立是必不可少的。学校可以对热衷非物质文化遗产教育传承的教师和学生进行一定的物质奖励和精神奖励，如授予"优秀指导老师"、"学生活动积极分子"等来激发他们参与的激情，鼓励他们在非物质文化遗产教育传承方面再接再厉。与此同时，对于取得非物质文化遗产教育传承与学习经验的教师与学生，学校还可以专门组织召开座谈会，从中分享经验与不足，为更好地开展非物质文化遗产教育传承工作打下坚实的基础。

（四）加强监控机制

从非物质文化遗产进校园以来，高校对于非物质文化遗产的教育传承仍处于摸索状态，加之高校对校园文化活动建设的随意性较大，对非物质文化遗产融入校园文化活动的探索更要假以时日，才可能取得较好效果。因此，对非物质文化遗产融入校园文化活动的建设进行一定程度的监控是很有必要的。加强对校园文化活动的监控，其实就是为了保证校园文化活动能高效、有序、扎实地开展下去，防止校园文化活动在开展的过程中漫无目的。监控校园文化活动，学校可以采取多种方式，比如建立专门的机构，将校园文化活动的评分纳入每年的奖励评比中去；比如在校园文化活动实施过程中，加强管理力度，对活动所需资金、活动应有效果进行监控与指导，以保证活动的有效实施。总之，要让校园文化活动得到扎实有效的开展，要让广大学生从校园文化活动中真正地感受到、认知到非物质文化遗产及其重要性。

三　探索优化土家族非物质文化遗产传承人培养的校园文化活动路径

（一）努力营造非物质文化遗产的校园文化氛围，培养学生的文化自觉意识

文化是一个民族凝聚力和创造力的不竭源泉，而高校则为文化的传承与创新提供了重要平台和主阵地，高校中的大学生是文化传承、传播、发展、创新的重要主体。对于大学生而言，传承与创新非物质文化遗产是责无旁贷的历史使命，而培养和树立高度的文化自觉意识和精神是大学生传承非物质文化遗产的首要保证。

湖北民族学院首先要坚持"立人达人、博学博爱"的办学理念，明确办学目标和特色，构建校园文化建设的外在环境。学校党委和行政要高度重视，成立工作组，专门负责校园文化建设的有关事宜。在具体落实上，一方面应从大处着眼，营造传承土家族非物质文化遗产的校园文化氛围。应当通过创新活动形式和内容，在学校的文化活动、节日庆典、汇报演出、各类比赛、学术交流等方面，融入土家族非物质文化遗产元素，使土家族非物质文化遗产贴近学生生活，努力使每一位学生都参与校园文化活动之中，通过活动的大众参与性、娱乐性，寓教于乐，营造土家族非物质文化遗产传承的氛围，培养学生对传承土家族非物质文化遗产的兴趣；与此同时，土家族非物质文化遗产所凝聚的民族品质和民族精神也将通过校园文化活动的形式在学生参与中对他们产生潜移默化的影响，增强学生对非物质文化遗产内涵的理解，从而提升学生的文化自觉意识和人文素养。另一方面，学校应从小处着手，注重将非物质文化遗产与校园生活紧密联系，让学生时刻体会和感受土家族非物质文化遗产的魅力，在潜移默化中培养学生的文化自觉意识，在校园内形成人人知"非遗"、人人爱"非遗"的风气。

其次，注重开展与非物质文化遗产传承相关的校园文化建设，着力培养大学生的非遗文化自觉精神。一是要引导大学生对非物质文化遗产进行深入而科学的理解。首先要引导学生树立正确的核心价值观，把握社会文化的主流意识。党的十八大提出了"三个倡导"的24字社会主义核心价值观，这不仅是马克思主义与社会主义现代化建设相结合的产物，也是与中华优秀传统文化和人类文明优秀成果相承接的产物，是当代中国努力建设中华民族共有精神家园、实现中国梦的价值观建设的基础工程。因而高校要对大学生积极培育和践行社会主义核心价值观，引导大学生科学地、自觉地理解并汲取、传承优秀的传统文化。二是要引导大学生以学习和创新先进文化为重点，培养一种文化自觉的习惯。实现现代化的历史使命是当代大学生义不容辞的时代责任，大学生必须构建先进的文化人格才能与建设先进的文化相适应。[①] 因此，大学生应该培养文化自觉，以开阔的视野和胸怀自觉地学习先进的文化，特别是祖国优秀的非物质文化遗产，让优秀的中华民族传统文化继续发扬光大。

再次，要以优秀民族传统文化教育为使命，将非物质文化遗产教育融入高校校园文化建设当中，就必须突出教育的主体性，引导大学生加强文化自觉，培养大学生自觉传承、不断创新的精神，增强民族自尊心和自信心。要提升校园文化活动对大学生文化自觉意识的熏陶。高质量、综合型

---

① 赵宗锋：《论当代大学生的文化人格构建》，《中国高教研究》2008年第3期。

的校园文化活动可以让学生亲身经历和体会非物质文化遗产的内涵，可以激发他们对非物质文化遗产的思考，从而引导他们坚守文化价值，树立正确的文化价值观念。同时在开展校园文化活动的过程中，各种优秀的非物质文化遗产得以发挥其现实意义，让大学生主动去抑制拜金主义、个人主义的不良社会思潮的影响。①

（二）开展好课堂教学文化活动，夯实校园文化活动的非物质文化遗产传承基础

课堂教学是指对学生进行的非物质文化遗产的理论教育，以普及非物质文化遗产知识、培育学生学习兴趣、注重思想性教育为主要立足点，是学生掌握非物质文化遗产知识的第一课堂，主要使学生充分了解和认识非物质文化遗产的发展历史与现状，不仅从中感受到非物质文化遗产的神奇魅力与博大精深，而且更使学生深刻感悟与自觉意识到他们对于非物质文化遗产兴衰的重要性，从而更好地承担起弘扬和传承非物质文化遗产的重任。因此，注重非物质文化遗产的课堂教学，加强学生对于非物质文化遗产的理性认识，是有效开展第二课堂教学——校园文化活动的前提和基础。

开展好非物质文化遗产课堂教学的前提，首先是要拥有一批高素质的教学师资队伍。学校可以通过聘请恩施地区乃至整个武陵地区的国家或省级非物质文化遗产传承人做兼职教师亲临教室面授，与本校教师组成独具特色的教学团队，向老师和学生现场传授非物质文化遗产。伴随着非物质文化遗产传承人加入教师队伍中，除组建非物质文化遗产传承教研室、非物质文化遗产项目及传承人技艺馆外，还可以把民族民间传统手工生产作坊如西兰卡普生产作坊筹建在校园内，作为他们的工作室，一方面可拓展真实的生产性实训教学环境，开展传统手工技艺实训教学；另一方面，还可以与学校教师有效地通过理论、实训相结合来探索非物质文化遗产教学研究，增强课堂教学的生动性与实效性，达到课堂教学弘扬、传承非物质文化遗产之目的。同时，应加强对学校教师的非物质文化遗产素质的培养。对于其他学科教师特别是人文类教师而言，尽管并非从事非物质文化遗产专业教学与研究，但也需要加强对本土非物质文化遗产的了解与认知，具备一定的非物质文化遗产知识素养，这样，就可以在其专业教学中

---

① 张琦：《在校园文化建设中培养大学生文化自觉》，《高校理论战线》2012 年第 3 期。

有意识地、适时地将与教学相关的非物质文化遗产内容、案例融入其中，引导学生对非物质文化遗产的喜爱，启发学生对非物质文化遗产的认同，领悟非物质文化遗产的灿烂与美丽，自觉敬畏非物质文化遗产，提高大学生的人文素养，进而推动非物质文化遗产的传承。此外，合理运用社会支持系统，如通过文化遗产教育师资人力资源中心聘请非物质文化遗产专家、学者授课，以提高非物质文化遗产课堂教学的质量。

其次，合理建设土家族非物质文化遗产课程体系，改善教育教学方法。土家族非物质文化遗产是一种优质的教育资源，学校要以拓展和扩大学生的土家族非物质文化遗产认知和受众为目的来加强土家族非物质文化遗产教育课程体系的研究与构建。学校可以通过穿插式课程教学和渗透式课程教学使非物质文化遗产教学深入学生内心，一是在学校目前开设的通识文化课、公共基础课、专业教育课等课程中穿插非物质文化遗产知识内容教学，但并不改变主流课程的基本结构、目的和明显特征；二是对学校开设的民俗学、社会学、人类学等必修课及民族文化选修校本课程的方方面面进行重新思考、定位、设计，将非物质文化遗产教育资源渗透其中，有意识地帮助学生熟悉、了解、认知非物质文化遗产知识。这种课程设计就要求学校、教师采用全新的教育方式与教学方法，做到课堂讲授与田野调查、实地观摩与现场实训紧密结合，如运用图片、录音、网络、影视等多媒体现代教学手段开展教育教学；如带领学生到农村、传承人居住地、文化遗产示范基地近距离观摩、接触非物质文化遗产；如开展丰富多彩的非物质文化遗产才艺交流和表演展示；等等。这样的课程设计与教育方法的搭建既有利于学生从内心里、从情感上强化对非物质文化遗产的认知与认同，同时也发挥了课程本身对地方文化发展的前瞻性的引导作用。

再次，编纂非物质文化遗产校本教材，把土家族非物质文化遗产案例引入教学中。作为湖北民族学院非物质文化遗产的教学教材，应当是在客观分析教学现状后作出的适应性选择，针对性的编写，把非物质文化遗产加以选择、整理、注入课程体系，教材内容要包括民族非物质文化遗产，更要编写恩施土家族本土的非物质文化遗产，教材的编写过程，也是对土家族非物质文化遗产整理的过程，为土家族非物质文化遗产保留完整的资料。在当今高考教育体制下，大学生在进入大学以前对非物质文化遗产的了解是有限的，但已具备了独立主动学习非物质文化遗产的能力，在教材的编写上应立足实际，注重非物质文化遗产基础教育的同时也要拔高要求，基础知识应该包括对各类非物质文化遗产特点、分类、保护与开发等内容，拔高部分主要应将一些实训课程编入教材、走进课堂，可以包含田野调查、论文撰写、非物质文化遗产技艺的学习、对非物质文化遗产利用计算机技术进行数字化制作等内容。编纂非物质文化遗产校本教材要以培养较高素质的非物质文化遗产传承人为目标，这一工作已迫在眉睫，需要民族高校勇于担当，湖北民族学院也责无旁贷。

最后，开展生动、活泼、有效的课堂教学。一要避免教育内容理论化，趋向通俗化和精彩化。在具体的课堂教学过程中，力求做到以通俗易懂的方式将丰富多彩的非物质文化遗产项目展示在学生面前，使学生由衷地喜欢这种文化。二要对非物质文化遗产的精神内核进行深层次的探究，力求做到文化教育与思想教育的融合。任何一项非物质文化遗产，之所以能传承至今，是因为其中所蕴含的丰富的文化内涵和独特的精神品质，而不仅仅因其是一部作品或一种技艺；可以凭借向学生解读单个文化遗产事象文化与精神内涵的契机对学生适时地融入思想教育，引发学生对民族传统文化的认同和共鸣，有益于提升德育教育的实效性。三要加强学生对非物质文化遗产的理性认识，鼓励学生传承创新。在本书第二章中，笔者对非物质文化遗产的历史价值、文化价值、经济价值、审美价值等做了充分的论述，但是在当今世界经济一体化、文化多元化等因素的冲击影响下，非物质文化遗产的生存形势日渐严峻、生存现状不容乐观，在这种现实下，非物质文化遗产教育显得更加重要，通过课堂教学一方面要引导学生将传承优秀文化遗产视为己任，增强其文化使命感和历史责任感；另一方面要启发学生文化创新意识，鼓励学生大胆开展文化创新，不断赋予非物质文化遗产新的时代元素，以保持非物质文化遗产的生机与活力。

总之，要开展好课堂教学，推动土家族非物质文化遗产教育传承的学科化、专业化、科研化、普及化，为第二课堂校园文化活动传承非物质文化遗产打下坚实的基础。

（三）优化校园文化活动载体，拓展非物质文化遗产校园文化活动空间

土家族非物质文化遗产的校园文化活动开展要在原有基础上，开发多样的校园文化活动载体。校园文化活动的载体是指开展校园文化活动所必须依赖所拥有的外部环境、场地场所、组织机构、设施器材等，譬如开展学术活动，需要通过论坛、讲座、博客、网络等载体来实现；开展社团活动，就要由学校成立的各种社团、沙龙来组织完成；开展娱乐活动，就要通过影视欣赏、艺术表演、文体活动及其场所来展示和体会。

很明显，如果不借助于有效的载体，非物质文化遗产的校园文化活动是很难顺利开展的，同时，有了载体，还要充分发挥载体的作用，使其不仅承载单个的校园文化活动，同时进一步弘扬我国非物质文化遗产。如建设相关网站，鼓励学生把自己参加相关非物质文化遗产学习和演练活动的过程发到网页上，利用互联网宣传非物质文化遗产。如经常举办高水平的非物质文化遗产学术专题讲座，这种高水平讲座强调的是讲座内容理论性与实践性的有机结合，既通俗易懂又不乏新颖趣味，使学生在聆听此类讲座时不断地开拓非物质文化遗产视野，进而培养学生认同、喜爱、学习、探究非物质文化遗产的素质，而并非强调讲座者的高学历或高职称。要充分认识和有效发挥不同社团对于非物质文化遗产校园文化活动不可或缺的地位和作用。如对理论学习型社团要积极扶持，对学术科技型社团要高度鼓励，对社会公益型社团要大力倡导，要不断提升这些社团活动的科技含量，不能仅仅满足于在活动期间有限的、可量化的服务效果，而且要将社团活动同学生的非物质文化遗产知识和实践相结合，引导学生在社团活动中发现问题、思考问题、解决问题。如正确引导兴趣爱好型社团，可以成立传授非物质文化遗产相关专业技能的社团，如以非物质文化遗产为素材创作艺术作品，开展艺术展览，聘请专业教师或非物质文化遗传承人通过授课的形式开展定期培训，可以培养学生热爱非物质文化遗产技艺技能；还可以成立非物质文化遗产艺术表演类学生社团，通过艺术表演这一载体不仅可以传播此类非物质文化遗产具体项目，而且也同时使表演艺术中凝聚的民族精神文化得以传承下去；还可以成立非物质文化遗产艺术团，定期开展校园非物质文化遗产节系列活动，通过各种途径鼓励学生参与非物质文化遗产的相关展示、演出、报告、技艺比赛、知识竞赛、辩论赛等，使学生直观地、动态地感受非物质文化遗产的无穷魅力，进而激发学生传承非物质文化遗产的自觉意识和热情。

进一步创建具有土家族非物质文化遗产特色的实践基地，拓展校园文化活动空间。作为社会实践活动重要载体的非遗社会实践基地为学生对于非物质文化遗产理论联系实际的学习与成长提供了固定场所、实践岗位和其他必要条件，而且有利于促进高校与地方的合作和发展、促进产学研相结合、促进学校与地方文化活动交流。湖北民族学院还要在原有的

12 个非物质文化遗产实践基地上进一步拓展，不仅要带领民族学专业的学生，还要带领有兴趣的其他专业学生开展广泛的非物质文化遗产实践活动。

（四）创新校园文化活动方案，培养土家族非物质文化遗产传承人

1. 将民风民俗、节庆礼仪融入思想文化活动中，培养学生的思想与道德素质

所谓风，是指人们因不同自然条件而形成的行为规范差异；所谓俗，是指人们因不同民族文化而形成的行为规则差异。因而，民风民俗其实就是指特定社会文化区域内的历代人们共同遵守的行为模式及规范，尊重民风民俗其实就是尊重与理解他人的具体体现。利用民风民俗等非物质文化遗产开展思想文化活动，可以本着传承文明、更新文化的要旨，一方面汲取优秀文化传统的养分，另一方面结合新的时代特点注入新的时代元素，使民风民俗不失民族特征又具有现实意义，在充实民风民俗的文化内涵中取得思想文化活动的良好效果。比如土家族牛王节、恩施社节、土家族民间历法、恩施土家女儿会、恩施坛傩等这些土家族重要的传统节日，其实都承载着土家族的传统文化，维系和推动着土家族的生存与发展，彰显着土家族人民的价值观念与价值诉求，是土家族长期以来生命力、创造力与凝聚力的集中体现，在这些特定的日子里以庆祝这些节日为契机开展一些思想文化活动，可以使学生对于土家族长期历史积淀的民族风情、节庆礼仪有充分的认识和感受，激发学生对本民族的热爱之情。

2. 将民间艺术融入艺术文化活动中，培养学生的人文素养

民间艺术包括民间音乐、民间舞蹈、民间戏曲等，这些非物质文化遗产以其丰富的地方特色、多样的表现形式展示着独特的艺术审美价值，渗透着中国传统文化多方面的内容，将它们融入学校的艺术文化活动中，不但有利于学生的非物质文化遗产知识水平、审美水平的提升，还有利于带动地方上的艺术发展与繁荣，达到有效保护、传承这些非物质文化遗产的效果。湖北民族学院多年来对土家族音乐、舞蹈不断发掘与创新，在此方面取得了长足的进步，成为学校校园文化活动的一大亮点，这一传统的校园文化活动平台，还要不断地创新形式、丰富内涵，使其更符合当代大学生特别是"90 后"大学生的时代特点，要更能反映当前的时代精神，要进一步提高学生的人文素养，促进非物质文化遗产永葆活力与生机。

3. 将民族传统体育融入体育文化活动中，培养学生的个性品质

体育作为一种独特的文化形式，最容易促进人与人之间的沟通和彼此认同，也最容易为人们所接受与喜爱，而民族传统体育因蕴含丰富的民族文化气息而更具特色与魅力，这些体育项目常常由一个民族或几个民族在特定的历史阶段、特定的民族文化背景下开发与创造，并随着历史的发展逐步成熟、传播开来，具有不同民族的民族气质和民族风格，是民族强盛的重要标志，是中华文明的传承载体。将民族传统体育融入日常的体育文化活动中，可以使学生在开展民族传统体育活动的过程中，不仅身体获得健康与娱乐，更可以充分感受和体会其中的文化内涵，提升自身的道德、思想、精神及意志等个性品质，传承民族的进步与发展。恩施土家族有丰富多样的民族传统体育、游艺、竞技活动，如蹴球、陀螺、摆手舞、棉花球、珍珠球、傩戏、高脚竞足、肉连响等，湖北民族学院不仅要将蹴球、陀螺、棉花球等传统体育纳入体育专业教育教学中，更要将一批普及性较强、学生易于接受的民族传统体育项目如摆手舞、高脚竞足等融入丰富的校园体育文化活动中，打造一批校园体育文化活动精品。

4. 将非物质文化遗产社会实践融入科技文化活动中，培养学生的创新精神

社会实践是培育学生非物质文化遗产传承意识和行为的重要方式，通过社会实践，学生可以近距离地、直接地了解、观摩、体会非物质文化遗产的现状、技艺及精神内涵，进而消除偏见与误解，唤起对非物质文化遗产的文化自觉意识，自觉地去了解、学习、研究、保护、传承非物质文化遗产。社会实践活动应是校园文化活动中开展非物质文化遗产教育最为重要的一环，也是培养非物质文化遗产传承人的最有效方式，因此，要努力激发学生的社会实践热情，不断探索非物质文化遗产教育融入社会实践的教育路径，培养学生对于传承非物质文化遗产的自觉意识和行为。

第一，引导学生走近非物质文化遗产。学校可以通过"请进来"、"走出去"的方式，引导学生近距离地、面对面地与非物质文化遗产展开对话。一方面，学校可以邀请非物质文化遗产传承人进校园，通过讲座、表演、传授等形式向学生展示非物质文化遗产，让学生对非物质文化遗产有"在场"的直接了解，如土家族摆手舞、土家族织锦技艺进校园等，让学生直面非物质文化遗产带来的愉悦和启迪。可以建立大学生非物质文化遗产兴趣小组，引导学生开展学、演、练、研一系列训练

活动，全程参与音乐、舞蹈、美术、体育、民俗等非物质文化遗产节目的编排、制作、演练，既做导演又做演员更是观众，提升学生对于非物质文化遗产项目的成就感。同时，传承人的亲手调教，可以让学生亲自参与非物质文化遗产的延续，有利于提高学生的实践能力，提升学生的专业素质；在活动中加强学生保护非物质文化遗产的意识，延续民族精神，在加强非物质文化遗产大众普及的同时，配合专业教育培养专业人才，为非物质文化遗产的持久传承积蓄力量。另一方面，学校可以组织学生走出去，走到民间、走到工厂、走到传承人身边，去分享非物质文化遗产带来的赏心悦目与震撼，体会现存非物质文化遗产艰难的生存窘况，感悟传承人对非物质文化遗产的执着诉求，培养与加强学生传承非物质文化遗产的责任感和使命感。

第二，引导学生走进非物质文化遗产。学生作为文化传播的重要力量，不只是当观众欣赏非物质文化遗产，更应该作为参与者弘扬与传承非物质文化遗产，要引导学生走进非物质文化遗产，培养学生的文化自觉。如支持与鼓励书法绘画协会、民俗社、手工艺社等非物质文化社团策划、实施一系列有意义的非遗文化活动，吸引对非物质文化遗产感兴趣的学生来感受非物质文化遗产，同时增强社团学生的实践和创新能力；如在学校举行的以弘扬非物质文化遗产为主题的各种活动中，鼓励学生大胆地改编、表演、制作相关的民间歌谣、曲艺、工艺等；如引导学生在自己的家乡进行非物质文化遗产的社会调查，获得第一手非物质文化遗产信息，并通过撰写调查报告或制作影像、图片、视频资料等形式来展示家乡的非物质文化遗产；等等。总之，通过各种实践活动使学生走进非物质文化遗产、走进民间生活，近距离接触非物质文化遗产传承人，充分感受非物质文化遗产的精彩魅力，增强非物质文化遗产的传承意识，培养传承非物质文化遗产的实践能力与创新能力。

第三，引导学生开展非物质文化遗产调研和创新性研究。教师应引导、组织广大学生到民间采风，积极调研，参与非物质文化遗产项目研究。非物质文化遗产有着潜在的巨大精神价值，这种潜在的精神价值主要源于人民的生活创作，因此具有强大的生命力和凝聚力。只有通过社会实践，才能真正将非物质文化遗产的内涵植入学生的内心。社会实践可以拓展学生的视野，有益于非物质文化遗产与现代文明的有机融合，有益于学生不断丰富和创造性地传承非物质文化遗产的内涵。湖北民族学院应当利用恩施地区丰富的非物质文化遗产资源，有计划、有目的地开展大学生非物质文化遗产调研和创新性实验研究。在恩施地区，在广大的学生特别是在土家族大学生身边，有许多丰富、活态的非物质文化遗产资源，如春节、中秋节、端午节、其他各种节日、婚俗、葬俗、祭祀中出现的民俗仪式，如摸秋、女儿会、哭嫁、撒叶儿嗬、摆手舞、毕兹卡等，对它们的研究有的已经取得了一些成绩，有的形势还不容乐观，还有待文化工作者进一步研究探讨传承方案。湖北民族学院可以组织学生进行文化采风，进行实地田野调查，采用录像、摄影、口述、笔录等现代影像技术记录非物质文化遗产实况，在此基础上进行课题的申报、论文的撰写、传承方案的规划等深入研究，为地方政府制定非物质文化遗产传承的科学规划提供借鉴。通过这种社会实践，一方面培养了学生思考问题、分析问题及解决问题的能力，为他们将来担负传承非物质文化遗产工作重任打下了基础；另一方面在实践活动的过程中，非物质文化遗产也得到了有效的传承。

（五）加强以校园文化活动为中心的土家族非物质文化遗产传承理论研究

许多地方高校特别是民族地区高校，立足于民族地区的实际，对非物质文化遗产传承进行深入的理论研究，取得了丰硕的成果，这为当地保护和传承非物质文化遗产提供了强有力的理论支撑，湖北民族学院也不例外。湖北民族学院成立的湖北省高校人文社科重点研究基地从很大程度上弥补了土家族非物质文化遗产传承研究方面的不足，提供了土家族非物质文化遗产传承保护的高水平高层次研究平台。虽然目前的土家族非物质文化遗产传承理论研究呈现出一片良好态势，但在开展非物质文化遗产传承的理论研究过程中，仍存在着忽略理论研究的可行性和完整性、单方面注重理论研究的现象；还存在着对非物质文化遗产活态传承的重要性认识不足，而缺乏基于传承人主体的相关研究；而且相对实践工作而言，很多理论性的研究与非物质文化遗产传承工作的具体开展还有一定的差距。为此，湖北民族学院应该在不断完善理论研究的同时，充分估计形势发展，确保理论研究与时代发展同步、与恩施地区的实际需求相接轨；应该注重多领域多学科的渗透合作，深入探索土家族非物质文化遗产传承的路径和方法，运用交叉学科的思维来探索非物质文化遗产传承模式，促进非物质文化遗产传承研究的发展；应该特别注重对非物质文化遗产传承人培养的新方法、新路径的研究，充分重视校园文化活动对于非物质文化遗产传承和传承人培养的重要作用，开展针对性的研究，为土家族非物质文化遗产传承和传承人培养提出切实可行的理论、方法和路径指导。

第六章　恩施土家族非物质文化遗产传承人纪实

第一节　恩施土家族非物质文化遗产传承人纪实

一　吴修富、刘守红：用形体演绎肉连响艺术的土家人

谈及"肉连响"，它作为利川市土生土长的、以独特的肢体表演为主要形式的少数民族地方舞蹈品种，主要流行于该市的都亭、柏杨、汪营一带，舞蹈主要以手掌击额、肩、脸、臂、肘、腰、腿等部位发出有节奏的响声而得名。"肉连响"又称"肉莲湘"，动作与民间传统舞蹈打莲湘相近。因舞蹈以其肉体碰击发出响声为其突出特色，乡民习惯性的称之为"肉连响"。"肉连响"舞蹈动作诙谐、明快，深受群众欢迎，但是因其表演难度大，动作要求高而使不少习艺者望而却步。它现与优秀民歌《龙船调》、民间曲艺《利川小曲》一起被誉为利川民族文化的"三绝"。

传闻"肉连响"曾在利川一度消失，是一位名叫吴修富的理发师傅，让它起死回生，并将它发挥得淋漓尽致，走出大山、走进央视、走向世界。为了把这个问题调查清楚，笔者经过一番探求，得知"肉连响"这一文化的传承人吴修富老人仍然健在，他还有一个得意门生刘守红，正是因为他们的出现，关于之前"肉连响"的种种猜测也就变得明晰了。在采访之前早就得知"肉连响"师徒不简单，我们带着一份好奇心与忐忑不安一起踏入了吴修富老先生的居住地。老先生给我的第一印象是精神抖擞，似乎不像是80多岁的高龄老人。吴老先生介绍说："肉连响多为男子表演，表演场地不限大小均可，由于动作和声响关系密切，表演时只穿背心、短裤甚至是赤膊上阵，既不需要道具，也不需要更多服装，它的主要动作有秧歌步、穿掌吸腿跳、颤步绕头转身、双打等十几种。肉连响无

唱腔、无伴奏，口读简谱短而有特点，艺人可根据演唱的需要，加上舌头弹动的声响伴奏，增添舞蹈的欢乐气氛。"

据吴修富老人介绍，他一生喜爱文艺和体育，年轻时就对"肉连响"颇感兴趣，从十几岁当理发师傅的时候，便悉心模仿和学习"肉连响"的动作，并揉进秧歌舞、耍耍、跳丧舞、竹莲湘等民间舞蹈的动作，通过拍击额、肩、臂、肘、肋、胯、腿、脚等部位，再配上民间"莲花落"的曲调，使"肉连响"的舞姿更加优美和充满情趣。"肉连响"本身没有唱腔和伴奏，吴修富老先生将"莲花落"引入"肉连响"当中，使肉连响有了口腔和舌音的伴奏。后来，他又加入了"手铃"、"脚铃"、"环铃"以及"指尖弹动"等声音。他还把利川小曲、灯歌等民间曲艺的唱腔引入"肉连响"，唱词则根据演出现场的实际情况，见什么唱什么，从而丰富了"肉连响"的表演内容，增加了舞蹈的欢乐气氛。

吴修富表演肉连响转体对打场面（谭优华摄）

"肉连响"经过吴修富多年的精心打磨，已经渐渐成为一门独具少数民族特色的民间艺术，这也成为吴修富本人的独门绝活。后来，他萌生出了将这门艺术推介出去的想法。碰巧的是1986年首届湖北省民族运动会在恩施举行，吴修富看到会上表演了一些很有民族特色的项目。于是，他决定找到组委会的人，请求表演"肉连响"。结果，他的表演取得了意想不到的效果，整个体育场都为之沸腾了。在整场表演中，吴修富编排出了一整套完整而又独到的动作：拧腰、圆转、颤摆、扭身、顺拐、秧歌步、穿掌吸腿跳、颤步绕头转身，拍打分双打、十响、七响、三响，等等，舞蹈起来柔中带刚，节奏明快，风韵独特。

如今只要一提及肉连响，人们就会想到吴修富的徒弟刘守红，这位肉连响绝活的年轻一辈。也就是在我们畅谈期间，刘守红带着一个可爱的小女孩出现了。在之后断断续续的谈话中，我们了解了他们师徒和与他们一起成长的"肉连响"岁月。为了使"肉连响"这一民间艺术发扬光大，吴老先生在利川市文武学校看中了一位叫刘守红的小伙子。小伙子曾在嵩山少林寺拜师学艺，并且还获得过国家级武术教练证书，自身具有很好的身体基础。而刘守红本人则是恩施市罗针田人，怀揣着国家级武术教练证书回到家乡后，他所做的第一件事居然也是到利川拜肉连响传人吴修富为师。自从拜师后，刘守红便用心学艺，认真揣摩吴老的思想，领会肉连响动作的精髓，无论动作大小细微，他都力求将其做到尽善尽美。当"肉连响"成功申报为国家级非物质文化遗产后，刘守红在利川城区组建起"利川市肉连响民族文化传艺馆"，传授肉连响、板凳龙等民间绝技。此外，他还经常应邀到学校和单位传授技艺。

在谈话过程中，吴修富老人还翻箱倒柜地给我们展示他历经"峥嵘岁月"后所获得的证书，几摞厚厚的证书往桌上一摆，隐隐可以看出吴老先生的丰富阅历。近十年来，吴修富师徒曾多次到贵州、云南、山东、新疆等地参加演出。2007年12月，由湖北省选送的"肉连响"舞蹈，在全国民运会开幕式上表演并获了金奖。好莱坞导演克里斯蒂·里比在利川看过吴修富的"肉连响"后，竖起大拇指连声称好。这些年来，向吴修富学跳"肉连响"的国内外爱好者不计其数，他传教了好几百人。最有影响力的是2005年他在中央电视台当着全国亿万观众，教著名节目主持人崔永元跳"肉连响"。

如今的吴老先生功成身退，他会在闲暇时期散散步、玩玩鸟，也会在篮球场上出现，给喜爱篮球运动的孩子们指点迷津。年轻帅气的刘守红也会在幼儿工作之余，教孩子们训练肉连响的基本动作。吴老先生说："随着越来越多的人开始学习肉连响，我的梦想就是希望肉连响的传承工作会在利川、恩施，甚至在全国各地闪闪发光，屹立于我们神州大地，名扬世界。"

二　蒋品三、蒋西城、卢碧川、田玉先、邓玉书、邓泽清：不会凋零的傩戏之花

傩戏又称傩愿戏，起源于明朝洪武年间，距今约有 600 年的历史，在恩施州的八个县市中，恩施市、鹤峰县等地的傩戏因为地域的不同，故而又表现出不同的艺术形式，但总的来说，它是由原始宗教文化与戏剧文化相结合的一种独特的民间艺术。傩戏还被誉为"中国戏剧的活化石"。

素有"中国民间艺术之乡"称号的三岔乡便是我们小分队的首要目的地，而我们要调查的非遗传承人则是当地家喻户晓的第 28 代傩戏传承人田玉先。田玉先，1958 年开始参加文艺演出，1989 年正式拜师恩施三岔乡傩戏第 27 代传承人谭学朝学习傩戏 5 年，1995 年出师。在那个年代，学习傩戏的人寥寥无几，而学习得最完善、最完整的人更是少之又少，要完整传承傩戏文化是非常困难的。田玉先经过 5 年的勤奋学习，成功地将三岔傩戏文化传承了下来，能演三岔傩戏的全部剧目，且其表演的傩戏《祭猪》曾接受中央电视台的录制并在十一频道播出，他还成立了"三岔乡傩戏表演队"，拥有队员和弟子 100 多人，常常带队外出表演。虽然田老对傩戏的传承及前途有一定的担忧，但是老人家告诉我们，他不会使傩戏轻易失传的，他要培训更多的弟子，使恩施傩戏传承下去。

从恩施驱车，天灰蒙蒙的，当我们一路泥泞到达红土乡蒋品三家的时候，被蒋老满脸的沧桑震撼了，此时蒋老的儿子蒋西城匆匆从农田里回来，虽已年过花甲，但中气十足，这就是我们要见的傩坛父子兵。

父亲蒋品三 13 岁时开始学傩戏，18 岁成名，是生旦净丑全能型傩戏传承人。儿子蒋西城 17 岁开始学傩戏，现在已是漆树坪村第八代傩戏掌坛师。两人既是父子，又是师徒。儿子蒋西成为我们将傩戏娓娓道来。蒋氏父子所在的恩施红土乡漆树坪傩戏班子及大河沟傩戏班子的艺术形式主要来源于道教和巫教文化，曾经是迎神赛会、驱逐疫鬼的一种仪式。在 300 年前，傩戏由湖南澧阳人氏曹仁山从湖南湘西经鹤峰传至红土石窟，现已传至第八代，红土石窟傩戏的唱词使用的是本地土家方言，易于理解，唱词俏皮生动、滑稽可笑，具有浓厚的地方特色。其实，傩戏这种古老的艺术形式曾经一度在部分地区流行，由于受到现代文化的冲击，傩戏随之被渐渐埋没了，但是在红土这样相对闭塞、传统文化气息浓厚的山区，傩戏却得到了相对较好的传承和保护。

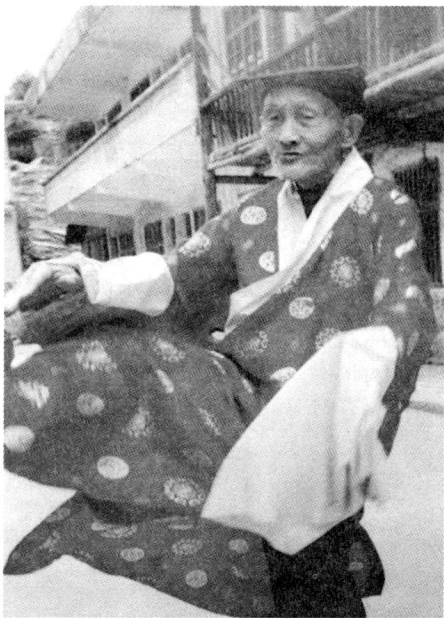

蒋品三风云傩坛八十载（文绍敏摄）

在传承傩戏的过程中，蒋品三老人付出了毕生的心血。其间可谓充满了波折和艰辛，在傩戏屡次命途多舛的时候，蒋品三依然坚持着自己对傩戏的热爱，硬是把这份文化传承了下来。中华人民共和国成立初期由于政治原因，傩戏曾被迫中断 8 年。直到 1957 年，全国文艺百花齐放的时候方才开始活跃起来。当时蒋品三充满激情，在傩戏班子人员老弱居多、器材残缺不全的情况下主动挑起组织恢复和传承傩戏的重担，成为当地傩戏的掌坛师，共招收了 12 名徒弟，通过口传心授的方式把各种唱腔、唱词、剧本等都传承了下来，并在周边的县市频繁演出。也在同年，蒋品三和其他五位傩戏传承人日夜兼程从石窑步行至武汉参加全省的民间文艺演出，他们表演的《姜女下池》荣获二等奖。儿子蒋西城、弟子魏青国 1958 年带队参加恩施专区举办的大型文艺演出，将傩戏再次搬上大舞台，使傩戏与更多的观众见面，也使傩戏向外面世界又迈进了一步。可好景不长，"四清"运动及"文化大革命"期间，红土傩戏曾被打入冷宫，直到 1981 年，傩戏又得到承认。改革开放才让傩戏慢慢苏醒，蒋品三再次挑担，在红土石灰窑境内组建了漆树坪村傩戏班子。在那些日子里，蒋老还有一大家人靠他养活，生活的压力更催生了他对精神的追求，他不仅仅在傩戏上取得了可喜的成绩，还精通民间莲湘、薅草锣鼓、舞狮、板凳龙、花锣鼓、穿号子、五句子山歌等其他各种文艺，各类土家族民间传统风俗礼仪如陪十弟兄、陪十姊妹等婚丧嫁娶的内容烂熟于心。如今垂暮之年，90 岁的蒋老不再风采依旧，但是他为傩戏所做的贡献是磨灭不掉的。他把掌坛师度职给儿子蒋西城和弟子魏青国，儿子蒋西城也是生旦净丑全能型的传承人。（在本书形成之际，得知蒋品三已经谢逝。）

蒋西城作为第八代掌坛师，对于傩戏班子内部的管理和今后傩戏的发展着有自己的见解和想法。他自掌坛以来，每年出演傩戏的次数比以往更多，涉足的地方更广。为培养更多的传承人，他不仅自己收徒，通过板书授课，还让父亲以口耳相传的形式继续授艺。蒋西城说："要学好傩戏，首先必须要有爱好傩戏的这份儿心。其次还要看形象，傩戏演出的时候都是按形象派角儿的。不仅如此，班子内部还有'潜规则'，如果有演出，掌坛三次通知未到，就代表被班子开除了，以后就没机会再出演傩戏了。"可见，入班动机要纯，入班之后，信念要坚定，要守规矩，否则开除坛籍。简单的制度，看得出傩戏至高的要求，一板一眼，打不得半点幌子。蒋西城在以往整理的傩戏唱词本上，做了一些改动，把其中粗俗不雅的词汇删除，使唱词更加文明。蒋西城说傩戏要与时俱进才有更强的生命力，但也不能改变它原汁原味儿的东西。蒋西城认为傩戏的传承不仅需要他们，更多的是需要文化部门加强宣传，需要社会的关注。有社会的认可，傩戏才有存在的价值；有观众的欣赏，傩戏才能有发展的空间。

在红土乡大河沟村还有一对傩坛父子兵，那就是邓玉书和邓泽清父子。70 岁的邓玉书听说我们到来的消息，一路焦急地赶到儿子邓泽清家中与我们会合。

邓玉书告诉我们，他能走到今天大河沟村傩戏掌坛人的位置，与红土乡大河沟村源远流长的传统文化、古朴优美的自然风光、浓郁淳朴的民风民俗有很大的关系。生在大河沟、长在大河沟的邓玉书是与红土傩戏一起成长的，自 1957 年开始师从父亲邓超祥学习傩戏后，他先后在大河沟村傩戏班任队长、组长多年。在傩戏队伍中，既有 86 岁高龄的老艺人，也有 60 来岁的"掌坛"，还有 30 岁左右的学徒。自己也是在 1982 年之后才开始招收学徒的，儿子邓泽清则是在耳濡目染中学有所成。自 1958 年以来，红土傩戏团曾多次出席省、州、市民间文艺会演并获奖。2007 年伊始，恩施市政府将此作为非物质文化遗产申报为国家级保护项目，同年5月，红土乡被省文化厅命名为"湖北省民间文化艺术之乡（傩戏）"。

邓泽清则是在父亲邓玉书的影响和教育下，与红土傩戏结下了不解之缘。刚从田间劳作回来的邓泽清，一脸的淳朴，隐约可以看到岁月的磨砺赋予他继承父亲大河沟村傩戏掌坛人的资质。他略带忧虑的表情告诉我们，虽然恩施傩戏现已被公布为国家第二批非物质文化遗产保护名录，红土乡漆树坪、大河沟两处活跃着的傩戏队伍也不再仅仅属于哪一个村庄、哪一个乡镇，而且这几年红土傩戏的演出很火，以前是走村串乡，现在是走县串乡了；但是，随着社会经济的发展和现代文化的冲击，古老的傩戏只能是勉强生存、活跃在乡土村民之中。

邓泽清介绍，父亲邓玉书的身体随着时光的流逝也开始走下坡路了，2006年还曾到恩施就医治疗。而他本人因为奔波于繁重的农业劳动和不定期走县串乡的出演，也觉得力不从心。政府在傩戏的传承中起到了倡导和引导作用，但资金投入不到位。为此他不可能把傩戏当成一种事业，而置一家老小的生计不顾。自己爱好傩戏，与其说是为了把傩戏发扬光大，倒不如说是为了孝顺才继承父亲的傩戏事业，种种无奈不言而喻。

汽车在蜿蜒的山路上急速前进着，两个小时后我们到达了鹤峰县燕子乡，准备调查采访鹤峰县傩戏的传承人代表卢碧川。到达目的地简单地安顿后，我们便找到了当地文化站的罗主任，下午在罗主任的带领下，我们向卢碧川家行进。

来到卢碧川家时，映入眼帘的便是醒目的傩坛和各种各样的道具，卢碧川热情地接待了我们。他向我们介绍，在鹤峰地区，傩戏被称为傩愿戏。一台完整的傩愿戏有"许愿、显愿、还愿"几个部分，表现出人对至高无上的神灵的尊敬。傩愿戏作为一种文化在鹤峰县这块贫瘠的土地上，以其自身的特殊性和浓厚的宗教色彩而生存、繁衍和发展着。而卢碧川本人作为土生土长的鹤峰人，41岁时拜在傩戏大师黄茂庭（已逝世）门下学习傩戏，之后常和黄大师一起参加演出。他能表演全部角色，尤其擅长扮演老生、小生、丑角，且角稍差。2005年，卢碧川与其他师傅一起为来鹤峰调研的中、日、韩三国傩戏学者、专家倾情献艺。卢老认为，要很好地传承傩戏需要全社会的广泛关注与支持，需要政府的重视及更多的资金投入，更重要的是要有年轻人学习，学习傩愿戏不可能一蹴而就，只有慢慢领会其精髓，在重复的表演中去传承发扬傩戏文化。

时代在不断发展，傩戏也需要不断得到改进，随着人们的迷信思想不断被摒除，傩戏本身的性质也在悄然发生着变化。透过傩戏我们窥见的是土家人长期积淀的文化意识、心理特征、民族宗教和民族风俗等的演变历程，从文化的角度上来看，傩戏仍然具有其存在的重要意义，我们希望看到，有年青一辈传承人的共同努力，恩施地区的傩戏不会出现凋零的局面。

三 李忠和、余定喜：薅草锣鼓传承下诞生的双子星

在恩施这片神奇的土地上，自古以来就蕴含着丰富的文化。恩施地区是典型的喀斯特地貌，它没有平原地区的宽广无垠，也没有盆地的凹陷纵深，居住在这里的人们大多是依靠耕作来维持生计的，长此以往的耕作生活使人们在田间的作息中创造出一种田间文化，即"薅草锣鼓"文化。

绵绵薅草情，悠悠锣鼓音。当地人对薅草锣鼓持有一份特殊的感情。薅草锣鼓又被恩施土家人称为"山锣鼓"，它由薅草劳动形式和田歌艺术形式两部分组成，是土家族的一种伴随劳动生产与音乐相结合的民间艺术形式。在结群薅草、挖土、栽秧时，一般会有两位歌师傅领唱或对唱山歌，其中一人按节奏击鼓，另一人则应点敲锣，锣鼓间歇，歌声即起，轮流对唱，整日不歇。历史上，土家族地区山大人稀，单家独户劳动力不足，再加上野兽出没，偷食庄稼，伤害人畜，在这种特定的自然条件和劳动环境中，土家族人团结互助、结伴成群、协作生产，并配以锣鼓敲击，这样一来，既可作为劳作的信息，又可以起到惊吓野兽的作用，久而久之，在当地就形成了风格独具的薅草锣鼓。薅草锣鼓具有相对固定的结构格式，它一般由"歌头"（俗称"引子"）、"请神"、"扬歌"、"送神"几部分组成，有着请神求愿、组织生产、鼓舞生产、调节情绪等功能，是土家族人的劳动进行曲。薅草锣鼓集山歌、民歌和地方戏曲为一体，音域宽广、浑厚、高亢，加上巨大的锣鼓声，震撼山谷，气势磅礴。1982 年 3 月，宣恩薅草锣鼓被列入第一批省级非物质文化遗产保护名录。2008 年 6 月"宣恩土家族薅草锣鼓"被国务院批准列入第一批国家级非物质文化遗产扩展项目名录。

提及"宣恩县土家族薅草锣鼓歌"时，我们由衷地想到省级土家族薅草锣鼓文化传承人李忠和。李忠和是宣恩椿木营乡的一名普通教师，40

多年来，他利用双休日、寒暑假走村串户，到田间地头收集 1000 多首民间歌谣，整理了以民间穿号子、小调演唱方式为主的 98 个曲目、31 个唱腔，而且全都谱了曲；如花锣鼓、唢呐、耍耍、混声连响、灯戏、建筑赞词等。目前，李忠和已出版了大约 28 万字的《宣恩县山民歌曲选》，同时，共约 70 万字的《宣恩县民间艺术》、《宣恩县民俗通书》已全部完稿。

当调查采访组翻山越岭，经过几个小时的长途跋涉来到宣恩县椿木营乡小学时，一位哼着小调，唱着小曲的中年男子首先映入眼帘，有一种"未见其人，先闻其声"的感觉，他就是我们找寻多时的李忠和艺人。李忠和老人十分健谈，当我们问及他什么时候与山歌结缘时，他如数家珍。十六七岁时，李忠和就加入了薅草锣鼓班子，受父亲、堂祖父等长辈的指点和传授，他学会了唱山歌、喊号子，从此山歌成了他生活的重要一部分。20 岁时便成了当地远近闻名的民间歌手。不仅在唱歌上，而且在山歌的收集整理上他也付出了常人无法想象的辛劳。20 世纪 80 年代初的一年农历腊月二十八，天降大雪，李忠和听说距他家 20 余公里的鹤峰县中营乡关扎营村姓梅老人懂得不少民间风俗，就步行寻访，将老人知道的习俗记录下来，腊月三十才回到家。这就是李忠和的执着与追求。在问及他近半个世纪以来编写山民歌的经历时，李忠和饱含着深情说："从十几岁起，我就跟老人们学唱山歌，现在，演唱和传承山民歌不仅是我最重要的生活内容，而且也是我的命根子。不论是各级政府组织的各种活动，还是乡亲们的红白喜事，只要需要我的山民歌，我就要尽一切努力把歌唱好。""哪里有笑声，哪里就有李忠和，哪里有歌声，哪里就有李忠和。"这是当地老百姓对李忠和的评价。

正是因为他的努力换来了各种荣誉。2006 年，为了将"宣恩薅草锣鼓"申遗成功，李忠和积极配合县、乡文体部门，成功拍摄宣传片并报省评审通过；同年 9 月，他不仅编导 3 首原生态山民歌、而且选送他的 3 名徒弟登台全州原生态山民歌大赛，最终 3 首原生态山民歌全部获奖，3 名徒弟均获得"民间优秀歌手"称号；同年 11 月，他又编导、引领他的徒弟们登上了"宣恩县民族民间原生态山民歌大赛"的舞台，编导的 3 个歌曲节目，获得一等奖 1 个，三等奖 2 个。2008 年，宣恩县薅草锣鼓被列入全国第一批非物质文化遗产保护扩展名录。同年，李忠和被省、州、县文化部门认定为宣恩县薅草锣鼓文化传承人。

　　土家族薅草锣鼓在之所以能在恩施民族地区广为流传，除了李忠和之外，还得益于建始县长梁乡三宝村五组余定喜老人。我们调查组驱车前往建始县长梁乡三宝村五组余定喜老人家。我们见到的余定喜虽然已经年过古稀，但是他的身体依然健朗，看起来也精神抖擞，只是偶尔会有关节疼痛。我们在采访中了解到余定喜老人从小生活在长梁三宝这块山大人稀、交通不便的土地上，并在当地的中心小学担任了 22 年的民办教师。由于生在农村长在农村，他从小就很喜爱民族民间文化艺术，尤其是在担任民办教师工作中，结识了不少的民间优秀艺人，并从他们身上学到了不少的民族民间艺术知识。常年田间劳作的经历，以及在劳动中亲身体验的薅草锣鼓的魅力，使他产生了强烈学习薅草锣鼓的愿望，于是拜老艺人黄德四、黄凤来为师，学习薅草锣鼓的曲牌。余定喜回顾，在学习过程中，他虚心请教，勤于练习，为了提升自己的技艺，把曲牌写在纸上，边练边打，在没有鼓的情况下，就把桌子、升子（竹制的升子为圆筒状，上下一样粗细，量粮食的器具，容量为一升）、椅子、床等工具当作鼓使用。有时在吃饭之前也要练几遍，有时走路也练几遍，就这样持之以恒，从不放松。他的出色表现得到老师的表扬，被肯定为学习薅草锣鼓的好苗子，但他并没有因此而沾沾自喜，而是继续一边学牌子，一边学叫口。在学叫口的过程中，他花了很多时间走访民间优秀艺人，甚至专门把其中一位民间艺人接到自己家里传授编歌词的技术。经过几十年的勤奋学习，他终于能即兴编唱词，自编自唱，在三宝一带出了名。

　　余定喜一生痴迷于薅草锣鼓这一民间艺术，40 多年来，他手口相传培养了 20 多个得意弟子，还经常带弟子建始县相邻的县市演出，有时还到重庆巫山、奉节等地表演。近五年来，余定喜带领十多个锣鼓师徒在周边乡村无数次地演出薅草锣鼓和跳丧舞，不间断地参加州、县、乡举办的春节联欢晚会及各种歌舞活动，余定喜成了闻名乡里的民间老艺人。2005年 8 月，余定喜获得了州政府命名的民间艺术大师称号，而且每年享受1200 元政府津贴。2008 年 3 月 21 日，余定喜一行 20 多人带着薅草锣鼓参加北京的"民歌·中国 2008'土家风情'展演"，以其优美柔韧的舞姿，高亢嘹亮的歌声以及浓郁的土家乡野气息，生动地再现了土家人欢乐的劳动、生活情景，赢得现场观众和评委的一致好评，为此还接受了央视音乐频道第六演播大厅主持人顾斌的专访。从此，余定喜觉得自己肩负着神圣而光荣的艺术使命，他怀着对民间艺的赤子之心，在土家族薅草锣鼓

余定喜（左二）在田间地头表演薅草锣鼓（山叶组摄）

的传承与发扬道路上耕耘不辍。

四　全友发：被灯歌渲染的传承人

灯歌是恩施地区的一种古老的民歌，同时也是当地十分珍贵的非物质文化遗产。"三天两头不唱歌，喉咙好像虫在梭"，这一句话深刻地反映了当地人们对于灯歌的喜爱之情。随着时代的发展，灯歌虽然在当地已经不如往年那么盛行，但是至今在利川一带，仍然生存和活跃着一批热爱民歌、痴迷灯歌的人群，全友发就是其中杰出的代表。

全友发是利川柏杨人，他是利川灯歌的第 17 代现存传承人。在采访的过程中，全友发老前辈首先给我们讲了很多关于利川灯歌的相关知识。据全友发介绍，灯歌常常出现于当地群众逢年过节、喜庆集会、休闲娱乐等时刻，人们举办灯歌的形式也是多种多样，不仅将本乡本土传统系列的优秀民歌作为唱曲儿，表演期间还会伴随舞蹈。其道具主要是纸糊篾扎、彩绘而成的"彩龙船"和"车车灯"。其伴奏乐器以鼓、钹、锣、镲、二锣和马锣为主，早期还有唢呐和竹笛。灯歌演唱一般由 4—5 人组成，曲调传统固定，多为本地传统民歌结合玩灯特点历代演唱而成。除开场、收场为祝福、送财外，其主要内容为唱本地风俗、农事和男女情爱。唱词多为传统唱段，也可即兴创作，而且唱词中丰富的衬词衬句常常把演出一次次地推向高潮。

全友发告诉我们，自己从小便喜爱文艺，对于灯歌的认识，可以说是从小就耳濡目染，8 岁开始学习灯歌，在那个艰苦的年代里，人们疲于解决温饱问题，而全友发为了学习灯歌，自己先后跑遍了大大小小的村子，当地的人们都认为他疯了，但是就是凭着这么一股子钻研劲儿，他坚持把这一门技艺学了下来，而且还能唱各种各样的灯歌。后来，全友发又相继学习了打锣鼓，当鼓师，并且还当上了柏杨坝灯歌队的师父。1955 年恩施专区农村文艺会演上，全友发演唱"龙船调"获得了个人组一等奖，展示了他深厚的演唱功底。从 1965 年开始，全友发亲自授徒，几十年来，他身体力行，为传承利川灯歌作出了重要的贡献，他至少筹办了 300 期灯歌讲座。他收集了大量以灯歌为主的民间文化艺术资料，目前已整理、编辑《柏杨坝民歌》（上下集）、《柏杨坝竹琴》、《柏杨坝花鼓》、《柏杨坝锣》等专辑和《风筝极》等传统唱本。如今已退休的全友发仍然在无私地、不计报酬地传承着利川灯歌。

采访过程中，我们深切地感受到全友发的热爱灯歌之情，全友发说："作为当地土生土长的文化，希望通过自身的努力来号召更多的人学习灯歌，有朝一日灯歌也能够像其他的民族文化一样走向广大群众的视野。"我们坚信，在全友发等老一辈灯歌艺术家的努力培育下，在国家的高度重视和关怀下，灯歌一定会在未来的舞台上焕发出璀璨夺目的光彩。

五　王兆梧、苏国明：情系围鼓数十载

鹤峰围鼓，又叫土家打溜子，由一面鼓、一面锣、两幅钹、一个勾锣组合演奏，这五件乐器由五人操持，称为五合班，演奏者自始至终以鼓为中心进行演奏。故而当地人称之为"围鼓"。相传很早以前，湘鄂一带的土家、苗族人就盛行打锣鼓，鹤峰围鼓就是在逐步演绎中形成的具有自己独具风格的打击鼓乐器。在鹤峰土家人的心中，围鼓象征着吉祥，是土家人世代相传、和谐团结、乐观豁达的精神物化。一直以来，鹤峰围鼓都深受当地人民的欢迎，至今在鹤峰土家山寨的各种传统节日和喜庆活动中仍有着不可替代的地位。

我们首先调查采访的是王兆梧老人，在与王兆梧的访谈中，我们得知，王兆梧出生在鹤峰县走马镇的一个围鼓世家，他的伯父、父亲、叔父都精通围鼓。他 8 岁时就开始学打围鼓，经常与大人们一起登台演奏，与围鼓结下了不解之缘。为了不使鹤峰围鼓这项优秀的民间艺术失传，自 1951 年起，王兆梧一边工作，一边利用业余时间先后在县政府机关、建筑公司、公路段、茶厂、电厂、容美围鼓班、走马镇中小学等 30 余个单位、民间艺术团体、学校做过围鼓辅导。鹤峰县流传有这样一句话："哪里有围鼓，哪里就有王兆梧。"他还利用工作业余时间收集、记录、整理围鼓鼓谱，1985 年他挖掘整理出来 33 个锣鼓牌子的口头谱，并编印成《围鼓词》、《民间打击乐口头谱》各一本，其中大部分曲牌被鹤峰县民宗局组织编辑出版的《鹤峰围鼓》、《鄂西土家族打击乐》等研究性专著所收录。他退休后也没闲着，近几年先后到县委老干局、走马镇白果小学、梅坪中学、铁炉乡江口小学、清湖中学等单位传授锣鼓。2004 年以来，他还组织成立了一支民间艺术队伍，以弘扬鹤峰围鼓、普及清江舞为主，长期坚持在县城步行街组织城镇居民开展跳清江舞活动。

当问及王兆梧几十年的围鼓生涯中最难忘的事情时，我们看到他脸上洋溢着自豪的笑容，他告诉我们，在退休以后，他的围鼓班子应邀为"中日韩民俗演艺国际学术研讨会"表演，得到了中外专家的一致好评。但是他也难免忧心地告诉我们这样一个事实：鹤峰围鼓的演奏队伍越来越少，中华人民共和国成立初期时，村村都有班子，而现在全县只有十多个班子。在被恩施州人民政府命名为"民间艺术大师"后，王兆梧更加感觉到自己肩上承担着的责任之大，所以，他决定申请当一名围鼓师傅，在每个乡镇培训一批 30 岁以下的年轻围鼓爱好者。

如今已经 78 岁的王兆梧一如既往地置身于鹤峰围鼓的研究与传承中，但是身体已经不如从前，有了明显的年老气虚迹象，还有轻微的脑动脉血管硬化，以前不小心患上的蛇斑疮也导致现在双腿麻木。在对王兆梧老人的身体状况有了初步了解之后，我们给他赠送了老年常用保健药品以及关于老年疾病防治方法的宣传册，并祝福他健康长寿。

苏国明同样是鹤峰围鼓的传承人。在苏国明的家中，我们看到大厅的墙上赫然放置一张醒目的照片，问及后才知道，那张照片是他们几兄弟一起参加围鼓演奏时照的。苏国明给我们做了关于围鼓简单的解说。他介绍围鼓主要是每年的正月初一到十五，配合灯班"送喜"、"送福"、"贺新春"；其次，是配合红白喜事中的"迎亲"、"送挽联"、"送祭帐"、"送祝米"等演出。中华人民共和国成立以后，围鼓广泛应用于鹤峰人民的节日庆典、开业剪彩、送兵报喜等诸多喜庆活动之中。听完他的解说之后，我们着实觉得鹤峰围鼓稀奇，想亲眼领略一下围鼓表演而因人员问题未能如愿，但苏国明还是很热心地摆出自己的宝贝，包括平日演出的器具、服装，甚至还罗列出了所获得的系列荣誉证书，弥补了我们没能看到围鼓表演的些许遗憾。从小就与鹤峰围鼓相伴的苏国明如今年岁渐长，身体也不如往年。但他钟爱围鼓，几十年如一日。目前，他仍然会利用空闲时间，把侄子辈、孙子辈的年轻人组织到一起，让他们练习打围鼓，掌握围鼓基本要领，熟记曲牌。

当问及鹤峰围鼓未来的发展规划时，苏国明脸上略显出一丝担忧。他说："受现代文明的冲击，加之人们民族传统文化意识的逐渐弱化，年轻一代均不愿学习这一传统演艺活动，现今走马、铁炉两乡镇围鼓班艺人年龄均在60岁以上，30岁以下的屈指可数。自己想在围鼓学徒的性别上有所创新，希望女子也能加入到打围鼓的行列中来，改变以往只传男不传女的局面，也希望能吸引更多的人来学习鹤峰围鼓。"

时代在不断地进步，人们的生活方式也在悄然发生着变化，但围鼓带给人们的精神享受是不变的，我们坚信，鹤峰围鼓依然会保留在人们的生活中，并且随着社会的不断重视，这项非物质文化遗产将会有更加美好的发展前景。

六　董兴林，黄知培：耍出精彩人生

耍耍是土家族的传统舞蹈之一。该舞蹈主要是舞蹈男女以花扇和方巾为道具，或在一唱一和中、或在一颦一笑中，传情表意、示爱言欢。其形式既有双人对耍，也有多人耍跳，在鹤峰、宣恩一带尤为兴盛。据传耍耍原是从巫坛"还神"做法事中分离并发展起来的一种原始舞蹈，具有浓郁古朴的撒野风格，并带有娱神、娱人的性质，因此土家族人又称之为"喜乐神"。

为了寻找耍耍传承艺人，我们调查采访组驱车前往宣恩县珠山镇龙洞居委会，在村委主任的带领下，我们拜访了耍耍第一传承人——董兴林老人。生于1938年的董兴林老人，从事民间艺术"耍耍"表演半个多世纪。据董兴林老人介绍，他七岁开始入私学念书，从小受到民族歌舞的熏陶。1957年，董兴林在北京参加全国首届民间音乐、舞蹈会演，他和曾秋兰搭档表演的耍耍《十样锦》大获成功，当年毛主席和国家其他领导人观看了他们表演，演出结束后，毛主席等国家领导人在中南海怀仁堂还与他们合影留念。从此，董兴林从卫生院调至宣恩县南剧团任演员，走上了民间艺术之路。在历史的变迁中，董兴林老人调动了很多岗位，在糖厂、五金厂当过工人，任过生产队会计、民办教师等，但对艺术的热爱与痴迷，始终没有放弃"耍耍'表演。在谈到自己对耍耍的看法时，董兴林说："我的叔叔是一位出色的耍耍高手，小时候因为看叔叔跳耍耍看多了，便对此产生了很深厚的兴趣，以致后来到了痴迷的程度。"

董兴林出演耍耍（沈祥辉摄）

董兴林老人回忆，儿时的村子里每年都会举行三次大型庙会，另外逢年过节，如元宵节、中秋节、春节等节日，跳耍耍、玩花灯等土家族特有的民间艺术总是少不了，当时很多普通老百姓都会这些，参与这些民间活动的群众也很多。董兴林八九岁的时候，就跟着叔叔学习跳耍耍，有时候也跟着其他人一起学一起跳，由于热爱耍耍，又有很好的师傅做指导，加之聪明好学，董兴林在十一二岁的时候就已经会跳耍耍了，而且跳得不错。

董兴林对耍耍可以说是情有独钟，他日复一日年复一年的刻苦努力换来了耍耍艺术上的炉火纯青。他传承的宣恩耍耍《十样锦》不仅唱腔好

董兴林出演耍耍（沈祥辉摄）

听，而且动作优美，配以生动活泼的歌词内容，充满了生活的气息与情趣。耍耍不仅仅成就了董兴林的名气，也让他在艺术生涯中得到了认同、尊重和应有的回报。每年在演出方面的业务很多，单靠着跳耍耍，他和他的团队年收入就可以达到 20 多万。2003 年 6 月，从艺 53 年的董兴林被恩施州人民政府命名为首批民间艺术大师，每年可获得 1200 元政府津贴。2006 年 10 月，宣恩县土家族民俗舞蹈"耍耍"被首批列入湖北省非物质文化遗产保护名录。

采访最后，董兴林这样对我们说："我会一直坚持下去，尽自己最大的努力把'耍耍'这门民间艺术传承下去，把弟子们带出来，让'耍耍'永远活跃在人们的生活中。"这就是董兴林老人的艺术梦。

与此同时，我们还采访了另一名耍耍传承人黄知培。他原为恩施市三岔乡人，因恩施梭布垭开发，现举家迁到恩施市七里坪周家河村。黄知培18 岁中专毕业后，在三岔乡浓厚的非遗文化影响下，并在州级艺术大师谭学朝的指导下，开始学习耍耍表演。1990 年 10 月，黄知培在恩施市首届农民艺术节表演"耍耍"，他独特的演唱风格、优美的唱腔以及规范且灵活的表演，获得一致好评，他荣获鼓励奖并被评为优秀演员。2000 年11 月黄知培为了学习更多的舞技，参加了恩施市首期跨世纪青年农民技艺培训学习，被评为优秀学员。2007 年 8 月，黄知培在恩施州民间文化艺术节上表演耍耍一举夺魁，获得第一名。如今，他凭借自己的天赋和在"耍耍"表演方面的造诣，已成为省级非物质文化遗产传承人。他多次被邀请参加恩施女儿会以及梭布垭的表演，声名远扬。

黄知培目前与妻子、女儿、女婿、孙女住在一起，一家人其乐融融。在田间劳作之余，黄知培会与他所在文艺团的队友们一起表演、娱乐，一起研究"耍耍"并从中收获快乐。我们通过问卷调查，对黄知培个人健康状况有了比较全面的了解。总的来说，黄知培身体状况良好，但是他的生活并不是非常的有规律。同时，黄知培在十八岁高中毕业以后，就开始抽烟，再加之每餐都会喝一二两白酒，对身体的伤害较大，而且在2008年曾做过阑尾炎手术，另外，由于队员的失误，黄知培的左肩关节曾经受伤，活动度受到限制。我们建议黄知培老师少喝酒，生活要有规律，多吃水果和蔬菜，并给黄知培老师赠送了中老年人常用药和家庭常备药，以及关于老年疾病防治方法的宣传册，并祝福他健康长寿，"耍"出精彩人生。

七　李仕洲：痴情守候地盘子

虽然被烈日烘烤了一个多小时，但仍然没有减弱我们对地盘子的热情。等到我们见到李仕洲老人的时候，发现他没有想象中的那么有精气神儿，脸上一直挂着淡淡的忧郁。面对这种情况，我们不由自主地先聊起了他的健康。李仕洲有严重的四肢麻木，双腿经常性地抽筋、痉挛，持续站立两到三分钟都有些吃力，这样的身体让他晚年的生活质量比较糟糕。原以为老人脸上的忧郁是因为身体原因，可当我们慢慢了解李仕洲，深入了解地盘子的时候，才知道另有其因。李仕洲是恩施咸丰县当地的一名土生土长的地盘子传承人，一辈子都在致力于地盘子的传承。地盘子是舞蹈，得跳起来，如今他腿脚不好，没法跳了，而离他最近的跳地盘子的老战友也患上了偏瘫，没法跳给他看，也没法陪他唠地盘子。虽然带了不少徒弟，但是徒弟们都有自己的事业、家庭，而且能跳出高水平地盘子的少之又少。李仕洲忧的是自己没有得意门生，忧的是这门艺术后继无人，眼看着几个老艺人都相继去世，传承人已经出现了断代的情况，自己虽然培训过很多学生，但他们都只是蜻蜓点水，没有领会精髓，更多的是华而不实的东西。地盘子如何更好地传承下去，一直是李老的心病。

李仕洲说，当年他们跳地盘子的时候，能扫起地上几层灰。可见当年地盘子跳得有多么生动、多么虎虎生风。据李仕洲老人介绍，地盘子起源于隋朝末年，由当初的"花花灯"演变到清末民初的"三人转"，再到中华人民共和国成立后的"地盘子"。三个时期的孕育发展，才有了现在成熟的"地盘子"。现在的地盘子流行于咸丰县朝阳寺镇水井槽村，邻近的丁寨、高乐山、尖山等乡镇也有流行。在隋末时，"花花灯"只分旦丑两种角，由先前的"一旦一丑"发展到后来的"一旦两丑"。清末的时候，水井槽村的刘桃安、李仁堂、李宗顺三人，把他们每年必玩的花花灯逐步改进，以"七仙女下凡"的故事为题材，把角色改为"生、旦、丑"三角儿，生为董永，旦为七仙女，丑为土地公公。他们三人还在舞蹈动作上加以改编，增强了生角的潇洒，加强了丑角的诙谐幽默。因为三角儿分别在三个点上旋转表演，也就有了"土家三人转"的美称。李仕洲是"三人转"的第二代传人，与他同时期的传人还有李孝汉、秦伯勋、刘正银等。他们这一代对"三人转"的动作进行了一系列的创新，在表演的过程中，猫腰走丁字步，生、丑两角屈膝下蹲，犹如盘子一样在地上梭步旋转，旦角在中间摇扇跳舞，恍如踩在地盘子上，这就有了"地盘子"的称谓。地盘子看似简单，却包含了鹤鹰展翅、怀中抱月、半边月、单推磨等技巧度更高的动作。它的舞蹈音乐还包含了颤腔、大板腔等腔调。

李仕洲说，最近咸丰县政府对地盘子本身和地盘子传承人都投入了较大的资金和人力，他本人也配合政府把地盘子带进了学校，朝阳寺镇还建立了村级文化活动中心，加强了文化传承的硬件设施，同时还成立了"民间艺术协会"和"地盘子演出队"。这些文化保护和拯救措施多少让李仕洲感到欣慰，他说会把自己的所有技艺倾囊授出，将地盘子的精华传授给下一代，把它发扬光大。

八 田宗堂：八宝铜铃舞出土家魂

田宗堂于 2007 年被誉为恩施州"民间艺术大师"。我们从当地文化馆的非遗传承人资料得知，田宗堂是一位年近耄耋的老人，由于调查当天是农历六月十九日，即为观音菩萨寿诞之日，田宗堂和妻子带领铜铃舞团队忙于参加川主庙的祝寿活动，所以下午 6 点多我们才得以见到田宗堂。他们夫妇很热情地把我们带到家中，并积极配合调查访谈。

访谈过程中，我们得知田宗堂老人曾是一名乡村医生，而且是他们家族的第四代传人。现已退休居家，以自幼爱好的八宝铜铃舞作为其主要职

田宗堂主持祭拜仪式（段太儒摄）

业。田宗堂老人介绍，八宝铜铃舞，是酉水土家族祭祖还愿活动——"解钱"过程中的一种仪式歌舞。它源于土家族古老的祭祀活动，历史悠久。酉水土家虽居偏陋之地，却历尽艰辛，数经战乱，才得以生存繁衍，在他们看来，风调雨顺，六畜兴旺，驱邪祛病，是得到了神灵相助，有祖宗保佑，因此，焚香燃纸、解钱祭祀、歌舞娱神是他们再也看重不过的大事。而田宗堂本人6岁时随他父亲田云峰学做"解钱"法术，他父亲看着年幼的田宗堂对这种文化的喜爱，也尽心传授；16岁时度职，法号"法能"；2007年被誉为恩施州"民间艺术大师"。

八宝铜铃舞自古以来只由土家男人所跳，尤其是在主家堂屋"解钱"祭祀长期以来保持了"女可观不可跳"的习俗，但这一禁忌现在发生了变化。现在户外的八宝铜铃舞活动，无论长幼、性别，都能加入其中。田宗堂和妻子近几年组织的八宝铜铃舞团队的队员大多数也是当地妇女。我们调查当天，他主动召集了他们团队的部分人员为我们表演了半小时左右的节目。其中大部分舞蹈动作和歌词全由他自创，给我们印象最深的是那首歌颂党和人民的歌词，道出了广大劳动人民的心声。在交谈中，田宗堂不时流露出对党和国家的热爱和感激之情。

田宗堂告诉我们八宝铜铃舞承载了大量的历史文化信息和艺术成分，具有历史宗教、文化艺术、道德教化等多重价值。但由于受传承方式、认识程度、现代文化等多种因素的影响，正面临日益萎缩的境况。其一，土家八宝铜铃舞主要靠师傅传授并一直沿袭"父传子、子传孙及兄传弟"的传承原则；其二，认识上的差异使八宝铜铃舞一度受到不公正的待遇，特别是 20 世纪 70 年代"破四旧"等几次运动，八宝铜铃所依附的载体——"解钱"法事被当作封建迷信而遭禁锢和取缔；其三，由于受现代强势文化的冲击，原生态的八宝铜铃舞正面临生存危机。正因如此，田宗堂试图努力挽救这项文化遗产，并且表示愿意将技艺传授给想学之人。

作为一名老中医的他，比较注重身体保健，体检指标都基本正常。我们祝福老人家健康长寿，心想事成。希望以后能看到老人家所传承的八宝铜铃舞发扬光大。

九　谭绍康、谭文碧、谭大翠、费天凤：盛情演绎巴东堂戏一家亲

早上 8 点，我们小组三人从溪丘湾镇坐了一个多小时的车后见到了谭绍康、谭文碧两位老人，两位老人精神十足。在我们说明来意后，他们都很乐意配合我们的工作。谭绍康老人看上去和蔼可亲，谭文碧老人长长的银白胡子给人一种睿智的老者风范。在交流过程中，我们了解到两人都是巴东堂戏的代表性传承人。

巴东堂戏的传承主要是以师傅口传心授为主，没有具体的音乐唱本和文字记录，堂戏表演者们可以根据当时的表演情景自由发挥。为了将堂戏的表演形式传承下去，谭氏家族经过几代人的努力，终于有了堂戏的演唱脚本。其中，谭绍康作为湖北省首批非物质文化遗产巴东堂戏的代表性传承人，1982 年参加文化战线工作至 2004 年退休。他在 20 多年里曾任巴东县平阳坝中心文化站站长及乡镇合并后的溪丘湾乡文化站长、文体中心主任；曾被中央电视台采访制作题为《巴东有个谭绍康》的专题片，连续 20 年任（六届）巴东县政协委员。经过 20 多年不遗余力地对流传在神龙溪一带的山民歌、婚丧歌、巴东堂戏的收集、抢救、挖掘和整理，在 2011 年出版了《呼唤神龙溪》系列书籍，如《呼唤神龙溪——山民歌》、《呼唤神龙溪——婚丧歌》和《呼唤神龙溪——堂戏精选》。

两位老人给我们介绍了很多关于堂戏的知识，让我们大开眼界。据两位老人介绍，堂戏历史悠久，始于明末清初，其本源是由巴东民间歌舞花鼓子戏、稿荐戏等发展而来。堂戏最初于堂屋大方桌上演出，由装扮的一男一女，以"左一右二进三退四"的步法，绕四角踩碎步而舞，唱花鼓

调。后转至地面上由四人表演，继而搬上"草台"、花鼓子，增加了故事情节，随灯班演出，名曰"灯杂戏"。灯杂戏脱离灯班后逐渐融入了本地小调、号子及湖南"南调"、渝东"梁山调"；同时，还吸收了川、汉剧的某些表演形式，遂逐渐发展成今天的堂戏。堂戏是由大、小筒子腔构成声腔，兼唱少量杂腔小调的地方戏曲剧种，流行于地处长江三峡地带的巴东、建始、秭归、兴山、宜昌、长阳、五峰、神农架林区及渝东部分地区。巴东堂戏运用巴东江北方言作道白，吸收了大量当地语言，并有效融进堂戏中，从而使堂戏舞台的语言不仅丰富，且十分大众化、口语化、幽默化和地方化，深受当地广大群众的欢迎。例如，在堂戏《王麻子打妆》中，王二庚以移花接木之计，代替抵债的胡莲花出嫁而男扮女装。装得像不像呢？剧中人便有意地用巴东地方歇后语"斑鸠打喷嚏——雀（确）喊嗒"故做说明地加以肯定，加深了观众的印象，把观众逗笑地前仰后合。再如《满门贤》中吴开山的一段唱词：想起家中真有味儿，我家有个老婆婆儿；年轻头戴花两朵儿，还给我生个胖娃娃儿。巴东方言"儿"化韵在巴东方言中有其独特功能，不仅使演员演唱起来朗朗上口，生动活泼，更让观众听起来感到十分亲切。

谭文碧（左一）带领班子走乡间（何峰摄）

经过两位老人的介绍，我们又乘车来到沿渡河，采访到了谭大翠和费天凤两位前辈。她们自己组织了表演堂戏的团队，经常到处表演，但现在

费天凤（前）言传身教（郑定荣摄）

还是起始阶段，她们表示希望社会各界和政府能给予更多的关注和支持。简单的体检后，她们为我们表演了一段堂戏《送寒衣》。虽然当时没有配乐，但两位前辈精湛的唱功，让我们这些后生可算是亲临了一场堂戏。

伴随着时代的发展和变革，传统文化被日益淡化，堂戏在乡村中的展示平台正在日趋缩小，巴东堂戏这一具有当地特色的非物质文化遗产正面临着灭绝之势，唯有年轻的一代不断地加强学习和保护，堂戏才能够继续生存下来。值得一提的是，谭氏家族的辛勤付出，四位前辈的经常切磋与合作，共同为传承巴东堂戏作出了很大贡献。我们衷心希望同四位前辈以后会有更多的合作与交流，将巴东堂戏演绎得更加辉煌。

十　周树庭、侯安星：使滚龙连厢精彩流传

在宣恩，我们调查采访组访谈了滚龙连厢的创始人周树庭及其徒弟侯安星。周树庭老人已九十高龄，身患多种疾病，由于中风，不能完成站立、行走困难。我们还看到他的右手很不自主地颤抖，四肢乏力，肌肉严重萎缩，虽然听力不好，但是意识清晰。

周树庭老人生于1921年，早年曾参加过红军。我们在问及周树庭老人什么时候开始学艺时，老人讲起了不同寻常的经历。那是1935年，因年少无以为生，于是拜流落该地的湖南花旦艺人杨云青为师，学习打霸王鞭和莲花落，行走于湘黔边界等地，以卖艺为生，而且不断融合两门技艺于一体，可以说，那个年头是艺术救了他的命。中华人民共和国成立后，周树庭老人大胆创新，不仅从宣恩俗语"欢喜的打滚"中获得灵感，而且将杂技和南戏的部分武功糅合在一起，创造出集滚、舞、唱于一体的连厢新舞种——滚龙连厢。由于周树庭老人的潜心创作与悉心传授，滚龙连厢"多次获得各级殊荣。1957年，全国第二届民间音乐舞蹈在北京调演，滚龙连厢进京表演，受到毛主席、朱总司令、周总理等领导的赞扬和肯定，国际友人也纷纷翘指叫好；1964年，周树庭老人和他的滚龙连厢又被选送参加在天津举办的全国少数民族文艺调演；1980年，周树庭老人受邀成为湖北省舞蹈家协会的一员；1986年，周树庭老人和搭档段吉奎一起到乌鲁木齐参加第二届全国少数民族运动会，并荣获表演三等奖；1997年周树庭老人和他的滚龙连厢在来凤县首届民族艺术节中获得五个奖中的最佳表演奖。2005年11月，在"中华不老城走进张家界——中国·张家界中外中老年民族风情文化艺术交流大会"上，"滚龙连厢"荣获"黄狮寨杯"金奖；2007年10月，李家河"滚龙连厢"艺术团赴武汉参加全省首届"金凤奖"（非职业）舞蹈大赛，荣获表演二等奖；同年11月，在深圳全国中老年文艺大赛中，滚龙连厢荣获最佳创意奖。

　　当我们与周树庭老人谈起滚龙连厢时，周老兴趣盎然，可是谈起滚龙连厢传承人时，他却忧心忡忡，虽然他名下的滚龙连厢弟子有600余人，然而得滚龙连厢真传的徒弟却寥寥无几。据周老介绍，得滚龙连厢真传的弟子仅仅侯安星一人。

　　侯安星老人已年近七十，有着一副和蔼、慈祥的面孔，他现是宣恩县李家河乡综合文化站"滚龙连厢中老年艺术团"的领头人，经常作为代表参加重要的演出。他1964年拜周树庭老人为师，开始学习滚龙连厢，因受"文化大革命"的影响，在乡下先后从事过赤脚医生、公路段干事等，直到2007年才复出表演，侯安星通过自己的勤奋好学，使滚龙连厢的技艺达到炉火纯青的地步。他热情地给我们介绍师父周树庭老人探索创作滚龙连厢的经历，还向我们介绍了滚龙连厢的知识，如舞蹈中有雪花盖顶、古树盘根、黄龙缠腰、美女梳头、犀牛望月、腰膝盖花等基本动作；如表演是一边舞一边唱，歌词多为恭维奉承、道贺祝福、生活实事等方面的内容，辅以"莲莲（儿）花呀，一朵莲花呀"之类的衬词，有时在段与段之间加入古乐伴奏，一人领唱、众人皆合，欢快热闹，舞时多为双人对舞或多人群舞等。

侯安星老人简单介绍后，还即兴给我们表演了一小段滚龙连厢。他激情的表演，给我们带来更多的是震撼，我们深深感受到了侯安星老人对滚龙连厢的执著。为了使这门艺术不至于在自己手里失传，侯安星老人广收弟子，目前学徒有中老年三十多人，中小学学生达一百多人。同时，他还积极配合李家河乡文化站整理周树庭老人的连厢艺术，届时还将举办连厢艺术节，使滚龙连厢艺术得以发扬光大。

十一 田延江、向前和：三棒鼓情结

三棒鼓又称土家族花鼓。田延江的三棒鼓是田家的祖传技艺，他从小就开始接触三棒鼓，11 岁正式学习三棒鼓。所谓三棒鼓，是由三根棒子敲鼓，两手三棒，但只有一根棒子在敲鼓，另外两根棒子则在空中，三根棒子交替着击鼓，手中动作变换迅速，同时嘴里唱着说辞。和着敲出的鼓声将节目演绎得栩栩如生、扣人心弦。表演者为了能够在台上表演得醋畅淋漓，刻苦训练则是怎么都少不了的。田延江每天都要练习六七个小时。三棒鼓演出里抛刀表演更是惊心动魄，练习时经常会搞得双手伤痕累累、鲜血淋漓，刀伤药早已成为必备物品。"为了表演，也只有豁出去了，正所谓'台上一分钟，台下十年功'，想要在舞台上绽放自己的光芒，就必须付出十足的努力。"田延江这样对我们说。

田延江参加过很多大型活动演出。2003 年 7 月，他带领班子在华中旅游博览会开展过程中表演了一个礼拜的三棒鼓，随后又在汉口、汉阳、武昌等地区进行了演出。2004 年 9 月底至 10 月初，他参加了武汉梅园开园迎宾演出，此次演出共 12 天，每天均有 4 场演出。2006 年 9 月，为庆祝长江流域首届艺术节开幕，他在张家港参加了三棒鼓演出。田延江告诉笔者，参加那次艺术节的演出团队，全省仅两个团队有资格，由他带领的 5 人组成的三棒鼓团队是其一，还有一个就是十堰的凤凰灯表演团队。就在那次表演中，田延江三棒鼓团队获得了金奖。同年 11 月受湖南卫视金鹰节邀请参加了联欢晚会的演出。

田延江介绍，他的三棒鼓演唱队目前已经实现了年总收入过百万，三棒鼓的传承有了一定的发展空间，而且有一批爱好者学习这门技艺。他本人共带了 24 个徒弟，其中不乏技艺高超、已经出师的徒弟，他相信三棒鼓的发展会越来越好。

三棒鼓的另一传承人向前和，又被称为中华达人、飞刀名人。向前和自幼开始练习飞刀，他可以将菜刀、镰刀、斧头、杀猪尖刀等各种利器同时抛向空中飞舞，被称为"中华一绝"。在与他见面之前，一直心怀一种崇拜与不可思议的心态，之后，是在辗转了几站后才与向前和见面的，本来应该是在来凤县与他碰头的，却没想到会在走了几个县城之后于建始碰到。此时他正在花坪的一个景区表演，是个大忙人。向前和说，他不仅手头有一叠演艺公司的邀请函，一些外省电视台也纷纷约他采访和录制节目，一年在家的时间屈指可数。我们在来凤与他未能见面的遗憾和不解突然就释怀了。

"求艺路上，一路艰辛，一路收获。"向前和回忆时说道，从地道的农民到一名面对中外游客的舞者，他一直在跋涉。他用了近十年时间，走遍了鄂、湘、渝、黔边区县乡上千个村寨，结识了近五百名民间老艺人。他在继承传统抛法的同时，还苦苦探寻、摸索抛刀的技巧，在艺术创作上，他进行了细致的归纳和总结，实现了知识的积累、技艺的提升。他自己创作了一心四用、三个部位、蒙着眼睛等抛刀法，在传统的 12 种抛刀花样上创新了 8 种。除此之外，他还能用杀猪尖刀、砍柴弯刀、菜刀、双合刀、斧头等锋利刀具进行抛丢套路表演，并能抛耍出 20 种花样，这些都还不够，他还坚持在自己原有的基础上有所创新，以挑战自我、挑战极限。向前和老师自豪地告诉我们，如果在百度上搜索"土人飞刀"就可看到他的精彩表演。他还参加过湖南电视台《谁是英雄》、山东电视台《中华达人》、江苏电视台《非常不一班》等节目的录制，展示了土家三棒鼓的魅力。

向前和介绍，随着三棒鼓演唱知名度的提高，三棒鼓这门民族民间艺术已从过去的自娱自乐逐步走向了市场化。来凤县民宗局、文化部门对从艺人员的服饰、道具、阵容、音乐、布局等方面进行了集体培训、包装，在不脱离原汁原味的基础上，以群众喜闻乐见的形式表演，得到了群众的高度认同。相关政府部门还让三棒鼓这门民族民间艺术有了文字的传承，这让他看到了三棒鼓发展的美好前景。把抛刀技艺进一步发扬光大，推向全国、走向世界，让土家传统民间文化艺术逐渐被外界了解和认可，这是向前和执著追求的梦想。向前和还有一个梦想，那就是成立三棒鼓演艺公司。他说："如果三棒鼓由群体表演，将更具观赏性。我现在所做的一切努力，就是想成立来凤三棒鼓演艺公司，让我们的民族文化更加发扬光大。"他一直在为这个理想的实现而时刻准备着。

十二　杨洪顺、叶荣明：三片竹板，演绎不一般的人生

7 月 13 日，我们来到了恩施市三岔乡，这里是中国民间文化之乡。在这里，居住着一个个能人异士，他们心灵手巧，承载着不同的非遗文化，并使非遗文化通过他们的传承而得以发扬光大。杨洪顺，一位生活在三岔乡新街的三才板能人，与我们一起分享了他对三才板不同寻常的见解以及他的生活经历。

杨洪顺已经六十多岁了，但他的身体还是很硬朗。目前，他与老伴生活在一起，他的儿女都很有出息，孙子去了哈佛大学学习。据杨洪顺介绍，20 世纪 60 年代初中毕业的他，成了一名文化站放电影的工作人员，而后他当过村干部，带领过民兵建桥修路，当过民兵连连长。或许是不同的生活经历让他对三才板有了不同的理解，杨洪顺在对三才板的编写与创作过程中，可谓独具风格。创作三才板曲子的素材也完全来自于他自己对现实生活中各种现象的理解。在演出三才板时，杨洪顺也常常是自己一人在同一个节目中分别扮演不同的角色。在访谈过程中，杨洪顺精心给我们表演了一段三才板"群鼠遭殃"，展现了他非同一般的三才板艺术。如今的杨洪顺仍然参加各种文艺活动。如 2010 年 2 月表演传统三才板"酒麻木改邪归正"、"灵堂风波"。2010 年 12 月 13 日，他以"杨洪顺——传承弘扬民间文化技艺"的身份出现在了《恩施晚报》上。他的"走人家"地地道道地反映了恩施现实生活中普遍存在的现象，礼尚往来本来是人与人之间亲情和友情的链接，然而这里的走人家却丧失了它的本真。杨洪顺说，"走人家"的内涵是希望民风能返璞归真、回归自然。

杨洪顺年轻时很爱运动，特别爱好打篮球，但不幸的是一次车祸让他的双腿留下了后遗症，以致他现在行走不是很方便。杨洪顺老人的愿望是希望自己能在 70 岁之前成为一名正式的中国共产党党员，现在他已是一名重点培养对象。另外他正在写一本自传，已经写了五万多字，他打算写七到八万字。或许只有生活在三岔这个人杰地灵的与闹市隔绝的山里小乡才能有他这样的境界。在杨洪顺老人身上，我们看到的是乐观的心态，是对生活的热爱与享受，这正是我们年青一代所应具备的。就在我们离别的那一刻，杨洪顺老人赠送给了我们一本《恩施中草药手册》，上面有他的印章，还有毛主席语录，这本手册已有些年头了。就这样我们带着激动与

不舍离开了杨老的家。

无独有偶。燕子坝叶家台的叶荣明老人，也是三才板的传承人。据三岔乡文化站的邓站长介绍，叶荣明老人所精通的技艺有三才板、耍耍、连厢、傩戏、方言顺口溜及彩龙船等，他是三岔乡少数精通众多非遗文化的传承人之一。

简单的交流之后，我们对叶荣明略有所知。叶荣明老人 1980 年开始学习三才板、傩戏、耍耍、连响等非遗文化，其中前三样是叶荣明现在最为自豪的技艺。提起当年的学习历程，叶荣明激动地回忆起来，当时一共有 48 个学员在叮木塘的学习班里学艺，经过一个月的学习后，有 28 人通过了考试，并得到了文化馆的认证，而他在学习班里受到过三个大师的青睐，这三位大师传授的东西正是现在他最精通的三才板、耍耍和傩戏三项技艺。

叶荣明介绍，他在 1985—1989 年随恩施灯剧团到各地进行表演，当时他们的灯剧团很是红火，在恩施境内巡回演出时都是售票表演，而每次观看他表演的人都不可胜数。随着时代的发展，人们对于传统文化已经不再那么重视了。当谈到三才板的传承时，叶荣明建议说，对非遗的重视程度应该更加深入些，这事情必须得有专人来抓。叶荣明本人对自己的职业充满了敬畏，但老人家现在的身体并不是很健康，为了三岔非遗文化更好地传承，我们寄希望于叶荣明老人自己多多照顾身体，为三岔带来更精彩的表演。我们也希望在未来的某一天，三才板能够成为人们生活中耳熟能详的民间艺术，出现在更多的舞台上。

十三　刘耀武：满堂音的骄傲

得知刘耀武是满堂音的传承人，在采访前，我们就通过网络对满堂音有了一定了解。满堂音原名琵琶板，是 20 世纪 70 年代末逐步形成的一种以弹唱为主，兼以方言说、表的新型曲艺曲种，它介于戏曲与曲艺之间，因其多于农舍堂屋演出和吹打弹唱的良好共鸣效果而得名，流行于鹤峰县境内及毗邻的五峰县湾潭镇一带。

据刘耀武介绍，满堂音唱腔旋律及伴奏音乐来自土家满堂音声腔皮影戏，清朝末年，满堂音声腔皮影戏就扎根于土家族聚居的鄂西五峰、鹤峰等地，跻身于南、柳、傩等戏曲行列，并从其中汲取营养，与民歌小调相结合，融会贯通，逐步形成了满堂音的唱腔。1970 年鹤峰艺人用满堂音曲调旋律编写曲艺段子《人民英雄段德昌》参加湖北省曲艺调演，以其新颖别致的唱腔、伴奏、表演得到了观众的一致赞赏。1980 年正式定名为满堂音。

据刘耀武介绍，在父辈的影响下，他从小就喜好音乐，18 岁入伍当兵，在部队文工团待过。1981 年退伍后进入鹤峰县满堂音剧团，他工作认真、善于研究，工作十几年之后成为鹤峰县音乐家协会主席。一直以来，他主要搞音乐创作，写村歌、戏剧，至今已编写了多个音乐剧本。除此之外，他还擅长笛子、扬琴、唢呐、二胡、钢琴等。刘耀武回顾，他带领的表演班子在一次表演中被省里选中，应邀参加当年在贵州举办的全国少数民族体育运动会，表演的节目是他最拿手的"扁担舞"。而这个舞蹈除了要求团里的人员参加以外，还需要找一些地道的农民演员，因为他们平时辛苦劳作，与扁担打交道的次数更多，为了能够很好地诠释"扁担舞"的内涵，刘耀武一班人刻苦训练、积极创新，他们的表演获得了一致好评，为满堂音艺术的发展与传承作出了有益的尝试。

采访过程中，我们恳请刘耀武给我们表演一小段满堂音，他不但没有拒绝，反而很主动地拿起乐器开始表演，表演信手拈来，十分自信，手指在琴弦上跳个不停，让我们一饱大师风采。采访中我们得知，由于经常演出，刘耀武的嗓子常感不适，还伴有轻微的颈椎病、肩周炎。除此之外，刘耀武还有低血糖晕头症状，年轻时经常下乡染上前列腺炎，现在还留有一点排尿困难的后遗症。根据刘耀武的体检结果，我们嘱咐他多注意生活和饮食规律，并祝福他能够将满堂音发扬光大。

十四 彭昌松、彭承金：摆手之乡摆手人

百福司、舍米湖、舍巴，这些都是地地道道的土家语。在来凤这个土家族苗族自治县里，还保存着比较完整的土家文化，尤其是在百福司，旧时盛行的土司文化色彩随处可见。

艳阳高照，微风习习。"恩施地区非遗传承人健康调查"团队在百福司镇龙副镇长的带领下，驱车来到了百福司舍米湖村。舍米湖是土家族摆手舞的发源地，距今已有四百多年的历史，当时的土家族祖先从江西避水难定居于现在的舍米湖，舍米湖的意思为"阳光照耀的小山坡"，或是"满是猴子的小山坡"，从祖先们取的地名来看，他们对这片土地充满了喜爱和希冀。在这里，我们认识了一群摆手舞传承人。

我们首先认识了彭昌松，他是摆手舞的传人、州级非物质文化遗产传承人、恩施州民间艺术大师。此人虽平凡，却有不平凡的人生。出生于旧中国的他没有进过学堂，但他积极上进、努力进取，曾一度还当选1975年第四届全国人大代表、1977年第五届全国人大代表。他告诉我们，在第四届全国人民代表大会上，他提出建立来凤土家族苗族自治县的议案，为1984年成立的恩施土家族苗族自治州奠定了基础。彭昌松和他所在舍米湖的摆手舞更是在恩施特色民族文化上谱写了神奇的乐章。

彭昌松（左二）与村民一起跳摆手舞（李茂林摄）

摆手舞作为土家族特有的民族舞蹈，浑厚、雄健、有力。土家祖先们在农忙之后、闲暇之余，由于没有其他的消遣方式，为了表达心里的喜悦，他们把劳作的场景和动作改编成舞蹈，并配上歌词和音乐，取名为"舍巴"，也叫摆手舞。摆手舞流传至今，仍保留着原有的精华，整套舞蹈共分单摆、撒种、插秧、双摆、比脚等九个小节，反映了勤劳善良的土家人的劳动过程，充分体现了土家人乐观自强的精神境界。

彭大贵、彭大万、彭承金、彭承荣、彭承富五兄弟是当地的土著居民，也是当地的摆手舞传承人。自从出生以来，他们就与摆手舞结下了不解之缘。没有专业的舞蹈培训，他们主要是靠长期与泥土打交道，然后通过劳作得到灵感，加之土家文化的熏陶，他们渐渐对摆手舞有了自己的见

彭昌松（前）为弟子彭承金示范动作（文林摄）

解。每逢过年过节的时候，他们便会跟着祖辈们一起到摆手堂学跳摆手舞，在玩儿戏的时候，摆手舞便在潜移默化中被他们学会了。随着时光的流逝，老一辈摆手舞人渐渐稀少，新一代摆手舞人正在逐渐成长，他们与时俱进，在原有的基础上把摆手舞跳得淋漓尽致。

以彭承金为代表的新一代摆手舞传承人，与舍米湖摆手舞队一起参加过国内外各种民族舞蹈活动。上海国际旅游节的舞台上有他们浑厚的舞姿，澳大利亚的大地上也有他们摆手舞的身影，世博会的观众更是亲眼目睹了摆手舞的神秘。2002 年，在恩施州万人摆手舞节上，舍米湖村一举摘得桂冠。在每一届"鄂渝湘边区民族团结促进会"活动中，摆手舞必不可少，彭承金还曾在活动中获得"先进个人"荣誉称号。2009 年，这个古朴的摆手舞村寨创造出了不到一个月的时间，就荣获两次团体荣誉的奇迹：在来凤县组织的中国·来凤土家摆手舞文化旅游节——"安普罗杯"摆手舞比赛中，他们获得"传承奖"；在百福司镇举行的土家民族原生态摆手舞团体比赛中，他们获得了第一名的好成绩。

以健康为切入点，呼吁全社会关注非遗文化，是我们调查团队的工作目的。我们调查团队从健康状况、饮食习惯、生活方式等方面对他们进行问卷调查，并向他们赠送保健药品以及疾病预防与日常保健的宣传资料。从摆手舞传承人健康状况的调查中，我们发现大多数传承人患有腰肌劳损、关节疼痛的毛病，少数人还有神经性头痛、结石等。我们还发现一个在当地较为普遍的问题是舍米湖的人们大多偏瘦，这可能与传承人长年累月的劳作、演出及其生活习惯有直接关系。

摆手舞的传承是他们现阶段的一块心病，虽然政府已出台一系列政策呼吁更多的人去学习、传承，但是收效甚微。当地的中小学生要以学习文化知识为主，根本没有足够的时间和精力去学习摆手舞；年轻人普遍反映不喜欢学习摆手舞，都希望到经济繁华的大都市去闯荡；成家立业的人们迫于生计，也没有时间去学习摆手舞；年老体弱者，更无力学习摆手舞。不过，百福司镇的工作人员告诉我们，百福司镇将要打造属于百福司自己的少数民族特色村寨，就在摆手舞的发源地舍米湖。我们相信这将会给摆手舞的传承带来希望的曙光。

第二节　"恩施地区非遗传承人健康调查"团队成员访谈

一　笔者与团队成员座谈

笔者：各位同学好，首先对你们2011年暑假期间深入恩施山区调查非遗传承人健康状况的实践活动深表敬意。今天借此机会我们想了解一些你们在这个实践活动过程中的体会、感受和对非物质文化遗产传承的看法，以便能让更多的人加入你们的行列中去。我想请问的是，你们当初是如何想到要组织这个活动的呢？或者说你们的初衷是什么呢？

王玲：这个就由我们的大队长朱道明学长介绍一下了。

朱道明：呵呵，我和你们不一样吗，都是被你们推上队长位置的，功劳都是你们的呢！不过说起初衷，这个我还是有发言权的。我在乡下长大，我们团队里的成员大多也都是恩施州内的本地人，分布在各个县市，对恩施地区的非遗文化或多或少都有一些了解，比如说恩施的女儿会、巴东的撒叶儿嗬、利川的龙船调，等等。我们都知道非物质文化遗产是人类共有的优秀文化遗产，是先辈们集体智慧的结晶，但在我们生活的恩施地区，由于经济水平有限，许多传承人的健康状况每况愈下，很多非遗文化随着老艺人的离世而消失，学校的刊物《土家学刊》也给了我们很多启示。我想作为医学专业的学生，我们也要利用自己的特长为传承保护非遗文化做一些自己力所能及的事情，于是我们就想到了在暑假期间对非遗传承人健康状况做个调查，并借此锻炼一些基本的医疗操作，给恩施地区非遗传承人一些有限的医疗卫生帮助。

笔者：想必你们为此付出了许多时间和精力吧，能为我们讲述一下你们是怎么准备的吗？

涂才学：说起这个准备，那真可以用费尽九牛二虎之力来形容了。最开始准备的时候，当我们知道全国有 20600 多支团队报名时，压力很大，怕我们辛苦多日却最终被砍下来，但那句"用心者无愧、努力者无悔"一直激励着我们，我们很认真地筹备，从最初创意的拟定和修改、物资准备和体能训练，到项目具体实施、后期资料整理、成果展示，我们一刻也没有懈怠。我们知道恩施多山，要实施这个计划体能是必须的，于是我们团队的 22 名成员分组抽课余时间每天进行体能训练。从 2011 年 5 月 5 日开始，团队成员每晚 9 点到指定地点集合进行半个小时的集训，最开始每天的 3000 米长跑有些同学还吃不消，经过两个多月的训练就早已不在话下了。此外，我们还动员了自己所有能想到的关系，联系老师、地方政府，得到他们的帮助。我们通过学校网站、广播、海报的形式，为活动召集志愿者，并在《恩施日报》、《中国民族报》、《恩施晚报》等媒体杂志上发表相关新闻报道，扩大我们此次活动的社会影响力。我们在培训老师的悉心指导下，制定了恩施地区非遗传承人健康状况调查问卷表，通过向合作机构租借以及合作机构免费提供等渠道，获得在活动实施过程中所需的体检器械和检测药品。

笔者：你们做了如此充分的准备，想必实施起来应该很顺利吧，在你们一个多月的实施过程中有什么难忘的事情吗？

魏雪玲：虽然我们做了比较充分的准备，但在实施的过程中还是有很多意想不到的困难等着我们，实践和理论之间的确是有差距的。我们遇到的第一个问题就是恩施山路的艰险，比我们想象中的要难得多。有些传承人居住地交通不便，只有通过步行才能到达，有的甚至还要负重行路几个小时，有公路的地段路况也差，颠簸难行，最严重的时候是我们从地方政府那里得到的地图与实际山路相差甚远，我们有的团队小组甚至因此而错走了几十里山路。也正是由于这些原因，常常使我们的日程计划被打乱，给我们带来了很多不便。另外一个困难就是药品极为不足。恩施山区传承人的年龄多在 50 岁以上，患有各种消化系统、呼吸系统和循环系统疾病，但由于经济水平的限制，他们大多不能到正规医疗机构进行规范治疗，只有在急性发病期才到当地卫生室做一些应急处理，因而他们的病况日益严重。而我们只筹集到了价值 2 万元的药品，一些急需而贵重的药品我们也无能为力。还有就是我们最初开展调查的时候有许多老百姓甚至地方政府都不相信我们，甚至怀疑我们是骗子、传销，等等，我们一开始很郁闷，但成员之间相互鼓励，我们一遍又一遍地解释和我们的实际行动最终赢得了他们的理解和支持，让他们对我们竖起了大拇指。

周鑫：还有我们每天几乎都是超负荷劳动，白天穿山越岭，晚上整理资料、写报告材料，还要与传承人和相关部门联系。有时候也会因为工作方法、工作安排上的不同而产生分歧，于是小吵小闹总是有的。不过我们都能相互理解、相互讨论，冷静下来理智思考，最终达成共识，毕竟有些东西是耍经过辩论才能出真知嘛。

笔者：这一个多月可以说你们是历经艰难，能给我们介绍一下你们在这一个月中做了哪些具体工作吗？或者说取得了哪些成效呢？

李利：在这一个多月里，我们通过问卷调查的形式，获得了恩施州八个县市的非物质文化遗产传承人和一些民间艺人的基本信息，包括姓名、年龄、性别、家庭住址、电话号码等，也获得了他们身体状况的基本信息，包括近半年出现的异常症状、病史和生活习惯，以及血压、体温、心率、脉率、呼吸等生命体征的情况。根据这些信息建立了非物质文化遗产传承人的健康档案，这些数据都十分真实，在一定程度上可以反映当地居民健康状况，为流行病学提供相关资料。我想我们的工作也可以为当地医疗机构制订治疗保健方案提供一定的依据。

另外，在开展活动的过程中，我们联系当地政府和文化部门，并以此为切入点，在一定程度上使这些部门了解到保护非物质文化的重要性，引起了社会各界的重视。在采访的过程中，使非物质文化传承人也认识到了自身的价值，为非物质文化的挖掘和传承起到了一定的推动作用。在项目的实施过程中，基本上达到公益的核心目标，为医疗条件落后、看病就医困难的非遗传承人提供了健康援助。对于我们自身而言，通过暑期一个多月的实践，我们领略了恩施八县市的风土民情，对非物质文化遗产有了更深入的了解和兴趣，我们感觉到非物质文化遗产并非遥不可及，其实它就在我们身边；对恩施地区非物质文化遗产及传承人的调查，不仅丰富了我们的实践经验、巩固了我们的医学知识、提升了我们的医学技能，还使还学到了很多在与不同阶层打交道的过程中说话的艺术和交流的技巧；另外，对突发情况的应急能力也得到了很大地提升，让我们真正体会到了实践是检验真理的唯一标准。

笔者：经过一个多月的实际调查，你们对恩施地区非遗文化的传承有什么看法呢？

徐思纹：以前我也听说过一些关于非物质文化遗产的消息，比如武当文化、寇准传说等，但只知道这些东西的存在，那时给我的印象就是它们是国家的文物，根本就不明白什么才是真正意义上的非遗文化，就更不知道非遗文化与物质文化遗产的差别了。这个暑假我过得很充实，我了解了恩施的民风民情，切实体会了恩施土家族人民的智慧，感受到非遗文化是一种根植于人们心中的内涵，而不仅仅是物化的景观。我想我们应该将这些非遗文化传承下去，这是我们国家的文化财富，更是我们中华民族的精神脊梁。

笔者：面对非遗文化传承人的健康现状，你们有什么建议吗？

严文明：根据我们的调查反馈，这些非遗传承人绝大多数不是年老就是多病，仅靠他们来传承非遗是不可能的，我想非遗传承人的保护和培养应该是目前非遗文化传承最为棘手的问题。非遗文化是以传承人的存在为载体的，没有了传承人，非遗文化也就失去了根基、失去了传承的基石。我们可以肯定地说，对传承人的保护和培养就是对非遗文化的传承，保护和培养的水平决定了非遗文化传承的效果。通过这次活动，我们了解到民间还有大量的民间文化、民间技艺没有被挖掘，掌握这些技艺的传承人也并没有意识到自身的价值。未来传承人的培养或许可以以文化素质较高的高校学生尤其是民族学生为对象，因为他们明白非遗文化的意义所在，他们更有优势去学习这些民间技艺。

笔者：谢谢大家，相信你们的公益之心会激励更多的人去为之奋斗的。

二　摘录"恩施地区非遗传承人健康调查"团队成员感言

这次暑期公益实践活动虽然耗费了我们整个暑假的时间，但它绝对是我们大学时代浓墨重彩的一笔。我们所有人都失去了一次好好玩耍的机会，失去了一次赚钱的机会，失去了一次与亲朋好友团聚的机会，失去了一次好好休息的机会。但我们不后悔，因为这失去的本身也是一次收获。我们真真正正地用我们所学的知识，通过我们自己的努力，为社会贡献出了自己的一份力。夏渐渐离我们远去，秋又要来了，在这个金秋，中国的大学里又将迎来一群踌躇满志的大学新生。而他们将在自己的大学里听到益暖中华、知道益暖中华、参加益暖中华，一群公益新星将会在他们中间诞生。而中国的公益事业将会在这一批又一批的公益之星的共同努力下迎来一个光明、繁荣的明天。

团队负责人——朱道明

　　暑假，我们团队走过了恩施八县市，采访了两百多位非遗传承人，收获了最真挚的感动，这是没有经历过的人是永远都体会不到的。记得我们的第一站——恩施站，那天下着大雨，我们背着行李、扛着旗子、打着雨伞，翻越高山，穿梭稻林、玉米地，来到了我们第一个受访者的家中，他是一位非常慈祥、热情的老大爷。现在仍依稀记得老大爷为我们送行的那一幕，他腿脚不好，加上下雨，可他仍坚持送了我们好几里路，他打着一把破旧的雨伞矗立在雨中依依不舍的形象，就像一位父亲目送即将远行的孩子一样，就在挥别的那一刻，这一幕深深地触动了我，让我感受到了那发自内心深处的感动，那么的纯真，那么的难以忘怀。我想非遗文化已经深深住进了老大爷的心里，看到我们这一群年轻人，他仿佛看到了希望。

　　在后面的几站里，不管再苦再累，我仍满怀着那份激情和感动，我知道：这份感动不会随着我们活动的结束而结束，而仅仅是一个开始。

——严文明

　　炎热的季节阻挡不了我们"80后"、"90后"的激情与爱心，反而让我们经历了一次心灵的清凉之旅。通过与多位非物质文化遗产传承人的接触，我真切地感受到了非遗文化的魅力，明白了原来爱源于内心、绽于世间。也许一个人的力量是微不足道的，但至少在这一刻，我无比自豪于公益的火炬传到我的手中、传到千千万万人的手中！

　　我想我们的活动不仅仅是在做公益，不仅仅是在传播"创意改善社会，公益温暖中国"的理念，它也为我们提供了一个平台，一个让我们发展友谊、树立团队合作精神的平台，也将为那些即将消失的非遗文化找到传承下去的希望。最后我想说的是，在本次活动中我收获最多的是一种充实、一种幸福、一种成长，还有一种希望。

——王晓红

八个县市的辗转，86 个乡镇的停留，近两百个乡村的亲自走访，我们共完成了对 203 位国家级、省级、州级、县级、乡级非遗传承人的调查、体检与采访。一路走来，我们跋山涉水、风餐露宿、日夜兼程，尝到了许多从未体验过的艰辛，也体会到了偏远山区生活的艰难。在这千里之行的道路上，我们流过汗、淌过血、受过累也吃过苦，但是，在我们疲惫的脸上总是洋溢着幸福的笑容，丝毫看不到怠倦，微笑与激情一直伴随我们左右。查健康、送温暖、拉家常，我们的到来让非遗传承人感受到了人间的真情与政府的关爱，让"益暖中华"的阳光雨露播撒在世间的每一个角落、让爱的音符融进每一位非遗传承人的心中。

——覃锐

通过三十多天的下乡调查采访，我才发现我身边的最普通的人们身上承载着太多的优秀文化。而我们作为大学生，生活在一个文化氛围最浓烈的环境中，却对身边的非物质文化了解太少，在很多方面甚至还是一片空白。从这个月的经历来看，我深深认识到政府和社会对我们身边优秀的传统民间文化关注得很不够，以致有许多世代传承下来的优秀文化湮没在人类历史的漫漫长河中。而通过这次活动，我们了解了他们，也让他们了解了社会对他们的关爱、关心。在活动中，我们深深地被他们的技艺所折服，被他们的坚持所感动，有一瞬间心中甚至懵懂着做传承人的想法，我想应该有更多的人接下他们手中的接力棒，才会让非遗文化更加辉煌。

我知道仅凭我们这个活动，我们能做的很少，只希望通过这个活动能够让更多人认识到有太多经过世世代代流传下来的优秀文化遗产正在一步步走向消亡，希望全社会都能够参与到非物质文化遗产的保护，让我们祖国的优秀文化瑰宝能够更好的继承和发扬。

——李涛

　　这个暑期，通过对恩施地区非物质文化及其传承人健康的调查，我深刻体会到了"实践是检验真理的唯一标准"的真正科学内涵。非物质文化遗产作为一种文化是某个地区人文素养、精神面貌的集中体现之一。经过一个月的"千里之行"，让我对非遗文化原本一片空白的脑子，增添了几分"色彩"，同时也了解到很多非遗文化传承人的健康状况令人担忧，这将直接关系他们所传承的非遗文化。对非遗文化及其传承人的保护不是某个人或某个政府部门的事，这需要全社会的共同努力，从各个方面采取措施，将这些非遗文化及其传承人保护好，让非遗文化真正发扬光大，体现出其历史传承价值。

——庄泽本

　　湖北民族学院"恩施地区非遗传承人健康调查"团队2011年暑期社会实践活动是该校文化活动的重要组成部分，采访中笔者体会到了团队成员的艰辛和不易，也能感受到他们在活动中互帮互助、增进团结和友谊的同学情谊，相信经过此次活动他们对自己、对社会都会有更清晰的认识，这将成为他们毕生的财富。

　　该团队历经一个多月的磨砺，深入恩施山区腹地，为恩施地区土家族非物质文化遗产的传承采集了第一手真实资料，传播了传承非物质文化遗产有重要意义的思想，让更多的民间艺人了解到了国家和社会对他们的关注，为他们树立了信心，为恩施地区土家族非物质文化遗产的传承作出了贡献。这次活动也彰显了校园文化活动对传承非物质文化遗产的重要作用，它让学生与非物质文化遗产和非物质文化遗产传承人零距离接触，体会到非物质文化遗产传承的问题并引起他们的思考，这种形式必将为非物质文化遗产和现代文明的融合提供契机，并进一步促进非物质文化遗产的传承创新。

第七章　总结与展望

第一节　全书总结

　　全书运用理论研究与案例研究相结合、回顾性研究与前瞻性研究相结合、定性研究与定量研究相结合的方法，在对非物质文化遗产传承理论研究进行系统性总结的基础上，对恩施州土家族非物质文化遗产现有传承人的健康现状进行了深入剖析；通过对恩施州土家族非物质文化遗产教育传承模式的回顾，并选择巴东撒叶儿嗬这一典型案例分析审视了恩施州土家族非物质文化遗产传承人的发展现状、问题，指出高校教育特别是恩施州地方高等院校是培养土家族非物质文化遗产传承人的重要路径；以上述分析为基础，选取具有代表性的恩施州地方高校——湖北民族学院为例，基于传承人培养视角，对恩施土家族非物质文化遗产高校教育传承模式进行了深入全面的分析，提出高校开展非物质文化遗产教育传承的对策及建议。全书的主要创新点包括以下五个方面：

　　首次基于地域的视角对土家族非物质文化遗产进行了界定。土家族作为我国人口较多的少数民族之一，主要聚居于湘、鄂、渝、黔四省市接壤的武陵山区的20个县市。土家族非物质文化遗产虽是土家族人民共同创造的物质产品和精神产品的总和，但仍有其鲜明的地域特色和生存土壤，本研究涉及的土家族非物质文化遗产是基于地域视角的界定，是指湖北恩施自治州所辖的恩施、巴东、宣恩、利川、来凤、鹤峰、建始、咸丰等八个县市的土家族非物质文化遗产，这为开展恩施州土家族非物质文化遗产教育的理论研究和实践操作厘清了范围。

　　首次以恩施州现有的土家族非物质文化遗产传承人健康状况为中心展开研究，分析了土家族非物质文化遗产传承可持续发展的问题。本书通过实地调研，采用访谈和问卷调查等方式，以203名土家族非物质文化遗产传承人的健康现状为研究切入点，考察土家族非物质文化遗产传承的严峻现实和必然发展，给实践者以有用的正面启示。

首次应用本体论、教育人类学理论，来探讨土家族非物质文化遗产传承、教育、传承人之间的相互关系。土家族非物质文化遗产传承的本体是传承人，而教育就是对人的本体的塑造，非物质文化遗产传承要通过教育来实现，教育是土家族非物质文化遗产传承及传承人培养中的最重要一环。

基于土家族非物质文化遗产教育传承的现状，对恩施地方高校有效开展非物质文化遗产教育传承的独特性进行了探索。本书回顾土家族非物质文化遗产传承的教育历程，以巴东撒叶儿嗬作为实证分析，提出了学校教育传承的重要性；并对高校教育特别是恩施州地方高等院校有效开展非物质文化遗产教育传承的独特性（区位优势、文化优势、政策优势、自身优势）进行探索，提出了高校教育是培养土家族非物质文化遗产传承人的必由路径。

探索构建以非物质文化遗产传承人培养为核心、以校园文化活动为有效手段的高等院校非物质文化遗产教育传承的路径。本书以湖北民族学院为案例，系统地探索，提出了非物质遗产高校教育传承的对策建议。

第二节　前景展望

非物质文化遗产学校教育传承是一门新兴学科，研究的历史较短；同时，非物质文化遗产学校教育传承是又一门综合性的学科，涉及教育、历史、文体、技能、传媒、经济、管理、旅游等方面，因此研究难度相对较大。目前，非物质文化遗产学校教育传承的理论研究和实践研究尚处于起步、探索、培育阶段，本书基于恩施土家族非物质文化遗产学校教育传承的视角，对于非物质文化遗产学校教育传承的问题进行了一些探索性的研究。本书将恩施州土家族非物质文化遗产作为武陵地区非物质文化遗产存在的缩影，以恩施州地方高等院校——湖北民族学院为研究对象，对其非物质文化遗产教育传承的发展进行经验总结和问题研究，并提出了一些有益的、切实可行的建议，以期对武陵地区非物质文化遗产的学校教育传承发展有所帮助。

高校教育传承模式是目前和今后相当长一段时间内我国非物质文化遗

产传承的必然选择，理应得到全社会的重视并进一步完善推广，使其作用得到充分发挥。但也不能因此忽视了其他传承模式的作用，要继续发挥师徒传承和家庭传承模式在当代非物质文化遗产传承中的补充作用；同时还有待于现行教育体制的进一步改革与完善，有待于各种社会资源的有机整合，共同为高校教育传承非物质文化遗产服务。只有抓住重点、统筹兼顾才能达到理想的效果，才能使非物质文化遗产成为人类永久的精神财富。传承可以保存和丰富非物质文化遗产内涵，但要让非物质文化遗产深入人心，就需要构建非物质文化遗产传承的社会氛围和大众心理认同，这也是非物质文化遗产传承工作者需要深入研究的内容。

由于时间仓促，本次研究中所涉及的部分问题还有待进一步深入研究，有关非物质文化遗产的学校教育传承在我国发展历史不长，某些观点、思路是否具有解释力和指导性也有待实践的考验和检验。笔者在今后的研究中，将继续深入这一领域的研究，以使基于教育传承视域下的非物质文化遗产能够得到更加有效的传承和发展。

附录 "恩施地区非遗传承人健康调查"团队 走访传承人名单(2011年10月)

序号	姓名	性别	年龄	民族	家庭住址	传承项目名称
1	邓泽清	男	46	土家族	恩施市红土乡大河沟村三岔坪组	傩戏
2	侯安星	男	69	土家族	宣恩县李家河乡综合文化站	滚龙连厢
3	邓玉书	男	70	土家族	恩施市红土乡大河沟村三岔坪组	傩戏
4	向承福	男	78	汉族	恩施市沙地乡柳池村	木偶戏
5	鲁智权	男	73	汉族	恩施市沙地乡黄广田村玉碗水组	木偶戏
6	张凤娥	男	47	土家族	恩施市红土乡财经所	山民歌
7	方思敬	男	48	土家族	恩施市舞阳街道办事处耿家坪小区	民间吹打乐
8	叶荣明	男	54	汉族	恩施市三岔乡燕子坝叶家台1组	连响、湖北大鼓、三才板
9	袁作玉	女	54	汉族	恩施市双河岭村管坝5组	神豆腐制作技艺
10	邹登戍	女	65	土家族	恩施市三岔乡燕三岔口社区居委会水井槽组	民族舞蹈
11	刘未香	女	56	土家族	恩施市土司城内	西兰卡普
12	杨昌光	男	58	土家族	恩施市三岔乡王家坝二房组	木叶
13	肖祥德	男	58	汉族	恩施市双河岭村管坝4组	神豆腐制作技艺
14	梅启明	男	59	汉族	恩施市白杨坪村熊家岩中学	灯戏
15	谭永金	男	68	土家族	恩施市三岔乡鸡沐羽村2组	傩戏、连响
16	谢华国	男	73	土家族	恩施市红土乡石灰窑	女儿会
17	胡明山	男	80	汉族	恩施市三岔乡新街集贸市场	葫芦画
18	杨天明	男	82	土家族	恩施市芭蕉侗族乡南门园双路井6组	武术、舞龙
19	蒋品三	男	90	土家族	恩施市红土乡漆树坪村漆树坪组	傩戏

序号	姓名	性别	年龄	民族	家庭住址	传承项目名称
20	邓永红	男	47	土家族	恩施市三岔乡文化站	地花灯
21	田玉先	男	74	土家族	恩施市三岔乡鸦沐羽村杉木湾组	傩戏
22	黄知培	男	53	土家族	恩施市三岔乡燕子坝村	耍耍
23	蒋西城	男	68	土家族	恩施市红土乡漆树坪村漆树坪组	傩戏
24	杨洪顺	男	68	土家族	恩施市三岔乡三岔口居委会	恩施三才板
25	陈青秀	男	35	土家族	巴东县大支坪镇十二岭村	山民歌
26	张远福	男	41	土家族	巴东县清太坪镇核桃坪村7组	撒叶儿嗬
27	邓正元	男	46	土家族	巴东县水布垭镇毛家冲村5组	撒叶儿嗬
28	严冰若	男	46	土家族	巴东县大支坪镇十二岭村	撒叶儿嗬
29	谭大翠	女	49	土家族	巴东县沿渡河镇罗坪村8组	堂戏
30	张清河	男	61	土家族	巴东县大支坪镇	清江丝弦、花鼓子
31	费天凤	女	64	土家族	巴东县沿渡河镇红沙村1组	堂戏
32	张厚彪	男	65	汉族	巴东县官渡口镇西瀼口村12组	江河号子
33	刘行春	男	67	汉族	巴东县大支坪镇大支坪村3组	山民歌
34	谭绍康	男	70	土家族	巴东县溪丘湾镇溪丘湾9组	堂戏
35	谭文碧	男	70	土家族	巴东县沿渡河镇溪丘湾乡白羊坪村9组	堂戏、皮影
36	王生乾	男	74	汉族	巴东县大支坪镇大支坪村	腰鼓
37	谭邦武	男	98	土家族	巴东县官渡口镇东坡村2组	峡江号子
38	田代金	男	30	土家族	巴东县清太坪镇核桃坪村6组	撒叶儿嗬
39	谭辉荣	男	32	土家族	巴东县野三羊牛角冲村3组	撒叶儿嗬、山民歌
40	向兵	男	34	土家族	巴东县大支坪镇耀英坪村4组	撒尔荷、清江丝
41	吕启文	男	68	土家族	巴东县清太坪镇二里坡村5组	吕氏竹工艺
42	韩永松	男	40	土家族	巴东县请太坪镇核桃坪村	撒叶儿嗬
43	黄顺樊	女	76	土家族	巴东县大支坪镇3组	连响
44	谭本勇	男	45	土家族	巴东县清太坪金龙山3组	撒叶儿嗬、山民歌
45	陈永胜	女	45	土家族	巴东县清太坪镇陈家湾村村5组	撒叶儿嗬
46	谭明徐	男	48	土家族	巴东县清太坪陈家湾村2组	山民歌

续表

序号	姓名	性别	年龄	民族	家庭住址	传承项目名称
47	沈列贤	男	49	汉族	巴东县大支坪镇水洞坪村7组	撒叶儿嗬
48	邓习交	男	56	土家族	巴东县请太坪镇马蹄水6组	撒叶儿嗬
49	朱鲜翠	女	65	土家族	巴东县大支坪镇大支坪村3组	连响
50	邓习珮	男	65	土家族	巴东县请太坪镇马蹄水村6组	撒尔儿嗬
51	谭新华	女	67	土家族	巴东县大支坪镇大支坪村1组	连响
52	黄治军	男	67	土家族	巴东县野三关镇劝农亭5组	撒叶儿嗬
53	吴杨	男	30	土家族	建始县花坪乡花坪镇小西湖路6号	建始花坪桃片糕制作技艺
54	肖隆杰	男	43	土家族	建始县业州镇茨泉社区百步楼苍45号	丝弦锣鼓
55	余志习	男	45	土家族	建始县业州镇柳树淌村13组	工艺艺术（根雕）
56	晏现如	男	45	土家族	建始县官店镇战场村8组	花鼓灯、傩戏
57	罗伦秀	女	47	土家族	建始县三里乡老村10组	喜花鼓
58	陈元春	男	48	土家族	建始县业州镇安乐井村10组	闹灵歌
59	陈兹凤	女	55	土家族	建始县三里镇6组	山民歌
60	郭隆炽	男	56	土家族	建始县高坪镇干沟村1组	建始南乡锣鼓
61	徐明和	男	57	土家族	建始县龙坪乡姜家坪村4组	高腔山歌
62	吴际安	男	59	土家族	建始县花坪乡花坪镇小西湖路6号	建始花坪桃片糕制作技艺
63	吕守芹	男	60	土家族	建始县三里乡小屯村2组	顺口溜、小品、喜花鼓
64	黄世忠	男	60	土家族	建始县高坪镇花石板村3组	建始南乡锣鼓
65	郝在友	男	63	土家族	建始县官店镇拱桥湾村	花鼓灯、耍火棍闹灵歌
66	龚敬堂	男	64	土家族	建始县官店镇小战场村1组	舞狮、傩戏
67	李发明	男	65	土家族	建始县业州镇垭门村5组	闹灵歌
68	江少念	男	65	汉族	建始县长梁乡天生社区8组	建始山民歌
69	郭隆聪	男	65	土家族	建始县高坪镇干沟村1组	闹灵歌
70	陈宏清	女	65	土家族	建始县龙坪乡姜家坪村3组	高腔山歌
71	余定喜	男	67	土家族	建始县长梁乡三宝村5组	薅草锣鼓
72	朱建平	男	68	土家族	建始县红岩镇居委会1组	狮子词、山民歌
73	冯声茂	男	68	土家族	建始县长梁乡二台子村25组	建始山民歌

序号	姓名	性别	年龄	民族	家庭住址	传承项目名称
74	龙世斌	男	69	苗族	建始县高坪镇黄口坝村6组	闹灵歌
75	李文林	男	70	土家族	建始县高坪镇花园村2组	根雕、石雕
76	田佑廷	男	71	土家族	建始县官店镇王家坪村4组	傩戏
77	龙忠凯	男	73	土家族	建始县高坪镇桑园坝村2组	建始南乡锣鼓
78	王华英	男	80	土家族	建始县业州镇老文化局宿舍	黄四姐
79	程士章	男	81	土家族	建始县景阳镇凤凰村4组	桑麻造纸
80	刘守红	男	24	汉族	利川市都亭普庵村8组	肉连响
81	彭茂相	男	48	土家族	利川市毛坝乡新河村8组	山民歌
82	黄开榜	男	60	土家族	利川市毛坝乡新河村8组	山民歌
83	柏义双	男	60	土家族	利川市毛坝乡新河村8组	山民歌
84	全友发	男	70	土家族	利川市柏杨坝村2组	利川灯歌
85	聂成	男	71	土家族	利川市柏杨镇柏杨坝村8组	利川灯歌、柏杨民歌
86	李源道	男	78	土家族	利川市城区清江小区时代佳苑	利川小曲
87	吴修富	男	84	土家族	利川市都亭街胜利路407号	肉连响
88	刘佳家	男	36	土家族	利川市毛坝乡石板村4组	绕棺
89	李兴爱	男	38	土家族	利川市毛坝乡楠木村3组	绕棺
90	牟一胜	男	56	土家族	利川市凉雾乡诸天村3组	民歌
91	柏义发	男	69	土家族	利川市毛坝乡新河村8组	山民歌
92	彭茂清	男	71	土家族	利川市毛坝乡新河村8组	山民歌
93	曾涛	女	48	土家族	利川市凉雾乡诸天村3组	民歌
94	牟奇祥	男	88	土家族	利川市凉雾乡诸天村3组	牟氏山民歌
95	马金现	男	39	回族	咸丰县尖山乡镇	油茶汤制作
96	陈立军	男	40	土家族	咸丰县活龙坪乡人民政府宿舍	山民歌
97	陈俊法	男	40	土家族	咸丰县尖山乡镇	板凳拳
98	刘国建	男	44	土家族	咸丰县尖山乡南河村2组	穿花
99	何平	男	53	土家族	咸丰县政府大厦一栋三单元	何氏根雕
100	万桃元	男	55	土家族	咸丰县丁寨乡渔泉村1组	土家吊脚楼营造技艺
101	郑仁才	男	57	汉族	咸丰县尖山乡横路村7组	唢呐
102	杨新益	男	58	土家族	咸丰县高乐山镇东门沟村	高腔山歌

续表

序号	姓名	性别	年龄	民族	家庭住址	传承项目名称
103	徐延林	男	59	土家族	咸丰县活龙坪乡长岭村9组	舞狮、花锣鼓
104	陈永丰	女	59	土家族	咸丰县高乐山镇二道河开发区	土家绣花
105	曾英	男	62	土家族	咸丰县活龙坪乡活龙中学	书画
106	余大林	男	65	土家族	咸丰县高乐山镇大坝村7组	道具（彩扎艺术）
107	谭福弟	男	72	土家族	咸丰县活龙坪乡鱼塘坎村	书画、民歌歌词谱写
108	向呈祥	男	76	土家族	咸丰县活龙坪乡河坎村河坎小组	三棒鼓
109	李仕洲	男	76	土家族	咸丰县朝阳寺镇水井槽村13组	地盘子
110	万书善	男	78	土家族	咸丰县高乐山镇前进街2巷55号	狮子灯
111	张玲	女	24	土家族	咸丰县活龙坪乡晓溪	土家舞蹈
112	郭林国	男	48	苗族	咸丰县小村乡镇	山民歌
113	冉国盛	男	53	土家族	咸丰县小村乡村坊	竹编
114	卢定恒	男	57	土家族	咸丰县甲马池镇花台村4组	唢呐
115	姜胜健	男	58	羌族	咸丰县黄金洞乡麻柳溪村6组	土家吊脚楼营造技艺
116	孙昌洪	男	61	土家族	咸丰县小村乡喂龙村4组	锣鼓
117	李琼刚	男	62	苗族	咸丰县小村乡大村3组	土家打溜子戏
118	杨富之	男	71	汉族	咸丰县甲马池镇福利院	山民歌
119	谭银弟	女	73	土家族	咸丰县活龙坪乡凤凰村黄家湾	山民歌
120	白启常	男	75	土家族	咸丰县小村乡小村村老街	彩扎
121	庹兴富	男	78	土家族	咸丰县黄金洞乡黄金洞村6组	山民歌
122	谢熙成	男	80	土家族	咸丰县黄金洞村麻柳溪村2组	土家打溜子戏
123	段振亚	男	33	土家族	来凤县旧司乡文化服务中心	摆手舞
124	彭承荣	男	38	土家族	来凤县百福司镇舍米湖村2组	摆手舞
125	张永刚	男	42	苗族	来凤县大河镇张家坡村6组	靠灯
126	刘法兵	男	43	土家族	来凤县大河镇桐子源村6组	吹打乐
127	彭承金	男	43	土家族	来凤县百福司镇舍米湖村2组	摆手舞
128	万建全	男	44	土家族	来凤县旧司乡板沙界村4组	地龙灯
129	彭兴树	男	45	土家族	来凤县大河镇黑家坝社区5组	三棒鼓
130	周红英	女	45	土家族	来凤县百福司镇高洞乡泡木村4组	山民歌
131	李玉生	男	48	汉族	来凤县旧司乡大岩板村7组	地龙灯

续表

序号	姓名	性别	年龄	民族	家庭住址	传承项目名称
132	向前和	男	48	土家族	来凤县绿水乡梅子树村 3 组	三棒鼓
133	刘绍华	男	49	土家族	来凤县南剧团	南剧
134	王福久	男	52	汉族	来凤县大河镇社潭溪村 1 组	三棒鼓
135	陈庭友	男	54	汉族	来凤县翔凤镇烟厂宿舍 10 栋一单元 4 楼 01 号	三棒鼓
136	彭承富	男	57	土家族	来凤县百福司镇舍米湖村 2 组	摆手舞
137	刘建英	女	58	土家族	来凤县翔凤镇凤南路 108 号	摆手舞、南剧
138	彭大万	男	59	土家族	来凤县百福司镇舍米湖村 2 组	摆手舞
139	田延江	男	62	土家族	来凤县旧司乡岩朝门村 3 组	三棒鼓
140	向德宣	男	63	土家族	来凤县漫水乡新拱桥村 5 组	竹木手工技艺
141	李安正	男	67	土家族	来凤县凤翔大道南剧团宿舍 202 号	南剧
142	王元馨	男	72	苗族	来凤县山官路 13 号	地龙灯、摆手舞
143	田锦杰	男	73	土家族	来凤县旧司乡岩朝门村	三棒鼓（土家族花鼓）
144	彭大贵	男	81	土家族	来凤县百福司镇舍米湖村 2 组	摆手舞
145	彭昌松	男	81	土家族	来凤县百福司镇舍米湖村 2 组	摆手舞
146	李英	男	83	土家族	来凤县旧司乡大岩板村茶厂	地龙灯
147	邓斌	男	84	土家族	来凤县旧司乡板沙界村 6 组	地龙灯
148	胡亚玲	女	38	土家族	鹤峰县五里乡五里村 2 组	满堂音
149	刘红兵	女	45	土家族	鹤峰县五里乡五里道班	满堂音
150	任珍兰	女	50	土家族	鹤峰县金钟村	满堂音
151	何桃芝	女	51	土家族	鹤峰县五里乡五里村 1 组	满堂音
152	赵平国	男	54	土家族	鹤峰县容美镇海通市场三楼	丝绢烙画
153	喻世万	男	54	土家族	鹤峰县五里乡文化站	满堂音
154	谭珍英	女	58	土家族	鹤峰县五里乡五里村 1 组	满堂音
155	陈登茂	男	65	土家族	鹤峰县走马镇大典村 8 组	土家族打溜子（鹤峰围鼓）
156	苏国明	男	66	土家族	鹤峰县白果坪村 4 组	土家族打溜子（鹤峰围鼓）
157	郑南阶	男	67	汉族	鹤峰县美容镇容美广场 3706 号	南戏
158	钟宏恩	男	67	土家族	鹤峰县走马镇大典村 8 组	土家族打溜子（鹤峰围鼓）

续表

序号	姓名	性别	年龄	民族	家庭住址	传承项目名称
159	曾焕学	男	70	土家族	鹤峰县九峰大道 94 号	土家族打溜子（鹤峰围鼓）
160	向金莲	女	77	土家族	鹤峰县太平乡老街	毛坝山民歌
161	谭学友	男	83	土家族	鹤峰县走马镇李桥村 9 组	鹤峰柳子戏
162	熊晓华	女	47	白族	鹤峰县美容镇沿河路东街	柳子戏
163	刘耀武	男	53	土家族	鹤峰县容美路 1 号	满堂音
164	吴秀珍	女	54	土家族	鹤峰县桃子乡园井村水井湾 4 组	鹤峰田歌
165	陆名春	女	64	土家族	鹤峰县民宗局	鹤峰田歌
166	张辉林	男	66	土家族	鹤峰县邬阳乡郭家村 3 组	民族舞蹈
167	邹登戍	男	69	土家族	鹤峰县邬阳乡栗子村 8 组	民族舞蹈
168	舒乐堂	男	69	土家族	鹤峰县邬阳乡栗子村 8 组	民族舞蹈
169	牟炳菊	女	70	土家族	鹤峰县容美镇鹤峰县实验小学	南戏
170	严贵清	男	72	土家族	鹤峰县容美镇坪山村 4 组	民间音乐
171	王兆梧	男	78	白族	鹤峰县美容镇溇水大道 122 号	鹤峰围鼓
172	王桂姐	女	84	土家族	鹤峰县中营乡八字三村 2 组	鹤峰田歌
173	卢碧川	男	66	土家族	鹤峰县燕子乡青湖集镇雅来线 2 号	傩戏
174	刘申之	女	67	土家族	鹤峰县中营乡八字三村 1 组	鹤峰田歌——川号儿
175	吴美珍	女	44	土家族	鹤峰县中营乡八字山村 2 组	鹤峰田歌
176	王月姐	女	76	土家族	鹤峰县桃子乡园井村水井湾 4 组	鹤峰田歌
177	何泽忠	男	43	土家族	宣恩县椿木营乡杨柳坨村	山民歌
178	梁立武	男	44	苗族	宣恩县沙道沟镇龙潭村六组 1 号	上刀梯
179	周银菊	女	45	土家族	宣恩县沙道镇商业街 76 号	土家绣花鞋（垫）
180	李世富	男	45	土家族	宣恩县椿木营乡范家坪村 7 组	唢呐
181	李美珍	女	45	土家族	宣恩县椿木营乡范家坪村 1 组	十姊妹歌
182	李联凤	男	57	汉族	宣恩县珠山镇黄河巷 91 号	拉船号子
183	陈银阶	男	59	土家族	宣恩县长潭河律吕坝村 6 组	民间吹打
184	向家群	男	59	土家族	宣恩县沙道沟镇两河村 3 组	土家吊脚楼营造技艺
185	梁孟春	女	60	土家族	宣恩县椿木营乡黄家坪村 10 组	山民歌
186	李忠和	男	60	汉族	宣恩县椿木营乡林苑西路 73 号	薅草锣鼓、山民歌

续表

序号	姓名	性别	年龄	民族	家庭住址	传承项目名称
187	李耀胜	男	61	汉族	宣恩县长潭诺西村 10 组	土家服饰的裁剪与缝纫
188	唐泽纯	男	62	汉族	宣恩县长潭河诺西村	孝歌
189	田远征	男	62	土家族	宣恩县高罗乡龙河村 4 组	地花灯
190	王义芳	男	63	汉族	宣恩县长潭易家坪村 6 组	花背篓纺织技艺
191	李明斌	男	63	苗族	宣恩县珠山镇大坝沟村 2 组	大坝沟狮子灯
192	陆海泉	男	63	土家族	宣恩县李家河乡金陵寨村 5 组	三棒鼓
193	朱锦泉	男	63	汉族	宣恩县李家河乡金陵寨村 6 组	三棒鼓
194	姚元汉	男	67	侗族	宣恩县长潭河乡中间河村 5 组	七姊妹山的传说
195	张永华	男	67	土家族	宣恩县高罗乡龙河村 5 组	猴儿鼓
196	冷浩然	男	67	土家族	宣恩县晓关侗族乡黄河村 13 组	薅草锣鼓
197	田宗堂	男	68	土家族	宣恩县沙道沟镇栏杆坪村 9 组	土家八宝铜铃舞
198	李维炳	男	71	土家族	宣恩县珠山镇负水路 68 号	伍家台贡茶制作工艺
199	何松庭	男	72	汉族	宣恩县椿木营乡黄家坪村 4 组	高腔山歌
200	董兴林	男	75	土家族	宣恩县珠山镇双龙湖 2 组	宣恩耍耍
201	周元勋	男	79	汉族	宣恩县珠山镇干沟塘村 4 组	纸扎雕塑
202	李耀富	男	82	汉族	宣恩县椿木营乡林苑西路 73 号	薅草锣鼓
203	周树庭	男	91	土家族	宣恩县李家河乡塘坊村 4 组	滚龙连厢

参 考 文 献

一 著作类文献：

[1] 胡锦涛：《坚定不移沿着中国特色社会主义道路前进 为全面建成小康社会而奋斗——在中国共产党第十八次全国代表大会上的讲话》，人民出版社 2012 年版。

[2] 《中华人民共和国国民经济和社会发展第十二个五年规划纲要》，人民出版社 2011 年版。

[3] 《马克思恩格斯选集》第 1 卷，人民出版社 1995 年版。

[4] 《马克思恩格斯选集》第 2 卷，人民出版社 1997 年版。

[5] 干成俊：《马克思哲学本体论及其当代意义》，安徽人民出版社 2006 年版。

[6] 俞宣孟：《本体论研究》，上海人民出版社 2005 年版。

[7] 张紫晨：《中外民俗学词典》，浙江人民出版社 1991 年版。

[8] [德] 海德格尔：《关于人道主义的书信》，孙周兴选编《海德格尔选集》上卷，生活·读书·新知三联书店 1996 年版。

[9] 中国社会科学院哲学研究所西方哲学史组编：《存在主义哲学》，商务印书馆 1963 年版。

[10] 谭志松：《土家族非物质文化的教育保护与传承研究》，民族出版社 2011 年版。

[11] 邹广文：《当代文化哲学》，人民出版社 2007 年版。

[12] 冯增俊：《教育人类学》，江苏教育出版社 1991 年版。

[13] 哈经雄、滕星：《民族教育学通论》，教育科学出版社 2001 年版。

[14] 庄孔韶：《教育人类学》，黑龙江教育出版社 1989 年版。

[15] 赵世林：《云南少数民族文化传承论纲》，云南民族出版社 2002 年版。

[16] 谭志松主编:《武陵地区民族教育的历史与现状》,民族教育出版社 2005 年版。

[17] 彭万廷、冯万林:《巴楚文化源头》,湖北教育出版社 2003 年版。

[18] 王世枚:《武陵地区师资队伍的历史与现状研究》,民族教育出版社 2005 年版。

[19] 谭志松:《多民族国家大学的使命——中国大学的功能及其实现研究》,民族出版社 2008 年版。

[20] 李平、陈世波主编:《我心中的校园文化》,云南大学出版社 2007 年版。

[21] 王松华等:《非物质文化遗产保护与开发的经济学研究——基于上海弄堂文化的研究》,西南财经大学出版社 2009 年版。

[22] 胡萍、蔡清万:《武陵地区非物质文化遗产及其文献集成》,民族出版社 2008 年版。

[23] 谢菲:《国外非物质文化遗产相关研究述评》,《贵州民族研究》2011 年第 3 期。

[24] 申茂平:《贵州非物质文化遗产研究》,知识产权出版社 2009 年版。

[25] 谭笑:《寻访民间艺术大师》,民族出版社 2003 年版。

[26] 王大超:《民间文化活化石》,湖北人民出版社 2008 年版。

[27] 陈华文主编:《非物质文化研究集刊》,学苑出版社 2011 年版。

二 期刊文献:

[1] 张世均:《我国少数民族非物质文化遗产的价值》,《西南民族大学学报(人文社科版)》2007 年第 7 期。

[2] 刘魁立:《论全球化背景下的中国非物质文化遗产保护》,《河南社会科学》2007 年第 1 期。

[3] 刘锡诚:《传承与传承人论》,《河北教育学院学报(哲学社会科学版)》2006 年第 5 期。

[4] 祁庆富:《论非物质文化遗产保护中的传承及传承人》,《西北民族研究》2006 年第 3 期。

[5] 刘锡诚:《论"非遗"传承人的保护方式》,《河南教育学院学报(哲学社会科学版)》2011 年第 1 期。

[6] 徐金龙:《大学生非物质文化遗产教育的现状及对策》,《赣南师范学

院学报》2009 年第 1 期。

[7] 吕书额：《构建非物质文化遗产保护与地方高校改革实践互动平台研究——以廊坊市为例》，《职业时空》2012 年第 12 期。

[8] 谭宏、王天祥：《地方性高等院校与边区非物质文化遗产——以渝黔川边区为例》，《重庆文理学院学报（社会科学版）》2006 年第 2 期。

[9] 饶乐、黄沁：《江西非物质文化遗产传承方式探析——以摄影推广为例》，《大众文艺》2011 年第 23 期。

[10] 陈一平、张丽丹：《影视资源与非物质文化遗产的保护和传承——以杭州地区为例的审视及构想》，《浙江传媒学院学报》2009 年第 4 期。

[11] 刘锡诚：《非物质文化遗产的文化性质问题》，《西北民族研究》2005 年第 1 期。

[12] 杨艳丽：《旅游业与非遗文化产业融合研究——以寒地黑土核心区绥化市为例》，《安徽农业科技》2011 年第 3 期。

[13] 孙正国：《论非物质文化遗产传承人的类型化保护》，《求索》2009 年第 10 期。

[14] 萧放：《关于非物质文化遗产传承人的认定与保护方式的思考》，《文化遗产》2008 年第 1 期。

[15] 余继平：《基于传承人本体视角的非物质文化遗产活态传承初探——以武陵民族地区为例》，《四川戏剧》2012 年第 6 期。

[16] 白庚胜：《非物质文化遗产法律保护论我国非物质文化遗产的现状》，《中国民族》2006 年第 5 期。

[17] 熊英：《论我国非物质文化遗产法律保护体系的构建》，《重庆工商大学学报（社会科学版）》2010 年第 6 期。

[18] 李林启：《我国非物质文化遗产法律保护体系的构建》，《特区经济》2010 年第 1 期。

[19] 申茂平：《非物质文化的教育传承及其实现途径》，《教育文化论坛》2009 年第 1 期。

[20] 苑利：《非物质文化遗产传承人保护之忧》，《探索与争鸣》2007 第 7 期。

[21] 乙军、周业庭、马小波：《我国卫生资源配置的地区性差异分析》，《中国医药导报》2012 年第 7 期。

[22] 林莎：《科学发展观与可持续发展》，《长白学刊》2004 年第 3 期。

[23] 黄崴：《试论作为本体的、价值的实践的主体性》，《河南师范大学学报（哲学社会科学版）》1997 年第 2 期。

[24] 田玉成：《我们的撒叶儿嗬》，《文化月刊》2013 年第 3 期。

[25] 潘懋元：《高等学校的社会职能》，《高等工程教育研究》1986 年第 3 期。

[26] 邓莹辉：《从"撒叶儿嗬"的发展看非物质文化遗产的保护与传承》，《三峡论坛》2010 年第 3 期。

[27] 潘道兰：《建设校园文化，增强高校文化软实力》，《中国高等教育》2009 年第 5 期。

[28] 郭孝文、吴玲：《论大学校园文化的内涵、机制与特征》，《吉林教育科学》1992 年第 1 期。

[29] 赵卫利、赵淑君、李荣素：《高校非物质文化遗产教育与大学生的培养》，《产业与科技论坛》2011 年第 8 期。

[30] 孙珠红、白宏亮：《浅谈新时期高校校园文化活动的开展》，《佳木斯大学社会科学学报》2013 年第 3 期。

[31] 赵宗锋：《论当代大学生的文化人格构建》，《中国高教研究》2006 年第 3 期。

[32] 张琦：《在校园文化建设中培养大学生文化自觉》，《高校理论战线》2012 年第 3 期。

[33] 特木尔巴根：《民族教育在保护少数民族非物质文化遗产中的作用——以北京邮电大学民族教育学院为例》，《内蒙古师范大学学报（教育科学版）》2008 年第 7 期。

[34] 朱强：《高校艺术教育对于非物质文化遗产的继承与创新》，《艺术教育》2007 年第 10 期。

[35] 余悦：《非物质文化遗产研究的十年回顾与理性思考》，《江西社会科学》2010 年第 9 期。

[36] 陈鑫、艾拉提：《从创办木卡姆班看新疆高校非物质文化遗产教育传承》，《新疆画报》2009 年第 8 期。

[37] 宋俊华：《非物质文化遗产特征刍议》，《江西社会科学》2006 年第 1 期。

[38] 韩基灿：《浅议非物质文化遗产的价值、特点及其意义》，《延边大

学学报（社会科学版）》2007年第4期。

［39］申茂平：《非物质文化遗产的教育传承及其实现途径》，《教育文化论坛》2009年第1期。

［40］赵明奇：《地方高校与非物质文化遗产传承——徐州高校"非遗"特色教育探讨》，《徐州工业学院学报》（社会科学版）2009年第6期。

［41］张泰城、何建良：《非物质文化遗产融入高校教育的路径研究》，《国家教育行政学院学报》2012年第12期。

［42］漆凌云、周超：《试论高校非物质文化遗产教育的原则》，《世纪桥》2013年第3期。

［43］雷秋玉：《文化认同与非物质文化遗产的公法保护》，《中央民族大学学报》2013年第2期。

［44］徐燕娟：《如春教育，让每一个儿童生命自由舒展——如春教育文化的理性思考和实践追求》，《江苏教育研究》2013年第2期。

［45］舒三峡：《如何打造非遗文化品牌》，《东方企业文化》2012年第9期。

［46］文永辉：《少数民族"非遗"传承人保护存在问题及制度完善——基于对贵州的田野调查》，《广西民族研究》2013年第1期。

［47］陈静梅、文永辉：《论少数民族非物质文化遗产传承人的分类保护——基于贵州的田野调查》，《广西民族研究》2012年第4期。

［48］施为民：《民族地区非物质文化遗产传承人电视纪录片的创作与传播》，《楚雄师范学院学报》2013年第2期。

［49］马立婧：《培养高校非物质文化遗产传承人的探究——山东省非遗民间音乐例析》，《大舞台》2013年第3期。

［50］范巧珍：《广西音乐非物质文化遗产文化传承人培养探析》，《广西教育》2012第10期。

［51］王释云、辛儒：《浅谈非物质文化遗产中蕴含的教育价值》，《河北大学成人教育学院》2010年第1期。

［52］李蓉：《在思政课中渗透非物质文化遗产教育》，《中国成人教育》2010年第13期。

［53］张春梅：《论非物质文化遗产保护策略》，《河北科技师范学院学报》（社会科学版）2009年第1期。

[54] 徐艺乙：《论非物质文化遗产的传承与高等教育的使命》，《徐州工程学院学报（社会科学版）》2010 年第 1 期。

[55] 王树斌、王建民、陈仕品：《非物质文化遗产的教育传承研究》，《新课程研究（中旬刊）》2011 年第 10 期。

[56] 张丽萍：《少数民族地区高校教育传承非物质文化遗产分析》，《边疆经济文化》2012 年第 1 期。

[57] 乔晓光：《非物质文化遗产与大学教育》，《集美大学学报》2007 年第 2 期。

[58] 胡凯：《音乐类非物质文化遗产教育传承的支点——校本课程》，《大众文艺》2012 年第 2 期。

[59] 孙凡：《教育传承：关于开设〈中国口头及非物质文化遗产代表作〉课程的建议》，《武汉音乐学院学报》2007 年第 1 期。

[60] 王玉青：《非物质文化遗产的高等教育传承》，《大舞台》2012 年第 6 期。

[61] 卢芝艳：《大理周城白族扎染工艺的教育传承机制探究》，西南大学硕士学位论文，2010 年。

[62] 普丽春：《云南少数民族非物质文化遗产传承模式构想》，《云南民族大学学报（哲学社会科学版）》2010 年第 1 期。

[63] 杜杰：《多学科背景下学生主体论》，《学校党建与思想教育》2013 年第 4 期。

[64] 李燕：《人的文化本体与人的自由与发展》，《山东师范大学学报》（人文社会科学版）2006 年第 1 期。

[65] 谭志满：《从祭祀到生活——对土家族撒尔嗬仪式变迁的宗教人类学考察》，《西南民族大学学报（人文社科版）》2009 年第 10 期。

[66] 李继国：《土家族"撒尔嗬"舞蹈的体育文化特征与社会功能》，《山西师大体育学院学报》2005 年第 1 期。

[67] 余霞：《土家人的诙谐：跳"撒尔嗬"——对土家族丧仪之狂欢性的解读》，《湖北民族学院学报（哲学社会科学版）》2001 年第 4 期。

[68] 朱祥贵：《土家族"撒尔嗬"源流、内涵及功能探讨》，《湖北民族学院学报（社会科学版）》1990 年第 2 期。

[69] 萧洪恩：《土家族〈撒尔嗬〉的哲理思维初论》，《湖北民族学院学

报》（社会科学版）1998 年第 2 期。

[70] 杜红艳：《"非遗"牵手高校的理性思考——浅谈地方高校设立"非遗"专业的困惑及解决途径》，《陕西教育（高教版）》2012 年第 6 期。

[71] 孔华：《人力资源视角下非物质文化遗产传承人论——以安徽池州为例》，《黄山学院学报》2012 年第 6 期。

[72] 熊湘华：《学校教育视野下的非物质文化遗产传承研究》，《贵州民族研究》2013 年第 3 期。

[73] 王钧、杨双红：《学校教育在非物质文化遗产传承中的责任》，《安顺学院学报》2013 年第 3 期。

[74] 普丽春、李文杰：《学校教育中的少数民族文化传承现状调查研究——以国家级非物质文化遗产彝族海蓝腔为例》，《内蒙古大学学报（社会科学版）》2011 年第 6 期。

[75] 余继平：《基于传承人本体视角的非物质文化遗产活态传承初探——以武陵民族地区为例》，《艺术研究》2012 年第 2 期。

[76] 何荣任：《非物质文化遗产的学校教育模式》，《今日南国（中旬刊）》2012 年第 12 期。

[77] 李博豪、孟秋莉：《加强大学生非物质文化遗产教育的意义及途径》，《长春大学学报》2012 年第 8 期。

[78] 郑雪松：《教育人类学视域下的非物质文化遗产传承体制研究——以河南非物质文化遗产的传承为例》，《河南大学学报（社会科学版）》2013 年第 5 期。

[79] 雷文彪：《论我国非物质文化遗产传承人才的培养策略》，《克拉玛依学刊》2013 年第 1 期。

[80] 杨智昕、欧阳鹏：《浅谈如何加强校园文化活动建设》，《科技创新与应用》2013 年第 27 期。

[81] 周全、徐洁、张翅：《浅析高校校园文化活动的现状及对策》，《科技信息（科学教研）》2008 年第 14 期。

[82] 唐海清：《国外关于非物质文化遗产法律保护前沿问题的研究综述》，《中央民族大学学报（哲学社会科学版）》2013 年第 3 期。

[83] 周丽洁：《现代化视野中的非物质文化遗产保护》，《社会科学辑刊》2009 年第 6 期。

三 外文参考文献：

[1] Janet Blake, *On Defining the Cultural Heritage：The International and Comparative Law Quarterly*, Vol. 49, 2000.

[2] Lourdes Arizpe, *Intangible Cultural Heritage Diversity and Coherence*, *Museum International* Vol, 56, 2004.

[3] D. F. Ruggles；H. Silverman, *Intangible Heritage Embodied*, *Springer New York*, 2009.

[4] Kenji Yoshida, *The Museum and the Intangible Cultural Heritage. Museum International*, 2004, 56 (5) .

[5] Vandiver. Pamcla. B, *Craft knowledge as an intangible cultural property. Materials Research Society Symposium Proceedings*, 2005, 852 (7) .

[6] Barbara Kirshenblatt-Gimblett, *Intangible Heritage as Metacultural Production Museum International*, Vol. 56, 2004.

[7] Alexis Celeste Bunten, *Sharing culture or selling out：developing the commodified persona in theheritage industry*, *American ethnologist*, Vol. 35, 2008.

[8] Harriet Deacon, *Intangible heritage in Conservation Management Planning. International Journal of Heritage Studies*, 2004 (5) .

[9] Rex Nettleford, *Migration Transmission and Maintenance of the Intangible Heritage*, *Museum International*, Vol. 56, 2004.

[10] Toshiyuki Kono；Julia Cornett, *An Analysis of the 2003 Convention and the Requirement of Compatibility With Human Rights*, *London：Institute of Art and Law Ltd*, 2007.

[11] Jessica Myers Moran, *Legal Means for Protection the Intangible Cultural Heritage of Indigrnnous People in a Post-ColonialWorld*, *The Holy Cross Journal of Law and Public Police*, Vol. 2008.

[12] Cecilia Londre`, *The Registry of Intangible Heritage：the Brazilian experience*, *Museum International*, Vol. 2004, 56.

[13] Hongnam Kim, *My Journey on the Path of Tangible and Intangible Heritage Preservation*, *Museum International*, Vol. 59, 2007.

四　报刊、网站文献：

［1］《中华人民共和国国家级非物质文化遗产代表作申报评定暂行办法》：
国务院办公厅国办发〔2005〕18 号，2005 年 3 月 27 日。

［2］《恩施州经济和社会发展第十二个五年规划纲要》：2011 年 5 月 18
日，恩施新闻网（http：//www. enshi. cn）。

［3］《恩施州中长期人才发展规划纲要（2011—2020 年）》：2011 年 2 月
28 日，恩施州党建网（http：//www. esdj. org. cn/Article. asp？News-
ID = 3601）。

［4］马宁：《守住西藏文化版图的"边缘"一角》，《中国民族报》2012
年 10 月 26 日。

［5］王学思：《以市场化运作促非遗活态传承》，《中国文化报》2013 年 4
月 8 日。

［6］王文章：《非物质文化遗产保护步入规范里程》，《人民日报》2005
年 6 月 12 日。

［7］刘洋：《我州农民去年人均纯收入增幅居全省首位》，《恩施日报》
2013 年 2 月 22 日。

［8］朱道明等：《恩施地区非遗传承人健康状况调查》总结汇报，内部
资料。

本书在撰写的过程中主要参考了人民网、中国共产党新闻网、非物质
文化遗产网、中国民族宗教网、恩施州政府网、恩施新闻网、恩施州文体
局官方网站、恩施州民宗委官方网站、湖北民族学院新闻网等国家及地方
的相关网站。

后　记

暖冬二月，淡雅书香。

在这样一个家人团聚的季节，同时也是收获的季节，由我主持的湖北省民族宗教委员会 2012 年度民族文化重点课题"少数民族非物质文化遗产保护——以恩施州文化传承人健康状况为中心的考察"、恩施州 2014 年度社会科学重点课题"土家族非物质文化遗产的学校教育传承模式研究——基于恩施非遗传承人健康状况的调查"的主要研究成果——《土家族非物质文化遗产的学校教育传承模式研究》一书，终于完成了撰写工作。这一过程就像即将当母亲的心情，既有分娩前的阵痛，更有收获的喜悦，如释重负。一路走来，我们课题组全体成员历经重重困难与挫折，最终凭借成员们的智慧和毅力如期完成了课题任务，在此，我要衷心感谢一直以来对本书倾力支持和指导的各位同人。

本书的写作由来和写作灵感来自我所在学院的学生暑期社会实践活动，2011 年暑期由朱道明等同学组成的"恩施地区非遗传承人健康调查"团队历时近两个月，调查访谈了恩施自治州 8 个县市的 203 名非物质文化遗产传承人，带回了大量的第一手材料，团队成员们在与我交流的过程中，透露出他们对了解到的传承人的健康状况感到担忧，也表现出了对当前非物质文化遗产生存现状的忧虑，由此激发了我对非物质文化遗产传承的深入思考，于是诞生了本书。本书由我设计框架、研究专题、研究思路与方法，带领课题组成员对调查材料进行深入分析、数据统计、专题研究，并与池永文副教授（博士研究生）共同撰写完成。本书由我统稿、审稿和定稿。在本书形成过程中，从田野调查内容分析到专题研究撰写，再到集体讨论，形成最后成果，课题组的每个成员都充分发挥各自的专业特长和学科研究优势，为本书的撰写工作付出了辛勤的劳动。因此，我要特别感谢课题组全体成员与我的真诚合作。他们是恩施州文体局副局长朱华松（硕士）、陈心林教授（博士）、覃思副教授（博士）、李御娇讲师（硕士）和许宗友讲师（硕士）。

我要感谢我的导师谭志松教授，他是中央民族大学少数民族教育专业博士生导师，他基于民族教育视角的土家族非物质文化遗产保护与传承的系列研究启发了我的思维，打开了我的思路，为我本书的写作提供了坚实的基础。我还要感谢我院"恩施地区非遗传承人健康调查"暑期社会实践调查团队的22名学生成员，正是因为他们艰辛的田野调查所取得的成果激发了我研究的决心和勇气，也正因为团队的大力支持和热情帮助才使本书的写作得以顺利完成，本书选择传承人健康状况的数据来源于他们的调查，第六章第一节相关内容来源于他们调查材料的整合。与此同时，我还要感谢恩施州文体局、恩施各县市文化部门为本书提供了宝贵的非物质文化遗产传承人资料和相关数据，从而丰富了本书的内容，填补了我在撰写书稿时因为部分信息匮乏而产生的困惑。我要感谢我工作的医学院学生工作科的同事们，他们对本课题的研究和本书的写作给予了大力支持和帮助。此外，我还要由衷地感谢湖北民族学院相关领导们的支持，本书的出版得到了他们的大力帮助。

非物质文化遗产传承是一项复杂而长期的工程。本书选择土家族非物质文化遗产的学校教育传承模式研究，是为了探索土家族非物质文化遗产传承人的培养问题，是基于恩施土家族非遗传承人健康状况、新老传承人衔接状况及由此带来的土家族非物质文化遗产传承状况而作出的探索与尝试。目前，虽已完成本书的撰写，但是我们对此仍处在认识、探索和实践的初始阶段，还有待不断地总结成功经验和创新理论成果，希望能为土家族非物质文化遗产的保护和传承起到一点启迪、借鉴和促进作用。

本书即将出版，但由于我个人的学识所限，加之时间仓促，书中肯定还存在许多不足之处，还望专家和读者们批评指正，在此深表谢意！

郑　娅

2015 年 2 月 1 日